Die philosophischen Grundlagen der wissenschaftlichen Erkenntnis

Von

Anton Fischer

Budapest

Zweite, umgearbeitete Auflage

1967

Springer-Verlag

Wien · New York

ISBN-13: 978-3-211-80806-1 e-ISBN-13: 978-3-7091-7949-9
DOI: 10.1007/978-3-7091-7949-9

Library of Congress Catalog Card Number 67-21284

Titel Nr. 9216

Vorwort zur zweiten Auflage

Die erste Auflage des Buches hat die Literatur bis zum zweiten Weltkrieg berücksichtigt. Das rege Interesse an den Fragen der Wissenschaftslehre hat seither kaum nachgelassen, wobei sich erfreulicherweise eine gewisse Annäherung der Standpunkte anbahnt. Die Neuauflage berücksichtigt die Literatur der beiden letzten Jahrzehnte, manche Beispiele wurden durch bessere ersetzt, doch hat sich die Grundhaltung des Buches nicht geändert, sie beruht nach wie vor auf dem kritischen Realismus. Die neuen Entwicklungen der Physik, Chemie und Biologie bestätigen die Richtigkeit dieser Auffassung, insbesondere auch das Vertrauen auf den ständigen Fortschritt der Naturwissenschaften. Die Geisteswissenschaften haben mit ihnen leider nicht Schritt halten können, insbesondere besteht auf dem Gebiet der Ethik ein methodologischcs Chaos. Gerade auf diesem Gebiet ist ein extremer Positivismus noch vielfach vorherrschend und hemmt das Erkennen jener Grundlagen, auf welchen Ethik und Rechtswissenschaft ihren gebührenden Platz finden können. Das Schlußkapitel wurde daher überarbeitet und der Versuch gemacht, die Stellung der *normativen* Wissenschaft im Rahmen der Geisteswissenschaften zu definieren.

Budapest, im Juli 1967.

A. Fischer

Aus dem Vorwort zur ersten Auflage

In den Zeiten ruhiger, stetiger Wissenschaftsentwicklung, wie es von der Renaissance bis etwa zu unserer Jahrhundertwende der Fall war, ist das Interesse der Wissenschaftler an Fragen der Erkenntnisgestaltung meist gering: die Erkenntnistheorie wird den Philosophen vom Fach überlassen, der Wissenschaftler widmet sich nur dem Weiterbau seines Sondergebietes. Anders zu Zeiten stürmischer Entwicklung: da werden selbst die Grundlagen der Einzelwissenschaften in Frage gestellt, und der Forscher kann nicht umhin, sich über die Probleme der wissenschaftlichen Erkenntnis Gedanken zu machen. Heute leben wir in einer solchen Epoche gesteigerten erkenntnistheoretischen Interesses: Mathematiker, Astronomen, Physiker, Biologen und Ärzte fühlen das Bedürfnis, sich mit philosophischen Problemen auseinanderzusetzen, wie sich anderseits die Fachphilosophen immer mehr in die Problematik der Einzelwissenschaften vertiefen, um die Geltung ihrer Gedankenkonstruktionen an der verwickelten Wirklichkeit der Wissenschaften zu erproben.

Erkenntnistheoretische Darstellungen verfallen oft in den Fehler einseitiger Orientierung, indem sie entweder lediglich die psychologische oder allein die logische Seite der Erkenntnistätigkeit ihren Betrachtungen zugrunde legen. Um dieser Gefahr mit allen ihren Folgen vorzubeugen, wurden vor dem eigentlichen erkenntnistheoretischen Abschnitt sowohl die psychologischen wie die logischen Grundlagen der wissenschaftlichen Erkenntnis in besonderen Kapiteln besprochen. Die beste Methode, einen in einschlägigen Studien häufig anzutreffenden Psychologismus zu vermeiden, ist nicht die absichtliche Ignorierung der psychologischen Faktoren der Erkenntnistätigkeit, sondern die Darstellung der Denkpsychologie und die daraus sich ergebende scharfe Grenzziehung zwischen Psychologie, Logik und Erkenntniskritik.

Wenn die vorliegende Darstellung der Erkenntnislehre die philosophisch interessierten Wissenschaftler zum weiteren Nachdenken über die Grundlagen ihrer Sondergebiete anregt, so hat sie ihren Zweck erfüllt.

Möge sie in bescheidenem Maße dazu beitragen, das unter dem Eindruck agnostizistischer Strömungen ins Wanken geratene Selbstvertrauen der Wissenschaft wiederherzustellen und der Wissenschaft jene Stellung in unserem Wertsystem wiederzugeben, welche ihr, als der höchsten Leistung der menschlichen Vernunft, gebührt.

Ich erfülle eine angenehme Pflicht, indem ich an dieser Stelle meinem hochgeschätzten Freund, Herrn Professor Dr. Robert John in Wien, für seine vielen wertvollen Anregungen und für seine Hilfe bei der Drucklegung dieses Buches herzlich danke. Die Korrektur, das Namen- und Sachverzeichnis wären ohne seine tatkräftige Hilfe unter den gegenwärtigen Verhältnissen gar nicht zustandegekommen.

Budapest, im Dezember 1946.

Zweite medizinische Universitätsklinik.

A. Fischer

Inhaltsverzeichnis

bedingung ist daher das Vorhandensein flüssigen Wassers, also einer Temperatur zwischen den äußersten Werten von 0° und 100° mit einem Optimum zwischen 10° und 40° C. Diese Bedingung kann theoretisch nur auf einem Planeten mit abgekühlter Oberfläche erfüllt sein, welche von einer noch glühenden Sonne eine genügend starke Wärmestrahlung erhält; es muß zwischen Masse und Entfernung von Sonne und Planet ein ganz bestimmtes Verhältnis gegeben sein, damit diese Voraussetzung erfüllt wird. Von den Planeten unserer Sonne erfüllen höchstens die zwei erdnächsten, Venus und Mars, diese Bedingung; daß diese verhältnismäßig sehr enge Temperaturzone im Universum nur unter ganz bestimmten Bedingungen vorkommen kann, möge die folgende Überlegung erhellen: die Innentemperatur der Sonne beträgt etwa 20 Millionen Grad, die Temperatur an ihrer Oberfläche etwa 5600° C. Der flüssige „Nifekern" der Erde, dessen Breite mehr als die Hälfte des Erddurchmessers ausmacht, besitzt eine Temperatur von etwa 4000°. Im Gegensatz zu diesen hohen Temperaturen der Himmelskörper ist der Raum zwischen ihnen ein Bereich der eisigen Kälte. Da die Materie im interstellaren Raum sehr spärlich verteilt ist — auf ein Volumen von 2000 ccm kommt noch nicht 1 Wasserstoffatom —, so kann die Temperatur dort, wo keine Wärmestrahlung von größerer Intensität hintrifft, nicht weit vom absoluten Nullpunkt, —273° C, entfernt sein. Wir sind daher zu der Vermutung berechtigt, daß das Leben innerhalb der unermeßlichen Proportionen des Universums ein Zusammentreffen an sich schon seltener Vorkommnisse voraussetzt und daher nicht zu den häufigen Ereignissen des kosmischen Geschehens gehört. Mit Recht sagt daher EDDINGTON (2), daß der Mensch ein zufälliges Ereignis auf einem unbedeutenden Planeten sei, auf welchem der reinigende „Schutz" intensiver Hitze und die ebenso wirksame absolute Kälte des Raumes nicht zur Geltung kommt. „Man is one of the gruesome results of this occasional failure of antiseptic precautions." Und JEANS urteilt: „Life seems to be an utterly unimportant by-product, we living things are somehow off the main line."

3. Der Mensch innerhalb des Biologischen

Vorhin bezeichneten wir Selbsterhaltung und Vermehrung als charakteristischeste Merkmale des Lebens: Falls wir die Anpassung als hauptsächliche Aufgabe der Selbsterhaltung hinzufügen, haben wir die wesentlichsten Prinzipien des Biologischen aufgezählt. Das heißt so viel, als daß alle Lebensprozesse, *alle Lebensäußerungen auf Selbst- und Arterhaltung als Ziele zurückgeführt werden müssen.*

Inhaltsverzeichnis

I. Sinn und Wesen wissenschaftlicher Erkenntnis

1. Die Notwendigkeit philosophisch-anthropologischer Grundlegung

Wenn wir die Untersuchung der wissenschaftlichen Erkenntnis mit einer Erörterung über die Frage nach Sinn und Wesen der Erkenntnis überhaupt beginnen, so bedarf dieses Vorgehen zumindest einer Begründung. Wissenschaftliche Untersuchungen gehen gewöhnlich von der phänomenologischen Schichte aus und schreiten allmählich zur Deutung und Erklärung; die Frage nach dem „Sinn" des Erforschten wird in den physikalischen Wissenschaften überhaupt nicht gestellt. In der Biologie tritt zwar die Zweckbezogenheit vieler Phänomene auf die zentrale Tatsache des „Lebens" deutlich in Erscheinung, doch werden auch hiebei teleologische Gesichtspunkte erst *nach* der Beschreibung und der kausalen Deutung der Phänomene herangezogen. Erst in den Geisteswissenschaften tritt die Sinngebung und Wertung klar zutage, und zwar, wie die Badische Schule eindrucksvoll gezeigt hat, nicht nur als Erklärungsprinzip, sondern als Voraussetzung, als Auswahlprinzip. Sofern nun die Wissenschaft als menschliche Handlung, als Leistung des Menschengeistes und als ein Teil der menschlichen Kultur angesehen wird, lassen sich wertende Gesichtspunkte in der Deutung der wissenschaftlichen Erkenntnis nicht ausschalten. Tatsächlich werden wir sehen, daß Sinngebungen dieser Art gerade auch bei den Positivisten, die als einzige Aufgabe der Wissenschaft die möglichst einfache und vollkommene Beschreibung betrachten, häufig anzutreffen sind. Erst recht wird das Bedürfnis nach einer metaphysischen Grundlage der Erkenntnislehre offenkundig, wenn die Frage der *Geltung* der Erkenntnis, das Problem der *Wahrheit* aufgeworfen wird; auch bei der Erörterung des Realitätsproblems und der Wirklichkeitserkenntnis sind metaphysische Voraussetzungen unentbehrlich.

Wir sind daher gezwungen, über das *Wesen* der Erkenntnis grundlegende Annahmen zu machen, und zwar nicht empirisch-induktiv, durch Studium der Genese, der Gesetze und der Leistungen wissenschaftlicher Erkenntnis, sondern a priori, *bevor* wir die Analyse der Erkenntnis überhaupt beginnen. Entgegen dem sonst üblichen und richtigen wissenschaftlichen Brauch, müssen wir die

Ergebnisse wissenschaftlicher Erkenntnis (deren Geltung die Erkenntnistheorie erst untersuchen müßte) antizipieren und aus der Gesamtheit wissenschaftlicher Erkenntnis, auf Grund unseres wissenschaftlichen Weltbildes die Stellung und Bedeutung der Erkenntnis im Rahmen der Lebensprozesse zu bestimmen suchen. Unter „metaphysischer Grundlegung" verstehen wir daher die Einordnung der Erkenntnis in den großen Rahmen des wissenschaftlichen Weltbildes — und wir bezeichnen diesen Vorgang als „metaphysisch", da das Ergebnis einer solchen Untersuchung keine verifizierbare Hypothese ergibt, sondern ein Postulat, welches nicht als allgemein evident, sondern als in das allgemeine Weltbild passend, angesehen werden kann. Die Richtigkeit dieses Postulates läßt sich nur insofern prüfen, als kein Erkenntnisphänomen damit in Widerspruch kommen darf. Es handelt sich also um eine Wertung und Sinngebung auf naturphilosophischer Grundlage, welche, trotzdem sie nicht als empirisches Wissen gelten kann, dennoch die unentbehrliche *Voraussetzung* der Erkenntnislehre bildet.

2. Die Stellung des Menschen im Kosmos

Je mehr unser Wissen um die Welt fortschreitet, je mehr die Welt „entzaubert" wird, um so größer wird der Kontrast zwischen den bescheidenen Dimensionen der menschlichen Umwelt und den unendlichen Maßen des Universums. Die moderne Astronomie hat die relative Bedeutung der Erde und des Sonnensystems in weit beträchtlicherem Maße reduziert als es Kopernikus getan hat; wir wissen heute, daß die Sonne mit etwa 100 Milliarden anderen „Fixsternen" ein bescheidenes Glied des Milchstraßensystems ist, und Eddington (1) schätzt die Zahl solcher Milchstraßensysteme, der sogenannten Spiralnebel, auf etwa 100 Milliarden im ganzen Universum.

Die Erde ist ein höchst bescheidener Planet der an sich recht unbedeutenden Sonne; die vier äußeren Planeten übertreffen sie an Größe um das Mehrhundertfache. Selbst von dieser, im kosmischen Maßstab winzigen Erde ist bloß die oberste, dünnste Schichte dem Menschen direkt bekannt; bei einem Radius von 6370 km beträgt die oberste Silikathülle bloß etwa 100 km, doch sind selbst von der letzteren kaum einige tausend Meter der direkten Untersuchung zugänglich; der Lebensraum des Menschen ist, selbst bei Einrechnung der Atmosphäre und der Bohrungen, eine reine „Oberflächenerscheinung" an einem völlig unbedeutenden Planeten.

Ist die *räumliche* Rolle des Menschen, im kosmischen Maßstab gemessen, schon als äußerst bescheiden zu bezeichnen, so ist seine *zeitliche* Rolle womöglich noch bedeutungsloser. Auf Grund verläßlicher Schätzungen beträgt das Alter der Erde 4000 Millionen Jahre, das der Sonne soll 6000 Millionen Jahre betragen. Dagegen stammen die ersten gesicherten anthropologischen Befunde erst aus dem Diluvium; sie dürften kaum älter als 50 000 Jahre sein. Anthropologische Befunde sind aber noch nicht gleichbedeutend mit menschlicher *Kultur;* für diese letzte dürften wir — falls wir von der Annahme früherer, durch Naturkatastrophen restlos vernichteten Kulturen absehen — kaum mehr als 12 000 Jahre ansetzen. Die im kosmischen Sinne verschwindende Kleinheit dieser Zeitspanne können wir daraus ersehen, daß die Umlaufzeit der Sonne um den Schwerpunkt der Milchstraße etwa 220 Millionen Jahre beträgt.

Betrachten wir zunächst die Stellung des Menschen als Teil der *Lebensprozesse,* wobei wir unter „Leben" im weitesten Sinne bloß Selbsterhaltung und Vermehrung verstehen wollen. Falls wir die untersten Stufen des Lebens, die *Virusstoffe* als Grundlage nehmen, so finden wir diese an die Existenz eines einzigen Nukleoproteinmoleküls gebunden; weniger differenzierte Gebilde, die Selbstvermehrung zeigen, kennen wir nicht, und es scheint auch wenig wahrscheinlich, daß solche, sei es spontan, sei es experimentell, jemals nachgewiesen werden können. Die neuerdings aufgeklärte physikalische Struktur der Eiweißkörper erklärt nach Bragg ihre besondere Eignung für die Lebensprozesse durch die Möglichkeit der Verlängerung der Eiweißkette, durch ihre Flexibilität und Kontraktibilität. Allein, so groß der Fortschritt auch ist, welcher darin besteht, daß wir als letzte Einheit des Lebens nicht mehr die organisierte Zelle, sondern ein kristallisierbares Nukleoproteinmolekül erkannt haben, das Problem ist damit bloß vereinfacht, aber noch nicht gelöst. Immerhin sind wir bereits in der Lage, die *äußeren Bedingungen* des Lebens physikalisch-chemisch besser abzugrenzen. Da die Eiweißkörper kolloide Lösungen sind, die bereits bei mittleren Temperaturen koaguliert werden, ist die *obere* Temperaturgrenze der Lebenserhaltung der Siedepunkt des Wassers. Ohne Lösungsmittel, also ohne Wasser, ist Leben unmöglich. Die *untere* Temperaturgrenze ist wesentlich elastischer; theoretisch setzt zwar der Gefrierpunkt den Lebensprozessen ein Ende, doch werden die Eiweißkörper durch Abkühlung nicht irreversibel geschädigt, so daß Bakterien und Pilzsporen selbst in flüssiger Luft, bei —190° C tagelang lebend geblieben sind. Die wichtigsten Lebensfunktionen, vor allem die Vermehrung, sind wohl erst bei einer Temperatur möglich, die oberhalb des Gefrierpunktes liegt, doch erzeugen die Lebensprozesse selbst Wärme, wodurch die Unterschreitung dieses Punktes bis zu einem gewissen Grade möglich ist. Die allgemeine *Lebens-*

bedingung ist daher das Vorhandensein flüssigen Wassers, also einer Temperatur zwischen den äußersten Werten von 0° und 100° mit einem Optimum zwischen 10° und 40° C. Diese Bedingung kann theoretisch nur auf einem Planeten mit abgekühlter Oberfläche erfüllt sein, welche von einer noch glühenden Sonne eine genügend starke Wärmestrahlung erhält; es muß zwischen Masse und Entfernung von Sonne und Planet ein ganz bestimmtes Verhältnis gegeben sein, damit diese Voraussetzung erfüllt wird. Von den Planeten unserer Sonne erfüllen höchstens die zwei erdnächsten, Venus und Mars, diese Bedingung; daß diese verhältnismäßig sehr enge Temperaturzone im Universum nur unter ganz bestimmten Bedingungen vorkommen kann, möge die folgende Überlegung erhellen: die Innentemperatur der Sonne beträgt etwa 20 Millionen Grad, die Temperatur an ihrer Oberfläche etwa 5600° C. Der flüssige „Nifekern" der Erde, dessen Breite mehr als die Hälfte des Erddurchmessers ausmacht, besitzt eine Temperatur von etwa 4000°. Im Gegensatz zu diesen hohen Temperaturen der Himmelskörper ist der Raum zwischen ihnen ein Bereich der eisigen Kälte. Da die Materie im interstellaren Raum sehr spärlich verteilt ist — auf ein Volumen von 2000 ccm kommt noch nicht 1 Wasserstoffatom —, so kann die Temperatur dort, wo keine Wärmestrahlung von größerer Intensität hintrifft, nicht weit vom absoluten Nullpunkt, —273° C, entfernt sein. Wir sind daher zu der Vermutung berechtigt, daß das Leben innerhalb der unermeßlichen Proportionen des Universums ein Zusammentreffen an sich schon seltener Vorkommnisse voraussetzt und daher nicht zu den häufigen Ereignissen des kosmischen Geschehens gehört. Mit Recht sagt daher EDDINGTON (2), daß der Mensch ein zufälliges Ereignis auf einem unbedeutenden Planeten sei, auf welchem der reinigende „Schutz" intensiver Hitze und die ebenso wirksame absolute Kälte des Raumes nicht zur Geltung kommt. „Man is one of the gruesome results of this occasional failure of antiseptic precautions." Und JEANS urteilt: „Life seems to be an utterly unimportant by-product, we living things are somehow off the main line."

3. Der Mensch innerhalb des Biologischen

Vorhin bezeichneten wir Selbsterhaltung und Vermehrung als charakteristischeste Merkmale des Lebens: Falls wir die Anpassung als hauptsächliche Aufgabe der Selbsterhaltung hinzufügen, haben wir die wesentlichsten Prinzipien des Biologischen aufgezählt. Das heißt so viel, als daß alle Lebensprozesse, *alle Lebensäußerungen auf Selbst- und Arterhaltung als Ziele zurückgeführt werden müssen.*

In Anbetracht der verschiedenen Lebensbedingungen und der ungeheuren Mannigfaltigkeit der Lebensformen werden diese Ziele auf recht verschiedenen Wegen und mit sehr differenten Mitteln angestrebt. Von den Tropismen der Pflanzen über dem „trial-and-error“ der Protisten bis zu den wunderbar entwickelten Instinkten der Tiere, gibt es zahlreiche Abstufungen, die jedoch alle „zweckmäßige“ Lebensäußerungen sind, ihre Zielgerichtetheit auf Selbst- und Arterhaltung ist keinem Zweifel unterworfen. Insbesondere sind die Instinkte bei vielen Tierspezies zu einem geradezu vollkommenen Instrument entwickelt; so schreibt z. B. D. Katz: „The more thoroughly we investigate actions in separate cases, the more amazing appears the perfection with which many creatures solve the problem of their existence without possessing the least intelligence.“ Der Instinkt ist dadurch charakterisiert, daß er nicht aus der Erfahrung erworbenes, sondern *angeborenes* Geistesgut darstellt; es lassen sich neben dem Instinkt auch *individuell erwoıbene,* vernunftmäßige geistige Fähigkeiten im Tierreich nachweisen. Diese äußern sich teils als assoziatives Gedächtnis, welches in den „bedingten Reflexen“ seinen Ausdruck findet, teils in einer praktischen Intelligenz, deren höchste Stufe in den bekannten Schimpansenbeobachtungen von W. Köhler erreicht wird. Manche Deutungen der Tierpsychologie sind noch umstritten und es scheint fraglich, ob Tiere zu begrifflichem Denken fähig sind oder nicht; so viel scheint jedoch festzustehen, daß die geistige Entwicklung der Tiere eine Anpassungserscheinung ist (Bujtendijk) und durch die äußeren Lebensbedingungen bestimmt ist. Alle körperlichen und seelischen Funktionen im Tierreich sind daher biologisch bedingt, d. h. sie sind *restlos* auf Selbst- und Arterhaltung gerichtet.

Die für unsere metaphysische Grundlegung entscheidende Frage lautet: *Geht auch der Mensch restlos im Biologischen* auf, sind alle seine Lebensäußerungen restlos durch Selbst- und Arterhaltung bedingt?

Daß auch der Mensch ein Teil der Natur ist, daß sein morphologischer Bau, auch der seines Nervensystems, sich ebensowenig von dem des Tierreiches prinzipiell unterscheidet, wie auch seine körperlichen Funktionen denselben physikalisch-chemischen Gesetzen gehorchen, ist selbstverständliche Tatsache. Ebenso unterliegt es keinem Zweifel, daß der Mensch in die phylogenetische Reihe des Tierreiches ebenso ungezwungen eingeordnet werden kann, ebenso seine Vorfahren und Verwandten besitzt wie jede andere Spezies; daran ändern auch Detailprobleme, ob etwa der menschliche Typus „sprunghaft und unvermittelt auf die Jugendstadien von Uranthropoiden angelegt worden sei“ (Schinderwolf), herzlich wenig. Worauf es ankommt, ist lediglich die Frage, ob es *prinzipielle* Unterschiede zwischen Tier und Mensch gibt und ob *alle* Lebensäußerungen des Menschen im Rahmen des Biologischen bleiben.

Wir sagten eben, daß sich der morphologische Bau des Nervensystems beim Menschen im Prinzip nicht von dem der Tiere unterscheidet; das stimmt insofern, als weder die absolute Größe des Hirns, noch sein Furchenreichtum prinzipiell von anderen höheren Säugetieren abweichen. Allerdings ist die relative Unselbstständigkeit der phylogenetisch älteren subkortikalen Zentren beim Menschen auffallend, doch handelt es sich auch hiebei nur um einen Unterschied im Grad, nicht im Prinzip. Ein weiterer auffallender Umstand ist die *außerordentliche Langsamkeit* der geistigen und körperlichen *Entwicklung* des Menschen sowie die „geradezu erbarmungswürdige Hilflosigkeit" des Säuglings, der nach K. Bühler von seiner Armut an ausgebauten Instinkten herrührt. Das, was dem Menschen infolge Armut an Instinkten versagt ist, muß er durch mühevolle Erfahrung und aktive geistige Arbeit ersetzen.

Die *Schwäche der Instinkte* ist die Voraussetzung dafür, daß sich der Mensch von der Natur bis zu einem gewissen Grade loslösen und die Grenzen des Biologischen überschreiten kann; sie ist fernerhin ein mächtiger Ansporn zu geistiger Arbeit, welche schließlich dazu geführt hat, daß der Mensch nicht von seiner Umwelt abhängig geblieben ist, wie alle anderen Lebewesen, sondern diese zunächst mit Werkzeugen beherrschte, sodann durch planmäßigen Ackerbau und Tierzucht und durch Schutz vor Kälte (Kleidung, Heizung) sich selber eine künstliche Umwelt geschaffen hat.

Damit stehen wir bereits vor einer Sachlage, die den Menschen von allen Tieren trennt; diesen Leistungen entspricht auch eine Entwicklung der geistigen Fähigkeiten, welche sich vom Tierreich nicht nur dem Grade nach, sondern auch qualitativ unterscheidet. Die höchst erreichbare Intelligenzstufe von Menschenaffen entspricht nach Yerkes der geistigen Entwicklung eines dreijährigen Kindes.

Falls die hohen geistigen Fähigkeiten des Menschen ausschließlich nur dazu dienten, um an Stelle der mangelhaft entwickelten Instinkte die Selbst- und Arterhaltung des Menschen zu gewährleisten, so ergäbe sich daraus vom *biologischen Standpunkte* heraus noch keine Sonderstellung des Menschen; er wäre eben ein Tier mit besonderen geistigen Fähigkeiten, welches mit Hilfe dieser letzteren im Lebenskampf besonders erfolgreich und äußeren Einflüssen gegenüber besonders anpassungs- und widerstandsfähig ist. Eine *biologische Sonderstellung* käme dem Menschen lediglich dann zu, wenn nachgewiesen werden könnte, daß gewisse seiner Lebensäußerungen *nicht* der Selbst- und Arterhaltung dienen.

4. Der Mensch jenseits des Biologischen

Daß *alle* Lebensäußerungen des Menschen den Gesetzen der Biologie unterworfen sind, ist eine weitverbreitete Auffassung. Bereits GOETHE schrieb, daß es kein Mensch weiterbringe als „sich ernähren, Kinder zeugen und die nähren, so gut er vermag". Besonders hat die materialistische Naturphilosophie die Zurückführbarkeit aller menschlichen Handlungen und Leistungen auf die Biologie betont. Auch in der Erkenntnislehre werden wir diesen Anschauungen begegnen.

Wenn wir die Tatsachen unvoreingenommen und unbeeinflußt durch weltanschauliche Bindungen untersuchen, so lassen sich viele Äußerungen des menschlichen Geistes *nicht* befriedigend auf die biologischen Lebensprinzipien zurückführen.

Am auffallendsten und klarsten tritt der Widerspruch des menschlichen Verhaltens zu den Naturprinzipien dort in Erscheinung, wo eine Negation des Lebens oder primärster Lebenstriebe vorliegt. Die Askese, die Selbstaufopferung bis zum Märtyrertum sind biologisch unverständlich — und doch gehören sie zu den Verhaltensweisen des Menschen, ebenso wie die Überwindung des mächtigen Lebensdranges, der Selbstmord. Jede freiwillige, nicht auf Zwang oder Angst beruhende Hemmung ist an sich schon „widernatürlich"; daran ändert auch die psychologische „Erklärung" dieses Verhaltens nichts. Es handelt sich bei allen diesen Vorgängen um Lebensäußerungen ganz spezifischer, nur auf den Menschen begrenzter Art, welche nicht auf das allgemeinste Axiom der Biologie, auf die Selbst- und Arterhaltung zurückgeführt werden können.

Die grundsätzliche Unabhängigkeit des Menschen von der Natur wurde besonders scharf von SCHOPENHAUER betont, der in der Möglichkeit der Verneinung des Lebenswillens durch die Menschheit die letzte Phase der Weltentwicklung gesehen hat; ähnliche Gedanken hat in neuerer Zeit insbesondere M. SCHELER geäußert. *„Das neue Prinzip,* das den Menschen zum Menschen macht, *steht außerhalb alles* dessen, was wir *Leben* im weitesten Sinne nennen können. Das, was den Menschen zum Menschen macht, ist ein *allem Leben überhaupt entgegengesetztes Prinzip."* Ähnlich äußert sich A. MESSER (2), „Geist ist der Inbegriff der Fähigkeiten im Menschen, die ihm vom Banne, vom Druck und von der Abhängigkeit vom Organischen, also vom ‚Leben', also auch von seiner eigenen triebhaften Intelligenz, in gewissem Umfange entbinden und befreien können". Der Mensch ist „der ewige Protestant gegen alle bloße Wirklichkeit", der „Asket des Lebens", der „Neinsagenkönner". Ähnlich schreibt neuerdings D. KATZ: „Man can, of his own free will, escape from the tyranny

of vital needs“ und „Man is continually leaving the purely biological sphere behind“. Nach diesem Autor unterscheidet sich der Mensch vom Tier durch folgende Fähigkeiten: 1. Möglichkeit des affektlosen Denkens, 2. Bewußtsein und Objektivisation, 3. Sprache, 4. Vernunft, d. h. Streben nach objektiven Kriterien der Wahrheit. Wenn SCHELER im Menschen „ein allem Leben entgegengesetztes Prinzip“ erkennt, so äußert sich dieses biologisch fremde Verhalten *nicht nur im positiven Sinne;* sinnlose Zerstörungen durch Kriege haben Völker vernichtet und Erdteile in Wüsten verwandelt; der zeitweise glühende Haß zwischen Völkern hat im Tierreich kein Analogon, es ist ein dämonischer Zug, der ebenfalls *jenseits* des Biologischen wurzelt.

Der Geist des Menschen ist also unabhängig von biologischen Bindungen: er kann denken, auch wenn das Gedachte für den Denker in keiner Weise nützlich oder zuträglich ist, er kann sich für Ideen begeistern, die für das Subjekt gefährlich und zu Handlungen führen, die schädlich sind. Er befähigt den Menschen zu Wertungen, die von subjektiven Momenten völlig unabhängig sein können, die daher auch psychologisch unverständlich wären, wenn das Biologische die alleinige Richtschnur menschlicher Regungen wäre. Darauf weist GOETHE hin, im Gegensatz zu seiner oben zitierten materialistischen Ansicht, in den Versen:

„Nur allein der Mensch
Vermag das Unmögliche,
Er unterscheidet,
Wählet und richtet:
Er kann dem Augenblick
Dauer verleihen.“

Wir haben oben die relative Schwäche der Instinkte als Voraussetzung dafür bezeichnet, daß der Mensch die Natur überwinden *kann.* Selbstverständlich ist und bleibt der Mensch körperlich ganz und seelisch auch insofern ein Produkt der Natur, als es zu seiner Selbst- und Arterhaltung unbedingt notwendig ist. Dementsprechend sind die Instinkte als Mittel der biologischen Zielsetzung bei jedem gesunden Menschen intakt vorhanden und ihre Überwindung erfordert, wenigstens am Anfang, stets eine erhebliche Kraftanstrengung. Auch der größere Teil der geistigen Fähigkeiten des Menschen ist „nützlichen“ Zielen zugewandt und dient der Selbst- und Arterhaltung; diese „praktische“ Betätigung des Menschen, welche das Antlitz der Erde so wesentlich verändert hat, gehorcht durchaus den biologischen Gesetzen und ist, bei aller qualitativen und quantitativen Verschiedenheit, im Prinzip doch nichts anderes als die auf Selbst- und Arterhaltung gerichtete Tätigkeit im Tierreich. Das

Biologische, das Naturhafte, ist die *Grundlage* des menschlichen Lebens und der menschlichen Gesellschaft; auch das „Neinsagenkönnen", auch die Askese hat das Leben und seine triebhaften Kräfte zur Voraussetzung.

Aus dem bisher Gesagten ergibt sich daher, daß sich der Mensch in geistiger Beziehung in einer Zwitterstellung befindet; er ist als Naturprodukt den in Trieben sich äußernden Lebensgesetzen unterworfen, er ist aber auch fähig, diese Gesetze zu sprengen. Der Geist ist biologisch zweckimmanent und transzendent zugleich; das fortwährende, nur schwer zu überwindende Wechselspiel dieser beiden Motive ist für die Mannigfaltigkeit, aber auch für viele Schwierigkeiten des Geisteslebens verantwortlich.

Dieser Dualismus des menschlichen Geistes kommt am stärksten dort zum Ausdruck, wo es sich um die Motive des Wollens, des sittlichen Verhaltens handelt, also in der Ethik. Aber auch die Erkenntnislehre muß sich diese Zwitternatur des menschlichen Geistes stets vor Augen halten, um die Erkenntnisphänomene richtig deuten zu können.

5. Biologische Erkenntnistheorie

Die ersten eindeutigen Bemerkungen über eine biologische Begrenzung unserer Erkenntnis finden wir bei NIETZSCHE, nach ihm ist unser Erkenntnisapparat nicht auf „Erkenntnis" eingerichtet. „Es ist unwahrscheinlich, daß unser ‚Erkennen' weiter reichen sollte, als es knapp zur Erhaltung des Lebens ausreicht. Die Morphologie zeigt uns wie die Sinne und die Nerven, sowie das Gehirn sich entwickeln im Verhältnis zur Schwierigkeit der Ernährung." Auch das Problem der Wahrheit unterliegt biologischer Deutung: „Wahrheit ist eine Art von Irrtum, ohne welche eine bestimmte Art von lebendigen Wesen nicht leben könnte. Der Wert für das *Leben* entscheidet zuletzt." Auch das Realitätsproblem ist nach NIETZSCHE biologisch deutbar: „Unsere *Bedürfnisse* haben unsere Sinne so präzisiert, daß die ‚gleiche Erscheinungswelt' immer wiederkehrt und dadurch den Anschein der *Wirklichkeit* bekommen hat." NIETZSCHE hat keine systematische Erkenntnislehre geschaffen, und er ist uns die Beweise schuldig geblieben, wonach die Entwicklung des Gehirns und der Sinne mit den Ernährungsschwierigkeiten tatsächlich parallel gehe; danach hätte, in Anbetracht der Größe und des Furchenreichtums seines Gehirns, der Elefant besonders große, der Mensch mit seinen relativ schwach entwickelten Sinnesorganen hingegen nur geringe Ernährungssorgen. Auch könnte man fragen, wozu die Philosophie gut sei, wenn unsere Erkenntnis „knapp zur Erhaltung des Lebens" ausreicht. Weshalb ist es für uns ein Bedürfnis, daß diese und keine

andere Erscheinungswelt, etwa mit Einschluß elektrischer Phänomene, durch unsere Sinne präzisiert wird? Wir sehen, lauter unbeantwortete Fragen und Widersprüche, welche durch kein ausgearbeitetes System aufgelöst worden sind. Daß auch BERGSON, die zweite große Persönlichkeit der „Lebensphilosophie“, ähnliche Ansichten äußert, kann uns in Anbetracht seiner Grundrichtung nicht überraschen: „Originellement, nous ne pensons que pour agir. La spéculation est un luxe, tandis que l'action est une nécessité.“ Handeln nicht etwa auch die Tiere, nur vom Instinkt und nicht durch Gedanken geleitet? Von diesem Standpunkt gesehen, ist das Nachdenken kein „Luxus“, sondern ein unverständliches biologisches Verhalten.

Ähnliche Gedankengänge finden wir bei einer Reihe von Autoren, die sich zum Positivismus bekennen und jeder Metaphysik abhold sind: sie bemerken nicht, daß ihre Grundannahme über das Wesen der Erkenntnis nur auf hypothetischer — und sofern sie als wertendes Prinzip benützt wird — erst recht auf metaphysischer Grundlage beruht. Insbesondere hat E. MACH die biologische Bedingtheit der Erkenntnisvorgänge betont: „Die biologische Aufgabe der Wissenschaft ist, dem vollsinnigen menschlichen Individuum eine möglichst *vollständige Orientierung* zu bieten. Ein anderes wissenschaftliches Ideal ist nicht realisierbar und hat auch keinen Sinn.“ Die Arbeitsteilung führt zur Entlastung des Lebens; dieser Tendenz sei es zuzuschreiben, daß das Denken zu einem Beruf werden konnte. „Eine Erkenntnis ist stets ein uns unmittelbar oder doch mittelbar biologisch förderndes psychisches Erlebnis.“ Ähnlich schreibt H. KLEINPETER: „Der Zweck der Erkenntnis ist kein anderer als der, uns unangenehme persönliche Erfahrungen zu ersparen.“ Der Biologismus ist auch die wissenschaftliche Grundlage der Erkenntnislehre von VAIHINGER. „Die logischen Prozesse haben zunächst nur den Zweck, das Leben der Organismen zu erhalten.“ „Der eigentliche Zweck des Denkens ist *nicht* das Denken, sondern das Handeln.“ „Der erste Zweck des logischen Denkens ist ein praktischer, Erkenntnis ist gewissermaßen nur das Abfallprodukt der logischen Funktion.“ Die Psyche wird als „kraftersparende Maschine“ aufgefaßt. Analoge Ansichten finden sich oft auch bei englischen Autoren. B. RUSSELL schreibt z. B.: „Weil das Wissen zu jeder beliebigen Zeit von Nutzen sein kann, bildet sich bei uns allmählich durch Assoziation eine allgemeine Begierde nach Wissen aus.“ W. H. GEORGE schreibt: „Whatever else scientific products may be, nothing is more certain than that they are biological products.“ Ferner: „The state of a man's liver may be as important an influence upon what he notices as may his so-called philosophy of life.“ J. MACMURRAY

betont, daß die Wissenschaft den praktischen Bedürfnissen der Gesellschaft ihr Dasein verdankt: „To account for science simple as man's effort to satisfy his curiosity is clearly superficial and inadequate ... Scientists are following a desire to take part in a human task with ends and effects which pass far beyond their private interests." Auch der Pragmatismus betrachtet als einziges Ziel der Erkenntnis die Erhaltung und Verteidigung des Individuums. So schreibt W. JAMES: „Ein Gedanke ist so lange wahr, als der Glaube an ihn für unser Leben nützlich ist." F. C. S. SCHILLER definiert den Geist wie folgt: „The whole mind, of which the intellect forms part, may be conceived as a typically human instrument for effecting adaptions, which has survived and developed by showing itself possessed of an efficacy superior to the devices adopted by other animals." Im selben Sinne heißt es ferner: „The actual functioning of the intellect, even if what are called its most ‚purely intellectual' forms, is only intelligible by reference to human ends and values." Dementsprechend ist die Wahrheit ebenfalls relativ: „Human interest is vital to the existence of truth." Ganz ähnliche Gedankengänge finden sich bei F. BARRY: „We are, in fact, as far as actual knowing is concerned, completely imprisoned in the present world of action." Auch F. DEWEY betrachtet das Denken nicht als Selbstzweck, sondern als Mittel zur Sicherung im Existenzkampf, als Instrument eines sozialen Voluntarismus. Der Pragmatismus hat auch in *Frankreich* Anklang gefunden. So schreibt P. JANET: „L'intelligence est une forme de conduites que la vie a créé au cours de son évolution pour augmenter la puissance de l'être vivant sans changer son corps, ni ses instincts fondamentaux."

Daß auch Denker, die nicht zu den Positivisten und Pragmatisten gehören, nach biologischen Gründen für die Denktätigkeit suchen, zeigt uns die Äußerung von A. MESSER (1), nach welcher wir in unseren Fragen und Urteilen vom Trieb nach Wahrheitserkenntnis geleitet werden. „Für unsere Grundtriebe nämlich, den nach Selbsterhaltung wie nach Selbstentfaltung, ist die *Orientierung* in Um- und Mitwelt von höchster Bedeutung. So ist es biologisch durchaus zu verstehen, daß sich auch hierauf ein Trieb richtet, zu dessen steigender Befriedigung uns auch die dumpfe Weltangst drängt."

Das Gemeinsame aller angeführten Ansichten läßt sich wie folgt zusammenfassen: Erkenntnis und Wissenschaft müssen einen Zweck haben, dieser Zweck kann — da man ja an Metaphysik nicht glauben mag — nur *innerhalb* des Biologischen liegen; das Denken des Menschen unterscheidet sich bloß quantitativ von der tierischen Intelligenz (E. MACH), beide sind Mittel im Kampfe ums Dasein. Allerdings entwickelte sich der menschliche Intellekt zu einem

äußerst wirksamen Instrument, welches besondere Anpassungsleistungen und dementsprechende Erfolge ermöglicht hat. Darin erschöpft sich aber auch der Sinn der Erkenntnis, damit sind auch seine Grenzen gezogen: es gibt kein anderes wissenschaftliches Ideal, als den *Nutzen* für das Individuum oder die Gesellschaft. Wahrheit ist dementsprechend nichts Absolutes, sondern der stets relative biologische Wert einer Erkenntnis. So wie es keine „absolute" Wahrheit gibt, kann es auch keine „objektive" Erkenntnis geben; das Denken dient ausschließlich dazu, unsere Handlungen zu leiten und wird sinnlos, wenn es sich von seinem biologischen Ziel entfernt. Daß es solche „sinnlose" Erkenntnis dennoch gibt, wird zwar von einigen Autoren nicht übersehen; sie wird jedoch als „Abfallsprodukt" des normalen, biologisch begründeten Denkens, als dessen gewissermaßen pathologischer Auswuchs aufgefaßt, als Entartung des physiologischen „Erkenntnistriebes".

Die Einführung eines eigenen Erkenntnistriebes ist allerdings geeignet, die Grenzen des ganzen Systems zu sprengen; dieser Trieb soll zwar im Rahmen der biologischen „Grundtriebe" lediglich die nützliche Aufgabe erfüllen, das Individuum, „möglichst vollständig zu orientieren", und es wird wohl angenommen, daß es sich lediglich auf biologisch wertvolle Erkenntnis richtet. Verschwommener wird die Sachlage, wenn, wie B. Russell es tut, dieser Trieb als „allgemeine Begierde nach Wissen" beschrieben wird. Es ist jedenfalls auffallend, daß im Tierreich ein solcher Erkenntnistrieb niemals beschrieben worden ist; wenn das Raubtier das Terrain auskundschaftet, so wird nur von durch Instinkt geleiteter Beobachtung, nicht aber von „Erkenntnistrieb" gesprochen. Sollte der sonst so auffallend instinktarme Mensch gerade diesen, nur für ihn charakteristischen Trieb von der Natur geschenkt bekommen haben? Wenn das der Fall wäre, so müßte dieser Instinkt tatsächlich nur auf biologisch nützliche Erkenntnis gerichtet sein.

Gerade an diesem Punkt zeigt sich allerdings die ganze Schwäche der biologischen Erkenntnistheorie. Gewiß dient ein erheblicher, vielleicht der größere Teil der Denkarbeit des Durchschnittsmenschen durchaus *praktischen* Zwecken: dazu drängt ihn schon der natürliche Trieb „sich und die Kinder zu nähren". Gewiß ist auch, daß ein Teil der abstrakt erscheinenden Wissenschaft ebenfalls utilitaristischen Motiven entspringt und ihre scheinbare Abstraktheit bloß die Folge von Spezialisierung und von technischen Schwierigkeiten ist. Der *reine Wissensdrang* des Menschen ist jedoch von jeder biologischen Zielsetzung *unabhängig*. Das zeigt sich bereits im frühen Kindesalter; das Kind (und auch der primitive Mensch) ist auch dann neugierig, wenn es sich um gänzlich indifferente Objekte handelt. Die Frage

„warum?" wird immer gestellt, auch wenn an seine Beantwortung kein materielles Interesse gebunden ist. Gewiß ist es für den Menschen nützlich, *seine* Um- und Mitwelt zu kennen; die Sterne gehören jedoch nicht zur Umwelt des Menschen und doch gehört die Astronomie zu den ältesten Wissenschaften, kosmogenische Hypothesen finden wir in den ältesten Dokumenten menschlicher Kultur. Oft ist eine Entdeckung, eine Theorie ursprünglich aus reinem Wissensdrang entstanden und erst später bemächtigte sich ihrer die Technik: man denke an die ursprünglich rein naturphilosophische Atomtheorie, auf welcher die moderne Chemie errichtet wurde, an die Entdeckung der Wellennatur der Elektrizität durch H. HERTZ und an ihre spätere Anwendung im Rundfunk und dergleichen mehr. Es arbeitet in jedem wissenschaftlichen Denker ein Drang nach lückenloser, widerspruchsfreier und „endgültiger" Erkenntnis, die bereits von ARISTOTELES angeführte „Leidenschaft des Wissens", der „Trieb nach Wahrheitserkenntnis" [A. MESSER (2)], die sich auch psychischen Widerständen gegenüber durchsetzen. Zu diesen Widerständen gehört vor allem die Gewöhnung an althergebrachte Vorstellungen: daß das Aufgeben eines solchen „bequemen" Wissens auf seelische Hindernisse stößt, Unlustgefühle verursacht, ist leicht zu verstehen. *Daß* sich aber das Neue, umstürzende, *trotzdem* durchsetzt, beweist eben die Kraft und die Stärke des Wissensdranges; Relativitätstheorie und Quantenlehre haben sich trotz „Denkökonomie" und Denkfaulheit durchgesetzt, obwohl sich keinerlei biologischer Vorteil an sie knüpft. Auch die Objektivität der Erkenntnis läßt sich nicht gut in Zweifel ziehen, wenn wir etwa die fortschreitende Entwicklung von dem ursprünglich anthropozentrischen Weltbild bis zu unserer heutigen Weltansicht in Betracht ziehen. Die letztere Erkenntnis war weder angenehm, noch im biologischen Sinne förderlich und doch hat sie sich — den verständlichen Widerständen zum Trotz — durchgesetzt. Diese wenigen Beispiele beweisen zur Genüge, daß die biologische „Erklärung" der wissenschaftlichen Erkenntnis nicht ausreicht; sie ist weiter nichts als eine Hypothese, die sich nicht verifizieren ließ, die nicht ausreichte, um alle in Frage stehenden Phänomene zu erklären.

6. Der transzendente Wissensdrang

Diese Tatsache ist auch modernen Denkern nicht entgangen. So schrieb G. SIMMEL: „So scheint alles Erkennen ursprünglich ein Mittel im Kampf ums Dasein zu sein ... Wissenschaft aber bedeutet, daß sich das Erkennen nicht mehr zu dieser praktischen Leistung hergibt, sondern ein Eigenwert geworden ist." MAX SCHELER führt

aus, daß alles, was das Tier fassen kann, in den Grenzen seiner Umweltstruktur liegt, dagegen ist das Wesen des menschlichen Geistes „seine existentielle Entbundenheit, Freiheit, Ablösbarkeit von der Abhängigkeit vom Organischen, vom Leben". Geist ist Sachlichkeit; die Größe der menschlichen Wissenschaft besteht darin, daß der Mensch mit sich selbst als mit einem *fremden* Ding zu rechnen lernt und ein Weltbild schafft, das von der psycho-physiologischen Organisation des Menschen unabhängig ist. Der Mensch allein vermag sich über sich emporzuschwingen, und er ist das einzige Lebewesen, das sich *prinzipiell asketisch* verhalten kann; er vermag „seine Triebsenergie zu geistiger Tätigkeit zu sublimieren". Ähnliche Gedanken finden wir bei A. MÜLLER: „Leben und Erkennen liegen nicht in derselben Schicht." „Ohne Zweifel hat das Erkennen nicht den Primat. Der Mensch hat zuerst das In-der-Welt-sein." Führen wir schließlich noch R. MÜLLER-FREIENFELS an. Nach ihm ist der Wissenstrieb „Umformung — Sublimierung wesentlich anderer natürlicher Antriebe, und zumal in seiner wissenschaftlichen Gestalt ein *Kultur*produkt, nicht eine *Natur*tatsache".

Es wird von den angeführten Autoren erkannt, daß das Denken außer seiner biologischen Aufgabe, die von niemandem in Zweifel gezogen wird, auch noch eine von biologischen Bindungen völlig freie Bedeutung besitzt.

Es kommt nur noch darauf an, diese Tätigkeit zu umgrenzen und zu präzisieren sowie zu versuchen, ihre Entstehung und ihren Zweck zu erklären.

Wir knüpfen an die Feststellung an, die wir früher über die Natur des menschlichen Geistes gemacht haben. Wir haben gesehen, daß sich der Mensch in einer Zwitterstellung befindet, da er einerseits als Naturprodukt den in Trieben sich äußernden Naturgesetzen unterworfen ist, anderseits aber das spezifisch Menschliche eben darin besteht, daß es sich von den biologischen Gesetzen zu emanzipieren vermag. Dementsprechend haben wir bereits früher ein biologisch-zweckimmanentes und ein transzendentes Denken unterschieden. Wir haben auch bereits erwähnt und müssen die Gründe dafür nicht wiederholen, daß das Naturhafte, das Biologische, die *Grundlage* des menschlichen Lebens bildet, von der aus sich das Transzendente entwickelt. Wir müssen aber an dieser Stelle mit Nachdruck betonen, daß dieses Transzendente keine pathologische Entartung „normaler" Triebe, keine „Sublimierung" biologischer Instinkte ist, sondern ein dem Menschen *spezifischer* Drang, dessen Ansätze auch beim Kind und beim primitiven Menschen bereits nachweisbar sind. Wir stehen vor einem Beispiel der Stufenfolge des Psychischen, wie sie zuerst von E. BOUTROUX als „Kontingenz der

Naturgesetze" formuliert worden ist. „On peut distinguer dans l'univers plusieurs mondes, qui forment comme des étages superposés les uns aux autres. Ce sont . . . le monde mathématique, le monde physique, le monde vivant et enfin le monde pensant. Chacun de ces mondes semble d'abord dépendre étroitement des mondes inférieurs, comme d'une fatalité externe, et tenir d'eux son existence et ses lois . . . Cependant, on voit qu'il est impossible de rattacher les formes supérieures aux formes inférieures par un lien de nécessité." Innerhalb dieser Hierarchie gibt es freilich — man denke vor allem an die Welt des Organischen — noch zahlreiche Zwischenstufen; sie alle sind miteinander verbunden, doch besitzt jede Stufe in bezug auf die vorausgehende, einen gewissen Grad von Freiheit und Unabhängigkeit, und man darf das, was eben für die betreffende Stufe charakteristisch ist, nicht als „Entartung" der niedrigeren Stufe auffassen. Es ist auch in den meisten Fällen schwer, wenn nicht unmöglich, die *Entwicklung* dieser charakteristischen Lebensäußerungen aus niedrigeren Stufen zu verfolgen, wenn auch eine solche Entwicklung grundsätzlich möglich ist und ihre Erforschung nicht aufgegeben werden darf. Allein, die Unterschiede zwischen dem Anorganischen und dem Leben, zwischen Pflanze und Tier und zwischen dem zweckimmanenten tierischen Intellekt und dem transzendenten Geist des Menschen sind groß, die Übergänge selten, so daß man tatsächlich berechtigt ist, von einer „Kontingenz" der Naturgesetze oder, nach S. Alexander, von einer Stufenfolge der Entwicklung mit eigenen unabhängigen Gesetzen im Sinne der „emergent evolution" zu sprechen.

Um es nochmals zu betonen: nicht die Gesamtheit der intellektuellen Betätigung des Menschen ist für ihn spezifisch und kontingent; das noch so hoch entwickelte, aber *praktisch* gerichtete Denken ist durchaus immanent, vom Tierreich nur quantitativ verschieden und mit letzterem durch allerlei, wenn auch ziemlich losen Übergängen verbunden. Das für den Menschen charakteristische Phänomen ist lediglich die Transzendenz, die Freiheit von biologischer Begrenzung — das Denken als *Selbstziel,* ohne Rücksicht auf Zweck und Nutzen.

Dieses Denken und *nur* dieses Denken wollen wir als „reines" als „transzendentes" Denken bezeichnen: es ist *das Denken der Wissenschaft.* Charakteristisch für dieses Denken ist das Zielgerichtetsein auf *Erkenntnis allein;* ein praktischer Zweck ist mit ihm nicht verbunden, der Denker ist von seiner biologischen Bestimmung bis zu einem gewissen Grade losgelöst. Wissenschaft in diesem Sinne *kann* auch letzten Endes menschlichen Zielen dienen; eine solche

„angewandte“ Wissenschaft ist aber nur dann und nur *insofern* Wissenschaft, als sie ihre Probleme „versachlicht“, sie loslöst aus dem eigentlichen Zweckzusammenhang. Einige Beispiele mögen das erläutern. Die Fragestellung: Wie helfe ich einem bemitleidenswerten Menschen, der etwa Lungenentzündung oder Krebs hat? ist *keine* wissenschaftliche Frage, es ist eine ethische Regung, ein biologisch durchaus begreiflicher Drang im Dienste der Arterhaltung. Falls aber die Frage frei von subjektiven Momenten und „versachlicht“ gestellt wird: Auf welche Weise kann ich die Pneumokokken (von welchen ich weiß, daß sie die Erreger der Lungenentzündung sind) abtöten? — oder: Auf welche Weise kann ich Krebszellen durch Röntgenstrahlen selektiv schädigen? — dann habe ich ein durchaus wissenschaftliches Problem aufgeworfen, das genau so sachlich und nüchtern, aber auch genau so aufregend ist, als etwa die Frage nach der chemischen Zusammensetzung der Fixsterne. Dasselbe Verhältnis besteht zwischen der Frage: Wie baue ich mir ein gemütliches Haus? und dem wissenschaftlichen Problem: Welche sind die besten Bedingungen der Lastverteilung im Eisenbetonbau? In diesem und *nur* in diesem Sinne sind Medizin und Technik Wissenschaften; wenn es wiederholt bemängelt wurde, daß die Medizin infolge dieser „Versachlichung“ *entseelt* wird, so wurde übersehen, daß ein Fortschritt eben nicht anders zu erzielen ist, daß Mitleid allein noch kein Heilmittel ist. Der Umstand, daß die *Ergebnisse* der technischen und medizinischen *Wissenschaften* auf biologisch sinnvolle Gebiete angewandt werden, beeinflußt ihren Charakter als Wissenschaften ebensowenig, als die moderne Elektrotechnik den reinen Wissenschaftscharakter der Elektrizitätslehre von FARADAY und MAXWELL in irgend einer Weise in Frage stellt.

Wir kennen noch eine Art von geistiger Betätigung, die anscheinend wenigstens, frei und zweckentbunden ist: das *Spiel.* Da dieses bekanntlich auch bei Tieren und — besonders ausgeprägt — bei Kindern vorkommt, muß die grundsätzliche Frage beantwortet werden, ob der transzendente Wissensdrang nicht etwa eine Abart des Spieles darstellt und daher doch irgendwie in den Rahmen des Biologischen gehört. K. BÜHLER sagt darüber: „Das Spielen bringt die lange Übung, dessen die noch unfertigen bildbaren Anlagen bedürfen oder, besser gesagt, stellt selbst diese Übung dar.“ Man könnte versucht sein, anzunehmen, das transzendente Denken des Menschen sei bloß eine Art Spiel mit dem biologischen Zweck, die aufs Praktische gerichtete Denkfähigkeit zu schärfen.

Dagegen muß zunächst eingewendet werden, daß das Spiel seinem Wesen nach hauptsächlich eine Betätigung des Kindes ist,

während der Wissensdrang im Kindesalter nur in Rudimenten vorhanden ist. Im Spiel des Kindes werden keine Probleme gestellt, es wird nicht nach „warum" gefragt; es wird nicht das abstrakte Denken geübt, sondern das spätere praktische Verhalten. In dieser Hinsicht steht das Spiel des Kindes mit dem Spiel der Tiere biologisch auf der gleichen Stufe.

Ferner fehlt dem Spiel — *jeglichem* Spiel — jene Konsequenz, jenes Zu-Ende-denken-Wollen, welche den Wissensdrang charakterisiert: das Schachspielen mag als „Spiel" gelten, als Übung des Denkens; die überaus komplizierten Untersuchungen über die theoretischen Grundlagen des Schachspieles, die Konstruktion schachspielender Computer, sind jedoch nicht mehr „Spiel", sondern transzendente Geistesarbeit an einem abstrakten Problem.

Endlich das entscheidende Argument: Wäre der Wissensdrang wirklich bloß eine Übung für biologisch nützliche Denkarbeit, so müßten die Forscher und Philosophen im Leben besonders erfolgreich sein. Gerade das Gegenteil ist der Fall: die Lebensuntüchtigkeit des Gelehrten ist geradezu sprichwörtlich und darin können wir nicht nur die beste Widerlegung der Spielhypothese, sondern auch den Beweis dafür erkennen, daß, wie SCHELER sagt, Geist und Leben Gegensätze sind, deren Überbrückung den extremen Repräsentanten dieser Prinzipien nicht immer möglich ist.

Versuchen wir nunmehr, das *Wesen* des transzendenten Denkens näher zu bestimmen. Daß ihm psychologisch ein besonderer „Wissensdrang" entspricht, hat der Sprachgebrauch schon antizipiert; wir müssen uns jedoch hüten, diesen „Drang" etwa den biologischen Trieben gleichzuordnen. Letztere sind, wie wir bereits sahen, zweckmäßige Lebensäußerungen, auf das Ziel der Art- und Selbsterhaltung gerichtet, wogegen der Wissensdrang zwar auch angeboren ist, jedoch mit biologischen Zielen und Nutzen nichts zu tun hat. Seine charakteristischen Eigenschaften sind die Unbegrenztheit seines Umfanges und ein Spannungsgefühl, das dazu drängt, das einmal Festgestellte in den Zusammenhang der schon bekannten Erscheinungen einzuordnen, es zu „erklären". Während aber die Erklärung auch im *praktischen* Denken eine große Rolle spielt, ist die *Unbegrenztheit* des Denkens für das transzendente Denken ganz allein charakteristisch. Sein einziges Ziel ist *Erkenntnis,* und zwar ohne Rücksicht auf Nutzen und Gefühle, Erkenntnis-an-sich, als Selbstzweck. Während der Leitgedanke des praktischen Intellekts die Nützlichkeit ist — darin hat der Pragmatismus eine Teilwahrheit erkannt —, ist das Ziel des transzendenten Denkens die völlige, restlose, daher auch widerspruchsfreie Erfassung der Wirklichkeit — ein Ideal, dessen völliges Erreichen in ferner Zukunft liegt, das aber das Spannungsgefühl stets lebendig erhält. Das Ziel des praktischen Denkens ist bescheidener, leichter zu erreichen: wenn die Aufgabe erfüllt ist, tritt ein Lustgefühl der Befriedigung ein, bis wieder neue Bedürfnisse neue Probleme schaffen, die es zu lösen gilt. Eine solche Beruhigung kennt das transzendente Denken nicht: jede neue Erkenntnis wirft neue Probleme auf, die Unendlichkeit der Wirklichkeit, die Unbegrenztheit des Seienden läßt keine Ruhepause eintreten. Ist einmal die Zusammensetzung der Materie aus Atomen erkannt, ergibt sich schon das Problem des Atombaues; haben wir in letzteren Einblick gewonnen, suchen wir die Natur des Atomkerns und der Elektronen zu erforschen. Richtig sagt SULLIVAN: „Knowledge for the sake of knowledge, as the history of science proves, is an aim with an irresistible fascination for mankind, and which needs no defence."

Aus dem Dualismus des menschlichen Geistes ergeben sich für die Erkenntnislehre erhebliche Schwierigkeiten. Obwohl praktisches und transzendentes Denken ihrem Wesen nach verschieden sind, ist das denkende Subjekt ein und dieselbe Person, wodurch Überschneidungen, Konflikte und Fehlleistungen verursacht werden. Es ist derselbe Mensch, der sich einerseits über die Erhaltung seiner Familie, seiner Stellung und dergleichen, andererseits über die abstraktesten Fragen der reinen Wissenschaft den Kopf zerbrechen muß. Ein weiteres Hindernis des transzendenten Denkens ist die *Begrenztheit seiner Mittel:* das reine Denken ist eigentlich weiter nichts als ein Drang: die Mittel zur Erfüllung dieses Dranges sind dieselben, welche auch — und zwar vorzugsweise — das praktische Denken benützt. Die Wirklichkeit ist in vielen Beziehungen von der biologischen Umwelt des Menschen verschieden und die Mittel des praktischen Denkens müssen daher bei dem Streben nach Erkenntnis der Wirklichkeit oft versagen. Wie diese Schwierigkeiten umgangen werden, das werden wir im Verlaufe unserer Untersuchung sehen: es ist aber falsch, aus diesen Schwierigkeiten die prinzipielle Unmöglichkeit der reinen, transzendenten Erkenntnis zu folgern, wie es der Positivismus tut. Die *Tatsache der Wissenschaft* ist der lebendige Beweis dafür, daß es dem Wissensdrang des Menschen gelungen ist, die durch die Unvollkommenheit seiner Sinnesorgane und seines Denkapparates geschaffenen Grenzen zu überschreiten und seinen Wissenschatz ständig zu vermehren.

Eine weitere Schwierigkeit des transzendenten Denkens ist seine notwendige *Sachlichkeit;* das gewöhnliche, praktische Denken ist zweckbedingt, daher relativ und oft auch subjektiv, was auch in seiner starken Affektbetontheit zum Ausdruck kommt; bereits die

Auswahl unserer gewöhnlichen *Wahrnehmungen* ist von unseren Bedürfnissen und Interessen abhängig. Gegen diese triebmäßige Affektbetontheit des Denkverlaufes muß das transzendente Denken einen ständigen Kampf führen und wir haben bereits früher darauf hingewiesen, daß unser Wissensdrang auch die stärksten gefühlsmäßigen Hindernisse überwinden kann. Die Tendenz zur Objektivität, welche das reine Denken kennzeichnet, ist nicht gleichbedeutend mit Wegfall aller individuellen Bedingtheiten; die Vorliebe für gewisse Denkformen bleibt auch beim reinen Denken bestehen. Die kosmisch-organische Denkrichtung GOETHES und HEGELS ist von der physikalisch-mechanischen Denkform NEWTONS ebenso verschieden wie von der rationalistisch-mathematischen von DESCARTES und KANT. Im Rahmen dieser Denkformen gibt es jedoch *keine* Relativität der *Gedanken,* die stets nach objektiv gültiger Wahrheit streben. Die Wirklichkeit ist eben von sehr vielen Seiten aus angreifbar und jeder geht den Weg, der seiner Persönlichkeit am besten liegt. Die Sachlichkeit des Denkens ist jedoch die Garantie, daß diese Wege letzten Endes konvergieren müssen, da es ja immer dieselbe Welt ist, die nur von verschiedenen Seiten her in Angriff genommen wird.

Wir fassen zusammen: das praktische Denken ist triebmäßig, affektbetont, auf biologische Ziele gerichtet; dieses Denken ist die Grundlage der biologischen Existenz des Menschen. Neben diesem Denken gibt es ein transzendentes, sachliches, aufs Unbegrenzte gerichtetes Denken, welches jedoch auf die Denk*mittel* des *praktischen* Denkens angewiesen ist. Jede Erkenntnislehre, welche diesen Dualismus verkennt, ist einseitig und wird den Tatsachen nicht gerecht. Entweder versucht sie das Denken in die engen Grenzen des biologisch Zweckmäßigen zu sperren — dann muß sie dem Produkt des Wissensdranges verständnislos gegenüberstehen — oder sie übersieht die biologische Begrenztheit der Denkmittel, dann kann sie die Schwierigkeiten, Irrungen und Fehlleistungen des Denkens nicht erklären.

Wenn wir im vorstehenden die Frage nach dem *Wesen* der Erkenntnis beantwortet haben, so bleibt noch die Frage nach dem *Sinn* der reinen Erkenntnis offen. Es ist klar, daß dieser Sinn außerhalb des Menschen, als *biologischen* Wesens, liegen muß; der Mensch kann zwar, wie wir bereits gesehen haben, von der reinen Erkenntnis Nutzen ziehen, jedoch ist das ein sekundärer Vorgang, der an der grundsätzlichen „Nutzlosigkeit" der Erkenntnis und der transzendenten Natur des Wissensdranges nichts ändert. Je mehr sich unser Wissen vertieft, umso rätselhafter ist es, wozu der Mensch dieses nutzlose Wissen anhäuft. Wir haben am Anfang dieses

Kapitels die mehr als bescheidene Rolle des Menschen, dieser, im kosmischen Maßstab zeitlich wie räumlich verschwindend unbedeutenden, zufälligen Kreatur geschildert; wie kommt dieser selbe Mensch dazu, die unendlichen Räume des Universums zu messen und seine eigene Rolle darin zu bestimmen? Liegt darin nicht doch eine *Sonderstellung* des Menschen in der Natur? Ein Glaube der in der primitiven anthropozentrischen Form gerade durch die sachliche wissenschaftliche Forschung zerstört worden ist und den wir, in Anbetracht unserer Überlegungen, von neuem in Erwägung ziehen müssen? Der Mensch ist gewiß ein kurzfristiger Gast auf einem verschwindenden Planeten, der nur dem Zusammentreffen mehrerer, an sich seltener Bedingungen sein Dasein verdankt. Was ist jedoch der *Sinn des Universums?* Wir erinnern an die schönen Worte von H. Poincaré: „La pensée n'est qu'un éclair au milieu d'une longue nuit. Mais c'est cet éclair qui est tout."

Literaturverzeichnis

Barry, F.: The scientific habit of thought, 1927.
Bergson, H.: L'évolution créatrice, 1907.
Boutroux, E.: De la contingence des lois de la nature, 6. Aufl., 1908.
Bragg, N., in: Scientific progress, 1935.
Bühler, K.: Abriß der geistigen Entwicklung des Kindes, 2. Aufl., 1925.
Eddington, A. (1): The expanding universe, 1933.
Eddington, A. (2): New pathways in science, 1935.
George, W. H.: The scientist in action, 1936.
James, W.: Pragmatismus, 1908.
Janet, P.: L'intelligence avant le langage, 1936.
Jeans, J.: The mysterious universe, 1930.
Kleinpeter, H.: Die Erkenntnistheorie der Naturforschung der Gegenwart, 1905.
Mach, E. (1): Analyse der Empfindungen, 5. Aufl., 1906.
Mach, E. (2): Erkenntnis und Irrtum, 3. Aufl., 1917.
Macmurray, J.: The boundaries of science, 1939.
Messer, A. (1): Einführung in die Erkenntnistheorie, 3. Aufl., 1927.
Messer, A. (2): Psychologie, 5. Aufl., 1934.
Müller, A.: Einleitung in die Philosophie, 2. Aufl., 1931.
Müller-Freienfels, R.: Psychologie der Wissenschaft, 1936.
Nietzsche, F.: Der Wille zur Macht (Ausgabe von Messer).
Poincaré, H.: La valeur de la science, 1920.
Russell, B.: Mensch und Welt (An outline of Philosophy), 1930.
Scheler, M.: Die Stellung des Menschen im Kosmos, 1928.
Schiller, F. C. S.: Studies in Humanism, 2. Aufl., 1912.
Schindewolf, D. H.: Paläontologische Entwicklungslehre und Genetik, 1936.
Simmel, G.: Grundfragen der Soziologie, 1917.
Sullivan, J. V. N.: Limitations of Science, 1933.
Vaihinger, H.: Die Philosophie des Als ob, 7. Aufl., 1922.

II. Zur Psychologie der Erkenntnisvorgänge

1. Grenzen und Gefahren des Psychologismus

Unter „Psychologismus" verstehen wir die Erklärung menschlicher Leistungen und Handlungen aus ihren seelischen Entstehungsmotiven heraus, wobei vorausgesetzt wird, daß diese Handlungen und Leistungen mit den psychologischen Vorgängen bei ihrer Entstehung schlechterdings identisch sind, daß diese Leistungen weiter nichts sind als psychische Phänomene.

Die Einseitigkeit und die Gefahren dieses Standpunktes mögen auf Grund eines einfachen Beispiels gezeigt werden. Das künstlerische Schaffen setzt gewiß viele psychische Vorgänge in Bewegung, wie Gedächtnis, Phantasie, Assoziationen usw., es hat eine besondere psychische Veranlagung zur Voraussetzung, die sich in Form- und Farbensinn u. a. m. äußert. Es ist ferner gewiß, daß diese Veranlagung nicht immer gleichmäßig stark zur Geltung kommt, daß „inspirierte" Tage mit seelischen Hemmungen abwechseln, daß viele Gefühlsmomente bewußter und unbewußter Natur, ja sogar körperliche Leiden das künstlerische Schaffen zeitweilig beeinflussen können. Es ist gewiß reizvoll und aufschlußreich, diesen psychischen Momenten im einzelnen nachzugehen; solche Untersuchungen werden uns den Künstler menschlich näherbringen, den Rhythmus seines Schaffens erklären, in manchen Fällen sogar zum besseren Verständnis des Kunstwerkes beitragen. Das letztere wird besonders dann der Fall sein, wenn im Kunstwerk auch Gefühlsmomente zum Ausdruck kommen, wie in der Musik, der Malerei, der schönen Literatur; dagegen wird uns die noch so genaue Kenntnis der Psychologie eines Architekten ein von ihm errichtetes Bauwerk nicht „erklären" können. Wir werden das Bauwerk nach seinen Proportionen, nach seiner Fassade und Innengestaltung, nach der Anpassung an seine Umgebung und endlich nach seiner Zweckerfüllung beurteilen, wir werden es in eine Stilart einreihen, kurz, wir werden die künstlerische *Leistung* unabhängig von seinen psychischen Entstehungsbedingungen zu verstehen und zu beurteilen haben, obwohl es keinem Zweifel unterliegt, daß Planung und Ausführung des Werkes intensive und lange geistige Arbeit erfordert hat.

Geradeso verhält es sich auch mit der wissenschaftlichen Erkenntnis.

Auch sie ist selbstverständlich ein psychisches Produkt, das Ergebnis komplizierter und intensiver geistiger Arbeit; ihr Resultat, die wissenschaftliche *Erkenntnis*, ist in bezug auf ihre *Geltung* von den seelischen Vorgängen, die zu ihrer Entstehung führten, völlig unabhängig. Eine richtig gelöste Gleichung bleibt sich immer gleich, auch wenn sie etwa durch zehn Personen von verschiedenster Begabung, in den verschiedensten Stimmungen und auf Grund verschiedener geistiger Arbeit gewonnen wurde. Erkenntnis ist daher ein objektiver Tatbestand, der uns als solcher, als unabhängig vom Denkenden Geltendes angeht, genau so wie wir auch ein Bauwerk nicht als die Summe der Empfindungen, Vorstellungen, Erinnerungen und Assoziationen des Architekten betrachten, sondern als eine objektive Leistung, welche nach sachlichen Kriterien beurteilt werden muß. Mit dem Problem der *Geltung* der Erkenntnis hat es die Erkenntnislehre allein zu tun; aus dem bisher Gesagten folgt, daß sie daher nicht von der psychologischen Analyse des Denkens auszugehen hat, sondern nach objektiven, allgemein gültigen Kriterien suchen muß. Die psychologische Analyse sagt uns lediglich, *wie* das Denken verläuft und wie es zu einem Resultat kommt; ob das, was wir denken, auch tatsächlich objektiv gültige *Erkenntnis* ist, kann keine psychologische Analyse entscheiden.

Damit haben wir auch die Grenzen des Psychologismus bezeichnet: solange sich die psychologische Analyse darauf beschränkt, die *Entstehungsbedingungen* der Erkenntnis zu untersuchen, solange sie untersucht, *wie* wir denken, erfüllt sie eine nützliche Aufgabe. Der Fehler wird erst dann begangen, wenn das *Ergebnis* des Denkens, die Erkenntnis, mit psychologischen Methoden untersucht und „erklärt" wird; damit überschreitet die Psychologie ihre Kompetenzen und führt unweigerlich zu Fehlurteilen, da es für die Geltung der Erkenntnis keine psychologischen Kriterien gibt.

2. Psychologismus und Phänomenologie in der Erkenntnislehre

Daß der Psychologismus, insbesondere auch in der Logik, welche sich mit der formalen Geltung der Erkenntnis zu befassen hat, völlig unangebracht ist, haben die *Marburger Schule* und HUSSERL eindrucksvoll nachgewiesen. An einigen Beispielen sei nunmehr gezeigt, daß auch die Erkenntnislehre von falsch angebrachter Psychologie nicht verschont geblieben ist.

Daß wir auch hier wieder in erster Linie denjenigen Denkern begegnen, die wir bei der Besprechung biologischer Erkenntnistheorien kennengelernt haben, den Positivisten und Pragmatisten, ist in keiner Weise verwunderlich. „Pragmatismus" — sagt F. C. S. SCHILLER — „ist die bewußte Anwendung einer teleologischen Psychologie auf die Logik, was letzten Endes auf einer voluntaristischen Metaphysik beruht". Der *Positivismus* beruht meist auf einem sensualistischen Idealismus, und da er jede Metaphysik ablehnt, muß er trachten, alle Erkenntnisprobleme psychologisch zu erklären. So wird das Ökonomisieren, Harmonisieren und Organisieren der Gedanken von E. MACH als „angenehme Entlastung“ bezeichnet. Nach VAIHINGER erzeugen *Hypothesen* einen psychisch unangenehmen Spannungszustand, daher die seelische Tendenz, sie in Dogmen zu verwandeln. Auch *Begriffe* werden psychologisch gedeutet: sie erzeugen „keine eigentliche Erkenntnis, sondern nur ein Lustgefühl“. Die letzte Konsequenz dieser Anschauungsweise wird von H. KLEINPETER gezogen: „Subjektive Überzeugung, nicht objektive Gewißheit, ist das einzige erreichbare Ziel aller Wissenschaft.“ Das wäre allerdings durchaus nicht verwunderlich, falls die Wissenschaft tatsächlich nur ein Produkt von Spannungszuständen, Entlastungs- und Lustgefühlen wäre. Da es jedoch evident ist, daß jede Wissenschaft nach objektiver Gewißheit strebt — wie wäre sonst eine Verständigung über ihre Probleme möglich? —, beweist der Satz nur die vorhin entwickelte Ansicht, daß auf psychologischem Wege die Geltung der Erkenntnis nicht erwiesen werden kann. Grundsätzliches zu den hier erörterten Fragen, hat vor allem die *phänomenologische Schule* beigetragen. „Die Welt ist“ — schreibt A. MÜLLER — „keine Summe von Empfindungen und Wahrnehmungen, sondern ein Inbegriff wahrgenommener Dinge.“ Das Denken ist *nicht* der Gedanke; Gedanken werden weder gebildet noch geschaffen, sie werden vom Denken nur *erfaßt*. Das Denken kann nicht mitgeteilt werden, „es läuft einfach ab“. Daß Gedanken nichts Psychisches sind, beweisen die folgenden Unterschiede: 1. Der Gedanke ändert sich mit der Zeit nicht, während das Psychische abläuft. 2. Die Vorstellungen sind Eigentum *eines* Menschen, die Gedanken sind Allgemeingut. 3. Gedanken sind entweder wahr oder falsch — eine sinnlose Wertung bei psychischen Vorgängen. — „Der Gedanke bedarf zu seiner Wirklichkeit nicht das Gedachtwerden.“ Ähnlich heißt es bei HUSSERL, der wissenschaftliche Forscher wisse, „daß der Ausdruck das Zufällige ist und der Gedanke die ideal-identische Bedeutung, das Wesentliche. Er weiß auch, daß er die objektive Geltung der Gedanken, Begriffe und Wahrheiten nicht *macht,* sondern daß er sie *einsieht,* entdeckt.“ Auch von psychologischer Seite ist die Trennung von Psychologie und Erkenntnislehre klar erkannt worden; so heißt es bei ELSENHANS: „Psychologische Gesichtspunkte decken sich niemals mit logischen Gesichtspunkten. Eine Sache logisch durchdringen heißt noch lange nicht, sie psychologisch verstehen.“ Daraus folgt die Konsequenz: „Die Psychologie muß lehren, wie Denken im Menschen, real gesehen, verläuft, und sie darf sich nicht um das Wesen logischer Konstruktionen bekümmern.“

Die von phänomenologischer Seite vorgebrachten Argumente bieten uns auch eine brauchbare Grundlage, um die *Gültigkeit* der

Erkenntnis zu erklären. Wir gehen vom *intentionalen Charakter* des Denkens aus, einer Ansicht, die zuerst in der Scholastik, durch WILH. VON OCCAM, in neuerer Zeit besonders von BRENTANO und HUSSERL vertreten wurde. Danach ist das Denken keine immanente Tätigkeit des Geistes, kein autonomes psychisches Gebilde, das sich seine Welt selber erschafft, sondern eine auf ein außerhalb des Geistigen Gegebenes, auf ein vom ihm unabhängig Existierendes gerichtete seelische Arbeit. „Erkennen heißt im Grunde" — so schreibt J. MARITAIN — „auf eine bestimmte Weise — intentionaliter — ein anderes, als man ist, werden und sein — fieri aliud in quantum aliud —, und der Verstand kann, da er unmateriell ist, so jedes Sein werden; er ist dafür geschaffen. Der Verstand wird im Akte der intellektuellen Wahrnehmung eins mit dem Gegenstand — er wird ihm gleichförmig, gleicht sich ihm an. Nicht in der Unfruchtbarkeit absoluter Einsamkeit, sondern in Fruchtbarkeit der Berührung mit dem Sein besitzt der Geist seine Freiheit." Im selben Sinne schreibt R. KREMER: „Aucune explication de la connaissance humaine ne peut supprimer le fait primitif qu'elle est connaissance de quelque chose", und „Toute la vie consciente suppose que la connaissance est faite pour les objets, que l'organisme conscient est adapté au milieu de la manière qui lui est propre, c'est-à-dire de façon à pouvoir le connaître". In diesem Sinne muß sich daher das Denken nach den allgemeinen Gesetzen der Ontologie richten; es hat, nach M. HONECKER, die Gegenstände so wiederzugeben, daß ihre allgemeinen Eigenschaften in der Wiedergabe zur Geltung kommen. Diese allgemeinen Gesetze der Ontologie sind, wie die scharfsinnige Kritik von KANT gezeigt hat, nicht a priori zu gewinnen, da der Verstand niemals mehr leisten könne, als die Form einer möglichen Erfahrung überhaupt zu antizipieren. „Seine Grundsätze sind bloß Prinzipien der Exposition der Erscheinungen; und der stolze Name einer Ontologie, welche sich anmaßt, von Dingen überhaupt synthetische Erkenntnisse a priori in einer systematischen Doktrin zu geben, muß dem bescheidenen einer bloßen Analytik des reinen Verstandes Platz machen." Die adaequatio rei et intellectus (THOMAS VON AQUINO), mit welcher die Wahrheitsdefinition HUSSERLS („volle Übereinstimmung zwischen Gemeintem und Gegebenem als solchem") identisch ist, bleibt daher das *Ziel* der Erkenntnis, welches jedoch nur a posteriori, auf empirischem Wege zu erreichen ist; diese Folgerung hat der Aquinate ebenfalls schon gezogen („omnis nostra cognitio a sensu initium habet").

Die intentionale Natur des Denkens wurde insbesondere von N. HARTMANN (1) in scharfsinniger Weise der Erkenntnislehre zugrunde gelegt. Erkennen kann man nur, was „ist"; und das heißt:

was auch unabhängig vom Erkennen besteht, also was „an sich ist". Daher ist Erkennen „eine Relation, welche das Bewußtsein mit etwas von ihm Unabhängigen verbindet. In diesem Verhältnis allein gibt es das für Erkenntnis jeder Art charakteristische Treffen und Verfehlen der Gegenstände, das wir Wahrheit und Irrtum nennen". Aus dem Gesagten folgt: „Eindringen in eine Sache kann es nur geben, wo es die Sache gibt, in die eingedrungen wird." In seinem späteren Werk (2) heißt es „Direkt gegeben ist in aller Erkenntnis nur die Seite des Gegenstandes."

Durch den Nachweis des intentionalen Charakters des Denkens, durch die Zurückführung auf ontologische Ziele wurde für die Erkenntnislehre außerordentlich viel gewonnen: durch den ontologischen Wahrheitsbegriff wurde zunächst ein Weg zur Erklärung der objektiven Geltung der Erkenntnis gewonnen und dem psychologischen Relativismus der Boden entzogen. Betrachten wir dagegen das Denken als autonomen geistigen Vorgang, welcher unter dem Ansporn biologisch motivierter Gefühle auf Grund von Sinneswahrnehmungen von sich heraus Erkenntnis hervorbringt, so ist, wie wir gesehen haben, an Stelle der Gewißheit tatsächlich nur subjektive Überzeugung zu gewinnen und ein anderes Wahrheitsideal als das pragmatische gibt es in diesem Falle nicht. Bei Anerkennung der ontologischen Grundlage der Erkenntnis ist es anderseits selbstverständlich, daß das Denken auf allgemeingültige Erkenntnis zusteuert und es bleibt nur die Frage zu beantworten, welches die Kriterien der Wahrheit, d. h. der Übereinstimmung der Gedanken mit dem An-sich-Seienden sind. Diese Frage, wie auch das von diesem Standpunkt aus eindeutig gelöste Problem des Realismus, wird uns später beschäftigen. Hier haben wir es lediglich mit dem Denken als solchem zu tun und wenn der Nachweis des intentionalen Charakters desselben der Denkpsychologie auch eine solide Basis geschaffen hat, so ist damit nur die Frage nach dem Ziel des Denkens beantwortet, nicht aber, *wie* das Denken dieses Ziel erreicht. Wohl hat die Phänomenologie auch in dieser Hinsicht wertvolle Arbeit verrichtet und die Psychologie der Abstraktionen und der Begriffsbildung durch die Analyse der „Wesensschau" bereichert. Voraussetzung ist die „Einklammerung" der daseienden Wirklichkeit: „Wir schalten alle erfahrungswissenschaftlichen Apperzeptionen und Daseinssatzungen aus, wir nehmen das innerlich Erfahrene oder sonstwie innerlich Angeschaute nach seinem reinen Erlebnisbestand." Im Akt der ideierenden Abstraktion ist uns „das Allgemeine selbst gegeben, wir denken es nicht in bloß signifikativer Weise, wie im Falle des bloßen Verständnisses allgemeiner Namen, sondern wir erfassen es, wir *erschauen* es" (Husserl). Der psychologische Nachweis der besonderen Fähigkeit unseres Geistes, das Allgemeine und Notwendige nicht bloß zu erschließen, sondern *direkt* zu erfassen, ist gewiß ein wertvoller Beitrag, doch ist damit die Denkpsychologie noch nicht erschöpft. Die Vernachlässigung der psychologischen Analyse der *empirischen* Erkenntniswege seitens der Phänomenologie hat sogar gewisse Gefahren, auf die C. STUMPF mit Recht aufmerksam gemacht hat: „Man braucht sich nur phänomenologisch einzustellen, eidetisch zu reduzieren, einzuklammern, abzuschatten usw., und man hat das Wesen am Schopfe." Die Erkenntnislehre kann daher, sofern sie im festgesetzten Rahmen auch die Frage beantworten will, *wie* das Denken sein Ziel erreicht, der psychologischen Analyse nicht entbehren.

3. Grundlagen der Denkpsychologie

Gibt es überhaupt eine Denkpsychologie? Sind wir überhaupt imstande, die Denkvorgänge, welche im fortwährenden Strome des Bewußtseins und im Unbewußten ablaufen, zu analysieren, die Gesetze ihrer Verknüpfung zu ergründen? Die Aufgabe ist so schwierig, daß sie von vielen als hoffnungslos betrachtet wird. So schreibt R. HÖNIGSWALD: „Denkpsychologie wird niemals darauf antworten können, was das Denken eigentlich sei . . . Denn der Begriff dieses Denkens ist ja erst die methodische Grundlage, auf der ihre eigene Fragestellung ruht." Die analytische („atomisierende") Psychologie müsse hier versagen, auch führe sie automatisch zu falschem Psychologismus. Auch H. DELACROIX betont die Komplexheit der Denkvorgänge, die nicht auf Vorstellungsassoziation beruhen können: „L'image suppose l'esprit loin de l'expliquer . . . L'aspect transitif de la pensée nous échappe." In dieser Stellungnahme für eine prinzipielle Unmöglichkeit der Einsicht in den Verlauf der Denkvorgänge spiegelt sich die Resignation, das Gewebe von bewußten und unbewußten seelischen Vorgängen jemals entwirren zu können, deren Ergebnis der Gedanke ist. Es ist zweifellos richtig, daß die „atomisierende" Psychologie bei der Deutung von Gestalten und von unbewußten Faktoren versagt hat, insbesondere ist es auch nicht gelungen, aus den „Atomen" der analytischen Psychologie, den Empfindungen, Vorstellungen, Assoziationen usw., das „Ganze" der menschlichen Seele wieder aufzubauen. Das berechtigt uns jedoch noch nicht, auf die Analyse ganz zu verzichten, wie auch die Biologie bei aller Berechtigung ganzheitlicher Gesichtspunkte niemals auf Zellenlehre und Anatomie verzichten kann. Kritik und Weiterarbeit an den psychologischen Grundbegriffen ist durchaus notwendig, doch hat A. MESSER (2) darauf hingewiesen, daß man die Möglichkeit, mit Hilfe der Assoziations- und Reproduktionsgesetze geistige Neubildungen zu erklären, durchaus nicht unterschätzen darf. Wir wollen daher einige psychologische Grundbegriffe vom Standpunkt der Erkenntnislehre aus kurz erörtern.

a) Empfindung und Wahrnehmung

Unsere Sinneswerkzeuge gehören der biologischen Sphäre an und sind demnach biologischen Gesetzen und Beschränkungen unterworfen; ihre Entwicklung ist ein Faktor der Anpassung der Tiere an ihre Umgebung. Dabei ist es natürlich *nicht* die Umwelt, welche die Sinnesorgane schafft, sondern der tierische Organismus; mit Recht sagt daher R. Woltereck, daß es unmöglich ist, gerade die Entstehung von Linsen und Augen auf Zufall, Milieuwirkung, Nutzen zurückzuführen; „ihre Entstehung, ihre progressive Verbesserung, ihre Vollendung stammt aus *den Tieren selbst,* aus der ‚Idee Auge', die dem Bedürfnis und Drang zu sehen, d. h. der Umwelt sich optisch zu bemächtigen, entspricht". Natürlich sind wir nicht immer imstande, die relative Empfindlichkeit für gewisse Sinnesreize biologisch zu erklären; so ist es, wie D. Katz bemerkt, unverständlich, warum die Elritze für Kochsalz 154mal empfindlicher ist als der Mensch. Auch wissen wir nicht, warum Bienen für ultraviolettes Licht stark empfindlich sind. In anderen Fällen ist allerdings die biologische Bedingtheit der Sinnesorgane offenkundig, so z. B. bei der im Dunkeln lebenden Blindmaus, deren Augen zurückgebildet sind. Es ist auch ein Zeichen der Anpassung, daß das Auge gerade für die häufigsten Wellenlängen des Sonnenlichtes empfindlich ist; dieser Umstand muß daher nicht, wie H. Reichenbach vermutet, „vom Standpunkt objektiver Naturbetrachtung aus als Zufall erscheinen". Innerhalb dieses biologisch wichtigen Bereiches ist die Empfindlichkeit des Auges außerordentlich groß, nach Best und Taylor ist die minimale Lichtmenge, welche noch empfunden wird, bei dunkeladaptiertem Auge und für grünes Licht ungefähr ein Quant; das Auge ist daher empfindlicher als die photographische Platte. Obwohl die Empfindlichkeit gegen beide Enden des Spektrums steil abfällt, ist es nicht verwunderlich, daß das Auge das wichtigste unserer Sinne ist. Dagegen sind die Geruchsempfindungen des Menschen relativ sehr schwach ausgebildet und reichen nicht entfernt an die Leistungen vieler Tiere heran; so riechen z. B. gewisse Nachtfalter das Weibchen auf über eine Meile. Auch das Gehör ist beim Menschen schwächer entwickelt als bei gewissen Tieren; die obere Reizschwelle liegt beim Menschen bei 20 000 Hertz, beim Hunde bei 38 000 Hertz. Auch im *Richtungshören* sind Hund und Katze dem Menschen überlegen (Elsenhans). Allein der *Tastsinn* des Menschen ist in gewissen

Relationen dem Auge noch überlegen: bei Dickenprüfungen sind Niveauunterschiede unter 0,001 mm noch erfaßbar. Es ist wohl keine gewagte Vermutung, daß der feine Tastsinn eine der Bedingungen für die Fähigkeit des Menschen ist, sich Werkzeuge zu bereiten und diese zu verwenden.

Unsere Sinneswerkzeuge sind daher aus *biologischen Bedürfnissen* entstanden und ihre Leistungen nehmen auf den transzendenten Wissensdrang des Menschen keine Rücksicht. Tatsächlich stellen unsere Sinne, wie bereits B. RUSSELL bemerkt hat, eine zufällige Auslese aus denen dar, die nach der Natur der physikalischen Vorgänge möglich wären. Es ist biologisch nach dem oben Gesagten durchaus verständlich, daß unser Auge nur den schmalen Ausschnitt des Spektralbereiches von 400 bis 800 millionstel Millimeter als Licht empfindet, für die Wissenschaft war aber diese Beschränkung äußerst hinderlich. Das Ohr zerlegt den Klang in verschiedene Bestandteile; das Auge ist, wie J. JEANS bemerkt, für die Analyse weniger geeignet, da es das Licht nicht zerlegen kann. „Wir erleben die Außenwelt in kleinen Musterproben, die mit unseren Sinnesorganen in Kontakt kommen. Die Außenwelt besteht aus Materie und Energie und ihre Musterproben aus Molekülen und Photonen." Unsere Sinnesorgane werden jedoch bloß von einem kleinen Teil der Materie und der Energie, welche sich in Lichtwellen und Luftschwingungen äußert, affiziert. Die künstliche Erweiterung unserer Sinneswahrnehmungen war die wichtigste und fruchtbarste Methode der Naturwissenschaften; mit dieser Frage werden wir uns später eingehend zu beschäftigen haben.

Akustische, taktile und Geschmacksempfindungen werden, falls mehrere Reize gleichzeitig wirksam sind, meist als ein Nebeneinander verschiedener Einzeleindrücke empfunden. Gesichtseindrücke sind jedoch selten isolierte Empfindungen; meist wird das, was sich im Gesichtsfeld befindet, räumlich geordnet als Ganzheit gesehen; dieser bereits geistig modifizierte Gesichtseindruck wird als „Wahrnehmung" bezeichnet. Um die Erforschung der Formen der Ganzheitswahrnehmung hat sich besonders die *Gestaltpsychologie* verdient gemacht. Gestalten sind nach der Definition von EHRENFELS Ganzheiten, die mehr sind als die Summe der sie bildenden Teile; besonders bemerkenswert ist ihre Transponierbarkeit (z. B. einer Melodie in eine andere Tonart). Ursprünglich bestehen unsere Wahrnehmungen *nicht* aus Empfindungen, wie es die „atomisierende" Psychologie gelehrt hat, sondern gleich aus *Gestalten.* Es handelt sich hierbei zweifellos auch um eine biologisch-zweckmäßige Erscheinung, die auch bei den Tieren beobachtet worden ist; die Wahrnehmung als Ganzes ermöglicht eine raschere Orientierung in der Umwelt, sie lenkt die Aufmerksamkeit auf das, was sich im Kontrast zum Ruhenden verändert und bewegt. Für diese Vorteile muß der Mensch dann die bekannten Sinnestäuschungen mit in den Kauf nehmen; diese sind jedoch nur vom Standpunkt der Erkenntniskritik von Interesse: ihre biologische Bedeutung ist unbedeutend.

Während viele moderne Naturphilosophen die Rolle der Gesichtsempfindung als grundlegend betrachten und insbesondere darauf hinweisen, daß jede Messung in der Physik auf Zeigerablesung (pointer reading), also auf einer einfachen Empfindung, beruht, hat W. H. George darauf hingewiesen, daß auch hierbei bereits ein komplizierter Wahrnehmungsvorgang vorliegt. „Observation of single isolated things is impossible, for a single object without a contrasting background is invisible." Auch hierbei spielen Ganzheitswahrnehmungen die Hauptrolle: „The initial stage of all observation appears to be direct perception of a whole and is followed by division of this whole into subsidiary wholes." Zeigerablesungen sind demnach „human judgements of coincidence" und nicht einfache Empfindungen, da „The judgement of coincidence involves the judgement of one thing being between two others."

Wahrnehmungen sind daher psychologisch primäre, aber keinesfalls einfache Phänomene; sie enthalten Raumanschauung als Teil des Erscheinungsinhaltes, Erinnerungsresiduen aus früheren Erfahrungen u. dgl. m. All das ist biologisch bedingt „eine individuell erworbene Anpassung, ein Produkt der Erfahrung, der Einübung, der Erinnerung an die früheren Fälle ähnlicher Art" (Helmholtz). Sind daher die einfachen Sinnesempfindungen begrenzt durch die Ansprechbarkeit unserer Sinnesorgane auf nur biologisch wertvolle Reizgebiete, so ist die Wahrnehmung erst recht ein Produkt unserer psychologischen Persönlichkeit, welches nicht auf die absolute Geltung der Erkenntnis eingerichtet ist. „In gewissem Sinne" sagt daher C. Stumpf mit Recht, „ist das gesamte physikalische Weltbild wie es uns die Sinne darbieten, eine einzige Sinnestäuschung" und: „die einzig mögliche Einstellung des Erkenntnistheoretikers ebenso wie des Naturforschers gegenüber allen an die Sinnesempfindungen sich knüpfenden Vorstellungen und Begriffen ist die kritische". Wenn es auch nicht angeht, die Sinnestäuschungen als „falsche Urteile" zu bezeichnen — Urteile sind, wie wir sehen werden, begründete, d. h. logisch analysierbare Prozesse, während die Wahrnehmung bloß die Erfassung eines sinnlich gegebenen Tatbestandes ist —, so ersehen wir aus dieser psychologischen Analyse, wie der aus der dualistischen Natur der menschlichen Erkenntnis entsprießende Zwiespalt sich bereits in den niedrigsten Stufen der intellektuellen Betätigung bemerkbar macht.

Eine Folge des intentionalen Charakters jeder Erkenntnistätigkeit ist die notwendige *Objektivation* der Wahrnehmung. „Alles Wissen und Erkennen", so sagt R. Müller-Freienfels, „ist eine Übersetzung objektiv gegebener Daten ins subjektive Bewußtsein". In den Empfindungen wird zunächst das Objektive subjektiviert — z. B. die Sonne in Sonnenstrahlen —, dann aber müssen die Empfindungen wieder objektiviert werden („Realobjektivation"), um Erkenntnis zu werden. Dieser Vorgang ist keine nachträgliche Interpretation einer realistisch eingestellten Erkenntnislehre, sondern eine uns unbewußt verlaufende psychologische Tendenz, die nicht nur unserem Denken, sondern auch unserem *Handeln* zugrunde liegt und deshalb noch zur biologischen Sphäre gehört. Aufgabe der Erkenntniskritik ist *nicht*, diese Realobjektivation rückgängig zu machen und die Empfindungen von den Gegenständen künstlich zu trennen, sondern die biologisch bedingten Unvollkommenheiten und Fehler der Wahrnehmungen aufzuzeigen und zu rektifizieren.

b) Denken und Sprache

Bevor wir einen Blick auf die Psychologie der höheren Denkprozesse werfen, ist eine kurze Besprechung der Beziehung zwischen Denken und Sprache notwendig. Es ist erstaunlich, wie groß die Gegensätze in dieser anscheinend so einfachen Frage sind. P. Janet schreibt: „La raison humaine, nous ne cessons de le répéter, est bâtie sur le langage, elle n'est au fond qu'une manière de parler", und ganz ähnlich auch R. Hönigswald: „Die Sprache ist das Medium, in dem allein Denken sich vollziehen kann . . . Gedachtsein heißt eben: sprachlich prinzipiell formulierbar sein, formuliert werden *können.*" Während also von einigen Autoren Denken und Sprache förmlich identifiziert werden, wird dieser enge Zusammenhang von anderen Autoren entschieden in Abrede gestellt. So schreibt C. Spearman: „The cognitive field may be compared to an ocean studded with icebergs. Over much the larger portion, including not only sensation, but most thinking also, it is still fluid. Only here and there has the thougth frozen into verbo-conceptual rigidity." Nach M. Honecker laufen Denken und inneres Sprechen häufig nebeneinander her; die Hauptrolle hat aber das *Denken:* es geht inhaltlich dem Sprechen *voraus,* seine wichtigsten Bestandteile werden bloß durch die innere Sprache formuliert. A. Müller schreibt: „Man kann denken, ohne auch nur innerlich zu sprechen." Schließlich R. Thomson: „Language is not the only factor involved in thinking."

Auf die biologische Bedeutung der Sprache wird häufig hingewiesen, wobei hervorgehoben wird, daß die Bedeutung der Sprache in der Ersparung überflüssiger Gesten besteht (WHITEHEAD); besonders prägnant ist die Definition von P. JANET: „Le langage est une forme d'action très réduite, qui n'est plus exécutée par des mouvements des membres, mais qui ne consiste plus qu'en petits mouvements de l'appareil respiratoire.“ Daß ein biologisch bedingtes Instrument nicht ohne Schwierigkeiten auf die Probleme des reinen Wissens anwendbar ist, kann uns nicht überraschen; die Sprache hat sich ursprünglich zu praktischen Zwecken entwickelt und nicht zum Ausdrücken transzendenter Gedanken. Daher ist nach VAIHINGER die Sprache die eigentliche Bewahrerin der Fiktionen, jener bewußten Fehler, die wir praktisch nicht entbehren können. Nach MITTASCH geht der Weg der Erkenntnis über die begriffliche Abstraktion, doch schlüpft in der sprachlichen Konkretisierung die Fiktion wieder ein. Bekannt ist der Ausspruch von LICHTENBERG: Unsere ganze Philosophie ist Berichtigung des Sprachgebrauchs. Aus demselben Grunde, meint R. MÜLLER-FREIENFELS, ist vollkommene Kongruenz zwischen Wissen und Darstellung unmöglich, da die Sprache „vorwissenschaftlich“ ist und die Begriffsformulierungen daher vieldeutig sind. Natürlich ist die Sprache stets lebendig und formbar; so betont sehr richtig L. WITTGENSTEIN, daß der Mensch die Fähigkeit besitzt, Sprachen zu bauen, womit sich jeder Sinn ausdrücken läßt, ohne eine Ahnung davon zu haben, wie und was jedes Wort bedeutet. „Alles, was überhaupt gedacht werden kann, kann klar gedacht werden“; da jedoch das Gedachte nur sprachlich ausgedrückt werden kann, heißt es ebendort: „Die Grenzen meiner Sprache bedeuten die Grenzen meiner Welt.“ Derselbe Gedanke, der den Fortschrittsgedanken in sprachlicher Hinsicht klar zum Ausdruck bringt, findet sich bei JANET: „Il y a des choses que les siècles suivants exprimeront bien et que nous ne savons pas encore exprimer.“

Die in der angeführten Literatur vorkommenden Widersprüche lassen sich in folgender Weise zwanglos beseitigen; solange das Denken nur aus Assoziation von Vorstellungen besteht, ist eine sprachliche Fixierung nicht notwendig; es unterliegt keinem Zweifel, daß dieses „stumme“ Denken ein recht häufiges Vorkommen ist, teils weil wir das Gedachte nicht der Mühe wert finden, sprachlich zu fixieren, teils weil wir es lieber an der Grenze des Unbewußten lassen wollen. Dabei kann es sich sowohl um praktisches wie auch um transzendentes Denken handeln, obwohl das letztere erst dann Geltung gewinnt, wenn es in diskursiver Form gedacht wird. Das *diskursive* Denken, welches der logischen Kontrolle allein zugänglich ist, bedarf allerdings des sprachlichen Ausdrucks; auch wenn es zunächst nur stumm gedacht wird, muß es im Gedanken sprachlich formuliert werden. Die „höheren“ Denkfunktionen, die Begriffsbildung, das Urteilen und Schließen, sind nur in der diskursiven Form des Denkens möglich.

Unsere aus metaphysischen Gründen angenommene Dualität zwischen biologisch bedingtem, praktischem und reinem, transzendentem Denken kommt auch im sprachlichen Ausdruck zur Geltung. Die Sprache ist ursprünglich nicht dazu da, um transzendentes Wissen zu fixieren, sondern um Beobachtungen, Gefühle, Wünsche und

Befehle praktischer Art mitzuteilen; sie ist die „Übersetzung seelischer Zustände in Bewegungen der Stimmorgane“ (MÜLLER-FREIENFELS). Erst allmählich und schrittweise hat sich die Sprache soweit entwickelt, daß sie zum begrifflichen Denken und zum logisch gültigen Ausdruck desselben geeignet wurde; eine *vollkommene* Logisierung ist dabei niemals erfolgt und wird auch, in Anbetracht der Doppelnatur der Sprache, niemals erfolgen. Richtig bemerkt dazu H. DELACROIX: „C'est moins la logique proprement dite que la pensée vivante et agissante qui est à la base des langues.“ Der auch formal-logisch absolut korrekte Sprachausdruck, die „Logisierung“ der Sprache bleibt daher ein Ideal, dem wir wohl zustreben können, das wir aber niemals ganz erreichen werden.

c) Diskursives Denken und Intuition

Werfen wir nunmehr einen Blick auf die Psychologie des „diskursiven“ Denkens, wobei wir darunter das sprachlich vollständig ausgedrückte, dem logischen Ideal sich annähernde Denken verstehen wollen. Über das Wesen der logischen Norm und über den formalen Kriterien soll später die Rede sein; jetzt interessiert uns bloß der psychologische Verlauf des Denkens.

Die lange Zeit herrschende Richtung in der Psychologie der Denkfunktionen stammt von HUME her; nach ihm beruht das Denken auf *Assoziation von Vorstellungen*, „der Abbilder unserer Eindrücke“, wobei drei Prinzipien zur Geltung kommen: die Analogie, die Kontiguität und die Kausalität. Obwohl die Assoziationspsychologie etwas aus der Mode kam und sicherlich nicht in der Lage ist, unsere Denkarbeit psychologisch restlos zu erklären, ist die Rolle der Assoziationen im Denken — sowohl in der diskursiven wie in der intuitiven Form — nicht zu unterschätzen; sowohl das „Nachdenken“ wie auch die „Einfälle“ sind ohne Assoziationen nicht deutbar. Und wenn wir heute die „psychologische“ Hypothese der ausgeschliffenen Nervenbahnen von *Ziehen* nicht mehr als befriedigend betrachten, so verdient eine psychologische Analyse der Assoziationsvorgänge dennoch unsere volle Aufmerksamkeit. Vor allem muß die Richtung der Assoziationen erklärt werden; dazu diente die Konstellationstheorie von G. E. MÜLLER, wonach die *Aufgabe* die günstige Konstellation für die Reproduktion der Assoziationen schafft. Besser ist die Annahme von spezifischen Reaktionen nach O. SELZ, von reflexähnlichen Zuordnungen, welche durch bestimmte Aufgaben ausgelöst werden; die dabei stattfindenden Reproduktionen werden gefördert durch Gelingen oder Mißlingen von Teiloperationen. Während das Denken durch Assoziationen oft automatisch, passiv verläuft, bezeichnen wir mit WUNDT das aktive, zielbewußte Nachdenken als *apperzeptives* Denken; um dieses letztere handelt es sich, wenn wir von diskursivem Denken reden.

Wesentliche Förderung erhielt die Denkpsychologie durch die Entwicklung der *Kybernetik.* Vor einigen Jahren (KRETZ) wurde ein mechanisches Modell der bedingten Reflexe konstruiert: die „künstliche Schildkröte" wurde mit optischen und akustischen Empfängern sowie mit elektromechanischen Testorganen ausgestattet, die Effektoren waren Laufräder mit Motorantrieb. Die elektronische Steueranlage konnte auf bestimmte Reize so gut wie alle aus der Physiologie bekannten Verhaltensweisen der bedingten Reflexe reproduzieren. Die Computer erinnern in mancher Hinsicht auch an das „zweite Signalsystem" von PAWLOW, wobei Wörter, Zahlen, Begriffe die Rolle der Sinneseindrücke als Auslöser von bedingten Reflexen übernehmen. Das menschliche Hirn arbeitet in mancher Hinsicht wie ein stabiles Kontrollsystem von Servomechanismen, wobei Elektronensysteme die Rolle des Gedächtnisses und der Lenkung der Rechenoperationen übernehmen. Die am meisten disputierte Frage bezieht sich auf die *Originalität* der Computer. Nach SATOSI WANOTABE sind diese „Denkmaschinen" bloß zu „Pseudo-Induktion" fähig, die möglichen Hypothesen auf Grund der Erfahrung sind von der Programmierung des Computers begrenzt; die Denkmaschinen sind bloß auf deduktiv-logische Aufgaben ausgerichtet. Es wurde wiederholt betont, daß die Programmierung eines Computers nur auf Grund eines geschlossenen Axiomensystems möglich ist, daher sind Folgerungen die auf Grund des GÖDELschen Theorems die Einführung *neuer* Hilfsaxiome erfordern, mit Hilfe von Computern nicht zu erhalten. Im Gegensatz zu dieser Ansicht betonen WIENER sowie SCRIVEN (vgl. HOOK, 1961), daß Computer gebaut werden können, welche fähig sind, auch Programme zu programmieren. Diese prinzipielle Frage ist daher noch in Schwebe, die Computer sind jedoch ausgezeichnete *Modellexperimente* der Denkpsychologie und Nervenphysiologie: das Gedächtnis wird nicht mehr in hypothetische „Engramme" verlegt, sondern in der Ribonukleinsäure der Nervenzellen gespeichert, wobei es durchaus möglich ist, daß jede „Information" kleine chemische Veränderungen der Nukleinsäuren verursacht.

Für die Wissenschaft reicht Erkenntnis durch Vorstellungen nicht aus, dafür tritt das Denken durch *Begriffe.* Die dabei stattfindenden psychologischen Prozesse pflegt man unter dem Schlagwort der „Abstraktion" zusammenzufassen. Der Begriff ist der Ausdruck des *Wesens* einer Klasse von Gegenständen. A. MÜLLER meint, die Abstraktion sei nur eine nachträgliche Umdeutung des *Sachverhaltes,* daß im Begriffe nur einige Bestimmtheiten erfaßt werden, in einen

Weg; es wurde noch nie ein Begriff mit Hilfe bewußter Abstraktion gefunden. Wirksam ist vielmehr die bereits früher erwähnte „Wesenschau“, die *direkte Erfassung* des Allgemeinen. Daß dabei auch denkökonomische Prinzipien wirksam sind, wird von A. SPAIER wahrscheinlich gemacht: „Il est beaucoup plus aisé de distinguer le genre que l'espèce et à plus forte raison, que l'individu, puisqu'il suffit de moins d'analyses, d'une perception plus superficielle, d'une attention partagée entre un plus petit nombre de caractères.“ Auch E. MACH hebt die Vereinfachung der Wissenschaft durch die Begriffsbildung hervor, wozu noch die Bereicherung durch Zuteilung von Klassenmerkmalen tritt: daher entspringt die Begriffsbildung ordnenden, ökonomischen Motiven.

Daß die der Begriffsbildung zugrunde liegenden psychischen Phänomene biologisch bedingt sind, ist wohl kaum zu bezweifeln; wenn wir auch die Begriffsbildung mit J. BUYTENDIJK bei den Tieren nicht als erwiesen gelten lassen — wenigstens nicht in der objektiven, menschlichen Form —, so unterliegt es wohl keinem Zweifel, daß die von MACH und SPAIER betonte Vereinfachung durch Begriffsbildung eine unentbehrliche Waffe im Lebenskampfe ist; die Raublust des Wolfes wird nicht von jedem Hasen *individuell* erregt, sondern richtet sich gegen die *Gattung* Hase, deren Gattungseigenschaften dem Wolf besser bekannt sind als die individuelle Natur des einzelnen Tieres. Wenn es so etwas wie eine Abstraktion auf der Stufe der Instinkte bereits gibt, so scheinen die *Assoziationen* auf noch niedrigerer Stufe, bei den *bedingten Reflexen* schon aufzutreten; es ist verständlich, daß die letzteren, im Gegensatz zu den mitgeborenen neurologischen Reflexen, beim großhirnlosen Tier nicht mehr auslösbar sind.

Assoziationen und Begriffsbildung — letztere als ökonomische Abstraktion oder als „Wesenschau“ — sind daher zunächst biologisch bedingte Denktätigkeiten und haben die Aufgabe, den Kampf ums Dasein zu erleichtern. Ihre Richtung und Verwendung erfolgt beim Tier rein instinktmäßig, während sie beim Menschen außer der biologischen Verwendung auch ein unentbehrliches Instrument für das reine, transzendente Denken darstellen. Zu letzterem Zwecke ist allerdings die psychische Disposition nicht ausreichend, es muß die *formale Geltung* dieser Denkoperationen gewährleistet sein. Diese Aufgabe hat die Logik zu erfüllen.

Werfen wir einen kurzen Blick auf die Psychologie der Urteile. Ein Urteil kann nach K. BÜHLER folgendermaßen charakterisiert werden: 1. Sein Gegenstand ist ein Sachverhalt, er kann als „Daß-Satz“ formuliert werden; 2. er enthält die Stellungnahme der Gewißheit, die sich 3. auf Gründe stützt. Die Definition von DELACROIX:

„Juger c'est affirmer un rapport entre des concepts" ist daher zu eng, da es auch Urteile über konkrete Dinge gibt, wie z. B. „dieser Mensch ist gescheit"; dieser Satz hat nach der Definition von Bühler folgenden Denkverlauf: ich behaupte, daß dieser Mensch gescheit ist (und kann es auch begründen). In jedem Urteil haben wir es unzweifelhaft mit einer Beziehung zu tun; diese Beziehung wird jedoch, wie M. Schlick betont hat, in keinem Sinne erst durch das Urteil *erzeugt,* sie geht dem Denkakt logisch wie psychologisch immer schon *voraus.* „Die Relationen sind also nicht Denkformen, sondern müssen als *Formen des Gegebenen* angesehen werden ... Das Denken schafft niemals die Beziehungen der Wirklichkeit, es hat keine Form, die es ihr aufprägen könnte und die Wirklichkeit läßt sich keine aufprägen, denn sie ist selbst schon geformt." Ähnlich schreibt J. de Vries: „Jedes Urteil meint letztlich einen wirklichen Sachverhalt." Damit sind wir wieder bei der *intentionalen Natur* und der ontologischen Bedingtheit der Erkenntnis angelangt, welche daher auch für die Denkbarkeit gültig sind.

Neben dem diskursiven Denken, dessen wesentliche Formen wir kurz psychologisch besprochen haben, gibt es, wie wir bereits gesehen haben, auch ein sprachlich nicht fixiertes, „stummes" Denken, welches wir als *„intuitives Denken"* bezeichnen wollen. Das hauptsächliche Material dieser Denkform sind Vorstellungsassoziationen, doch kommen auch Begriffsbildung und eine Art von unterbewußten Urteilen darin vor, plötzliche Einsichten (Köhler), das „Aha-Erlebnis", das „Erschauen von Zusammenhangsmöglichkeiten, worauf die spürende Ahnung" des Forschers beruht. Die Übergänge zum diskursiven Denken sind nicht immer scharf; die Begriffsbildung hat in der Wesenschau bereits intuitive Momente, auch die Reproduktion von Assoziationen verläuft intuitiv. Es ist auch durchaus nicht immer klar, ob die psychologisch so häufigen „verkürzten Schlüsse" auf routinemäßig abgekürztem logischen Denken oder auf intuitivem Erschauen beruhen. Diskursives und intuitives Denken laufen meist nebeneinander einher und ihre Trennung ist wohl die schwierigste Aufgabe der Denkpsychologie. Neue Gedanken, neue Einsichten entspringen eher dem intuitiven Denken; das diskursive Denken ist logisch gebundener, hat daher eher analytischen Charakter. Nach Thomson handelt es sich beim Denkprozeß um verschiedene Aktivitäten: visuelle Eindrücke, Sprachgebrauch, Erinnerungen an früher Gelerntes, logische Folgerungen, Zielhandeln, intuitive Einsichten spielen alle eine Rolle. Das aktuelle Denken schwankt zwischen logischen Kriterien einerseits, Hypothesen, Analogien, Phantasievorstellungen andererseits: beide Faktoren sind erforderlich, manchmal ist der intuitive Faktor wichtiger, doch setzt auch er harte geistige

Arbeit voraus. Deswegen ist auch die hohe Einschätzung der Intuition für die Wissenschaft durchaus berechtigt: nach E. MACH ist die Intuition „die Grundlage aller Erkenntnis", und A. SPAIER schreibt: „Être intuitif c'est, en somme, être très intelligent." Ähnlich sagt schon SCHOPENHAUER: „Die eigentliche Weisheit sei etwas Intuitives, nichts Abstraktes." Nach REININGER war jede Erkenntnis großen Stils zuerst eine unbewiesene Intuition, und nach EINSTEIN führt zum Weltbild kein logischer Weg, sondern nur die auf Einfühlung in die Erfahrung sich stützende Intuition. Die Intuition hat wohl E. MEYERSON im Sinne, wenn er den Ausspruch von PASTEUR zitiert: „Je plains les gens qui n'ont que des idées claires"; er beschreibt die Intuition folgendermaßen: „Il s'agit d'un jugement par analogie, d'une déduction rapide et dont les phases intermédiaires sont demeurées enfermées dans l'inconscient du chercheur." Während diese Definition nur das umfaßt, was wir oben als „verkürzten Schluß" bezeichnen, charakterisiert MÜLLER-FREIENFELS die Intuition durch Plötzlichkeit, Unpersönlichkeit (Passivität des Erlebenden), Bildhaftigkeit und besondere Gefühlserregung. Die Bildhaftigkeit muß jedoch nicht immer gegeben sein, sie fehlt z. B. der Mathematik, deren Fortschritt nach BROUWER hauptsächlich auf Intuition beruht. Eine besondere Rolle spielt die Intuition in der Philosophie von BERGSON: er faßt sie auf als Kombination der formalen Intelligenz mit der konkret instinktiven Erkenntnis, als bewußt gewordenen Instinkt. Da der Instinkt stets biologisch gerichtet ist, müßte auch die Intuition eine bloß auf praktische Ziele gerichtete geistige Leistung sein, was BERGSON bestimmt nicht gemeint hat; sagt er doch z. B., daß die ganze Arbeit des Philosophen darin bestehe, „rendre avec une approximation croissante la simplicité de son intuition originelle".

Die Intuition ist nach alledem nicht allein eine Form des praktischen Denkens, sondern auch eine häufige Denkmethode der Wissenschaft. Jede wissenschaftliche These muß sich rational begründen lassen, sagt R. CARNAP; das bedeutet aber nicht, daß sie auch rational, durch verstandesmäßige Überlegung, gefunden werden müsse. „Aber die *Begründung* hat vor dem Forum des Verstandes zu geschehen; da dürfen wir uns nicht auf eine erlebte Intuition oder auf Bedürfnis des Gemütes berufen." Auch die intuitiv gewonnenen Gedanken müssen daher in diskursiver Form nachgedacht und ausgedrückt werden, da sie nur in dieser Formulierung den Erfordernissen der Logik entsprechen. Nur in der letzten Form können wir daher der gewonnenen Erkenntnis Geltung zusprechen, auch wenn die Erkenntnis auf „irrationalem" Wege zustandegekommen ist. In dieser obligaten Logisierung können wir daher ein weiteres charakteristisches Merkmal des reinen, transzendenten Denkens erblicken.

4. Verstehen und Erklären

In der Psychologie der Erkenntnisvorgänge kommt dem Verstehen und dem Erklären eine zentrale Bedeutung zu: handelt es sich doch um das Problem der geistigen Assimilation der wahrgenommenen oder auch nur gedachten Phänomene. Wenn wir ein uns unbekanntes psychologisches Ereignis noch so genau beobachten, wenn wir ein histologisch unbekanntes Gewebe noch so genau beschreiben oder etwa eine mathematische Formel uns noch so genau einprägen — wir werden uns mit der KIRCHHOFFschen Formel der „möglichst vollständig und auf die einfachste Weise" erfolgten Beschreibung *nicht* begnügen, unser Wissensdrang wird nicht ruhen, bevor wir die Phänomene nicht *erklärt* haben; erst wenn uns diese Erklärung gelungen ist, wenn wir die Phänomene *verstehen*, erst dann wird unser Wissensdrang befriedigt sein. Nach dem üblichen Sprachgebrauch wird unter Erklären ein aktiver, unter Verstehen ein passiver Geistesprozeß verstanden; diese Unterscheidung hat hauptsächlich pädagogisches Interesse, da das „Verstehen" von Naturvorgängen und das „Erklären" derselben nahezu identische Prozesse sind: man kann von aktivem Erklären nur in dem Sinne sprechen, als darunter die mündliche oder schriftliche *Darstellung* wissenschaftlicher Arbeit verstanden wird, das ist aber kein Problem der Erkenntnis, sondern eine Frage der darstellerischen Fähigkeiten, der Rednergabe oder des schriftstellerischen Talentes; alles Dinge, die uns in diesem Zusammenhang nicht interessieren.

Werfen wir zunächst einen Blick auf die Ansichten verschiedener Denker über das Wesen des *Verstehens*. A. MÜLLER beschreibt das Verstehen als Nacherleben, unmittelbares Erfassen von Fremdseelischem, unsinnliches Schauen, Erfassen eines Gedankens oder einer Bedeutung. Neben diesem *intuitiven* Verstehen gibt es aber nach A. MÜLLER auch noch ein Verstehen durch Einstellung eines Einzelgegenstandes in einen Zusammenhang, wobei ein mathematisch-naturwissenschaftliches *Gesetzesverstehen* und ein biologisch-psychologisches *Zweck*- bzw. Ganzheitsverstehen unterschieden wird. Ähnlich ist auch die Auffassung von TH. L. HAERING, der außerdem betont, daß Feststellen und Verstehen des Festgestellten logisch und psychologisch zweierlei sind; auch betont er mit DILTHEY, daß nur die teleologische Einordnung zu *Verstehen*, die kausale lediglich zu Erkennen führt. Das geisteswissenschaftliche Verstehen ist nach SPRANGER: „Begebenheiten in Beziehung auf ein Ganzes als *sinnvoll* auffassen." Die Einordnung der Phänomene in einen allgemeinen Zusammenhang wird von vielen Autoren als Wesen des Verstehens betrachtet. HELMHOLTZ schreibt: „Das Gesetz der Erscheinungen finden heißt sie *begreifen*." J. GEYSER bezeichnet das Begreifen eines Sachverhaltes als „Erkenntnis seiner Notwendigkeit". Nach MARCH verstehen wir einen Vorgang, wenn wir nachweisen können, daß er sich gemäß einem bestimmten bekannten Naturgesetz abspielt.

Was das Wesen der *Erklärung* betrifft, so ist es nicht überraschend, daß wir ganz ähnlichen Ansichten begegnen wie bei dem Verstehen. So heißt Erklären nach BAVINK das Einordnen der uns entgegentretenden, zunächst nur einfach festgestellten Tatsachen in allgemeinere Zusammenhänge, und WUNDT bezeichnet die Erklärung als „Subsumption des Gegebenen unter das Prinzip des Erkenntnisgrundes", was nichts anderes heißt, als die methodische Regel, einen gegebenen Inhalt nach Gründen und Folgen zu ordnen. Für den Pragmatisten F. BARRY ist die Erklärung wiederum nichts anderes als „more and more precise and generalized description". Bei den Positivisten finden wir oft eine *nominalistische* Auffassung der Erklärung; so schreibt R. MISES: „Philosophische Erklärungen bestehen stets darin, daß ein Wort durch andere, meist durch *sehr viele andere,* ersetzt wird." Erklärung ist daher nach dieser Auffassung im Prinzip dasselbe wie die Übersetzung von einer Sprache in die andere; mit Recht wird dagegen von A. C. BENJAMIN eingewendet, daß die Wissenschaft nicht die Sprache, sondern die Natur erklären will. In einem späteren Werk von MISES (2) wird die Erklärung als systematische Beschreibung definiert, die auf die Beziehungen und Zusammenhänge innerhalb einer Klasse von Erscheinungen das Augenmerk richtet. Positivistisch ist auch der Erklärungsbegriff von E. SCHNEIDER, wonach Erklären die Aufstellung von Regeln bedeutet, nach denen man künftige Ereignisse voraussagen kann. — In vielen Fällen setzt allerdings die Erklärung die Kenntnis solcher Regeln bereits voraus. Weit verbreitet ist auch die Ansicht (so bei STEGMÜLLER), wonach die Erklärung aus jenen allgemeinen Gesetzmäßigkeiten und Bedingungen besteht, die dem zu erklärenden Phänomen vorangehen, aus welchen der Satz deduziert werden kann, welcher das zu erklärende Phänomen beschreibt. Erklärung und Voraussage sind nach dieser Ansicht identisch (was, vielleicht mit Ausnahme der Physik, nicht immer zutrifft).

Auf psychologischer Basis beruhen eine Reihe anderer Erklärungsdeutungen. So ist das Erkennen nach M. SCHLICK Wiedererkennen oder Wiederfinden, ein Gleichsetzen dessen, was erkannt wird, mit dem, *als was* es erkannt wird. Nach E. MEYERSON ist Erkenntnis ebenfalls im wesentlichen Identifikation. Der Satz A = A ist keine Tautologie, er beruht auf Identifikation von Ähnlichkeiten, die wir von den Verschiedenheiten abstrahieren. Die Bedeutung der *Analogien* für die Erklärung wurde bereits von W. S. JEVONS hervorgehoben: „Every act of explanation consists in pointing out a resemblance between facts". Ähnlich schreibt WENZL: „Anders als in Analogie können wir die letzten Begriffe in bezug auf die Natur nie gewinnen." P. W. BRIDGMAN sieht das Wesen der Erklärung in der Zurückführung einer Erscheinung auf Elemente, mit denen wir so vertraut sind, daß wir sie als etwas Selbstverständliches hinnehmen, so daß unsere Neugierde befriedigt ist. Ähnlich ist die Auffassung von L. NELSON: „Der Zweck der Begründung besteht darin, Erkenntnisse, die nicht an und für sich gewiß sind, zurückzuführen auf solche, die an und für sich gewiß sind." Dasselbe besagt die alte logische Regel, daß ein obscurum nicht durch ein obscurius erklärt werden darf.

Wenn wir den erkenntnistheoretischen Positivismus ablehnen, so ist die von ihm vertretene Beschreibungstheorie der Naturerklärung auch nicht geeignet, für ihn einzunehmen. Wie HAERING richtig betont hat, ist Feststellen und Erklärung des Festgestellten nicht ein und dasselbe; wenn ein an atypischer Stelle gefundenes Gewebe als Abkömmling einer embryonalen Anlage erkannt wird, so haben wir immerhin mehr getan, als dieses Gewebe auf die einfachste Weise zu beschreiben.

Daß Erkennen oft auf Identifikation beruht, ersehen wir am besten aus einem einfachen Beispiel der Mathematik; die Gleichung

$x^2 + 2x = 15$ werden wir sofort „verstehen“, falls wir die Gleichung „auflösen“ und x mit 3 *identifizieren.* Die logische Grundlage des Erklärens ist in diesem Fall ein Gleichsetzen, wenn das auch nicht immer so vollkommen möglich ist, wie in der Mathematik, wo wir niemals erst von den Verschiedenheiten abstrahieren müssen, um die Identität zu finden. Es ist auch richtig, daß wir eine neue Erscheinung für erklärt halten, wenn wir sie auf andere, bereits gesicherte Erkenntnisse zurückführen können; die Einordnung in einen allgemeinen Zusammenhang, den wir bereits „verstehen“, ist gewiß vollgültige Erklärung. So „verstehen“ wir die KUSSMAULsche „große Atmung“, indem wir sie als Kompensationsmechanismus des in saurer Richtung verschobenen Säure-Basengleichgewichtes „erklären“: durch die verstärkte Lungenventilation wird soviel Kohlensäure abgegeben, daß die aktuelle Reaktion des Blutes normal bleibt. Alle biologischen Regulationen, welche der Sicherung der Homoeostase dienen, sind daher „verständlich“, vor allem wohl deshalb, weil sie zweckdienlich sind und als solche infolge unserer biologisch-psychologischen Konstitution ohne weiteres „einleuchten“. Aber auch eine rein *kausale* Erklärung ist befriedigend, wenn sie auch oft nicht als erschöpfend empfunden wird. Die Erklärung eines fallenden Steines durch die Gravitation birgt bereits die nächste Frage, nach dem Wesen, nach der Ursache der Gravitation in sich, die Subsumption unter ein Naturgesetz die Frage des übergeordneten Gesetzes. Das nicht endenwollende „Warum“ und „Wieso“ des Kindes verfolgt auch den Forscher, solange er tätig ist.

Diese Erwägungen erschöpfen allerdings *nicht ganz* den Begriff des Verstehens. Wenn wir die Lungenentzündung als Gewebsreaktion auf Pneumokokken erklären, oder die progressive Paralyse als Zerstörung von Hirnsubstanz durch Spirochäten — so haben wir das Gefühl, diese Krankheit zu verstehen; wenn wir erkannt haben, daß die Zuckerkrankheit mit einer Funktionsänderung des Inselorgans zusammenhängt, so sind wir „der Erklärung näher“, wir sind jedoch nicht völlig befriedigt, bis wir nicht wissen, worauf diese Läsion beruht. Aus dem intentionalen Charakter des Denkens folgt, daß wir uns mit einer *formalen* Identifikation eines Phänomens mit einem anderen, besser bekannten, auf die Dauer jedenfalls nicht begnügen: die „Erklärung“ der Opiumwirkung mit der „virtus dormitiva“ ist ebenso unbefriedigend, wie etwa deren Beschreibung oder Deutung als Ausschaltung gewisser Hirnfunktionen. Restlos verstehen werden wir die Morphiumwirkung erst dann, wenn wir wissen, welcher Art die chemischen Prozesse sind, welche die normale Funktion gewisser Hirnpartien elektiv beeinflussen. Erklärungen durch Umschreibungen fassen wir als *Schein*erklärungen auf, Identifikationen mit besser bekannten Vorgängen empfinden wir so lange als *Teil*erklärung, bis wir nicht das Wesen der Vorgänge *restlos* erfaßt haben. Erklären und Verstehen richten sich daher auf eine *vollkommene ontologische Erfassung des Seienden* und bleiben dementsprechend stets unvollkommen, da die Erreichung dieses Zieles in unerreichbarer Ferne liegt. Verstehen und Erklären sind weiter nichts als Äußerungen unseres transzendenten Wissensdranges, welcher auf die völlige Erfassung der Wirklichkeit gerichtet ist.

5. Anschaulichkeit und Modelle

Die Erklärung von Erscheinungen mit Hilfe von *Ähnlichkeiten*, die Gleichsetzung von Phänomenen mit ähnlichen Tatsachen, die wir besser verstehen, ist wiederholt als Wesen der Erklärung überhaupt angesehen worden (vgl. JEVONS, DURKHEIM, VAIHINGER). Es handelt sich zweifellos um einen recht häufigen Erkenntnismodus, mit welchem wir uns eingehender zu befassen haben.

Die psychologische Grundlage der Analogieerklärung können wir in den *Assoziationen* sehen, die oft, vielleicht in der Mehrzahl der Fälle auf Ähnlichkeiten beruhen. Wenn uns in Anbetracht eines neuen Phänomens ein ähnliches Erlebnis einfällt, welches wir früher hatten, so neigen wir dazu, falls wir beide Erlebnisse *nicht* verstehen, eine gemeinsame Erklärung *für beide* zu suchen; falls wir das frühere Erlebnis jedoch „begreifen", so versuchen wir, das neue Erlebnis mit dem älteren zu „erklären". Dieser Mechanismus ist durchaus nicht auf das *wissenschaftliche* Denken beschränkt; ein großer Teil von dem, was man „Lebenserfahrung" nennt, beruht auf Ähnlichkeitsassoziationen, welche daher zu den biologisch bedingten Denkfunktionen gehören. Während sich ein Teil dieser Analogieschlüsse im praktischen Leben durchaus bewährt, sind andere eine Quelle von Aberglauben und Vorurteilen geworden, man denke z. B. an die Bauernregeln der Witterungsvorhersage u. dgl. m.

Sobald wir Ähnlichkeitserklärungen im wissenschaftlichen Denken antreffen, ist zunächst zu unterscheiden, ob die Ähnlichkeit als heuristisches Prinzip *zur völligen Identifikation* der neuen Erscheinung mit dem bereits erklärten Phänomen geführt hat, oder ob eine solche Identifikation noch nicht erfolgt ist. In diesem Fall kann die „Erklärung" der neuen Erscheinung *nicht als endgültig* angesehen werden, wir haben es dann nur mit einer *analogischen Fiktion* zu tun. Wenn wir z. B. zur Erklärung der Wärme aussagen, sie sei Molekularbewegung, so handelt es sich um eine völlige Identifikation, die wir auch experimentell nachweisen können. Wenn wir hingegen behaupten, „die Körper fallen zur Erde, als ob eine Kraft sie anzöge“, oder „der Staat funktioniert, als ob er ein Organismus wäre“, so handelt es sich lediglich um analogische Fiktionen, da wir eine aktive Anziehungskraft nicht nachweisen können und dem Staat viele Merkmale eines biologischen Organismus völlig abgehen.

Wir müssen uns diese Unterscheidung zwischen Erklärung durch Identifikation und Erklärung durch Fiktionen (VAIHINGER) oder Hilfsbegriffe (LANGE) stets vor Augen halten, da bloß die erste wirkliche Erkenntnis ist, während die anderen nur Notbehelfe sind, um uns wenigstens einige Aspekte einer dem Wesen nach unbekannten Erscheinung verständlich zu machen. Sind wir uns über die fiktive Natur einer Erklärung im klaren, so gewinnen wir immerhin oft doch noch eine brauchbare Grundlage zu weiterer Forschung; die Fiktion selbst wird niemals als befriedigende Erklärung aufgefaßt. So hat die allgemeine Relativitätstheorie eine weit bessere und auf tatsächlicher Identifikation beruhende Erklärung der Gravitation gebracht als die Fiktion der „Schwerkraft“; die Fiktion des Phlogiston wurde durch die Erkenntnis der Oxydationsvorgänge ersetzt usw. Die Schwierigkeiten der Abgrenzung der Fiktion von der Hypothese werden uns an anderer Stelle beschäftigen.

Mechanische Modelle dienen dazu, besonders verwickelte Erscheinungen durch übersichtlichere mechanische Konstruktionen zu erklären. Sie beruhen ebenfalls auf Ähnlichkeitserkenntnis, daher müssen wir auch Modelle mit echtem Erkenntniswert von fiktiven Modellen unterscheiden. An „echte“ denkt wohl ausschließlich G. URBAIN, wenn er sie folgendermaßen definiert: „L'hypothèse explicative prend toujours la forme d'un modèle, c'est-à-dire, d'une image idéelle astreinte à obéir aux mêmes lois que les faits sensibles.“ Modelle dieser Art sind meist Abstraktionen tatsächlicher Verhältnisse, welche durch Weglassen unbedeutender Details das Wesen des Vorganges übersichtlich gestalten, wie etwa die Zeichnungen der Architekten und Schiffbauer, die graphische Darstellung von Versuchsergebnissen u. dgl. Lord KELVIN schrieb, „when I have made a mechanical model, I understand a process“. Wenn Modelle räumliche Konstruktionen für *abstrakte* Verhältnisse darstellen, so ist die Gefahr, daß es sich um fiktive Gebilde handelt, wesentlich größer, da sich nicht alle Erscheinungen räumlich anschaulich darstellen lassen, ohne daß wesentliche Merkmale vergewaltigt werden; das bezieht sich nach W. WESTPHAL insbesondere auch auf optische und elektrische Erscheinungen, bei denen Modelle nur fiktiv, daher zwar nützlich sein können, jedoch keinen wahren Erklärungswert haben. Sowohl die Wellen- wie die Korpuskeltheorie des Lichtes und der Elektrizität sind fiktive Modelle, die trotz ihres scheinbaren Widerspruches *nebeneinander* bestehen, da *beide* zur Erklärung gewisser Aspekte der Erscheinungen unentbehrlich sind.

Damit kommen wir zu der letzten Frage, die wir im Rahmen der Denkpsychologie zu behandeln haben, zum Problem der *Anschaulichkeit.* Es stehen in der neuesten Erkenntnislehre zwei Ansichten einander gegenüber: nach der einen ist Anschaulichkeit die Voraussetzung jedes Verstehens. So schreibt A. MESSER (1): „Ob es überhaupt ein Denken gibt . . . , bei dem die anschaulichen Elemente völlig fehlen, das darf z. Z. mindestens als eine offene Frage bezeichnet werden." Auch nach M. SCHLICK sind die letzten Merkmale eines Begriffes anschaulicher Natur, obwohl die strengen, deduktiven Wissenschaften unanschauliche Definitionen erfordern. Die Frage der Anschaulichkeit als Grundlage der Begriffsbildung hat die Denkpsychologie lange Zeit hindurch beschäftigt. Entgegen der früheren, seit HUME herrschenden Auffassung, wonach das Denken auf Assoziation von Vorstellungen beruht, daher letzten Endes eine anschauliche Grundlage haben muß, hat die Würzburger Schule, vor allem K. BÜHLER, auf Grund experimenteller Untersuchungen den Standpunkt vertreten, daß es auch Gedanken ohne jede nachweisbare Spur einer Anschauungsgrundlage gibt. Versuchspersonen, welche die Aufgabe erhielten, schwierige Texte (z. B. Aphorismen von NIETZSCHE) zu „verstehen", haben nachher berichtet, daß sie keinerlei anschauliche Vorstellungen während des Nachdenkens gehabt haben. Es könne nach BÜHLER jeder Gegenstand ohne Anschauungshilfe gedacht werden. Diese Ansicht wird, wie wir soeben sahen, durchaus nicht von allen Psychologen geteilt. Wahrscheinlich gibt es psychologische Typen, welche mehr anschaulich-visuell, und andere, die mehr abstrakt denken. Dementsprechend ist auch die Bewertung der Anschaulichkeit in der Physik, welche sich mit der Konstruktion mechanischer Modelle deckt, sehr verschieden, was um so schwerer ins Gewicht fällt, als in der Quantenphysik einerseits, der Relativitätstheorie anderseits eine anschauliche, modellmäßige Darstellung immer schwieriger wird.

Nach M. PLANCK (1) hängt die Zukunft der Quantenmechanik davon ab, „ob der notwendige Kontakt mit der Sinnenwelt hinlänglich gewahrt bleibt". In einer späteren Veröffentlichung (2) gibt PLANCK allerdings zu, daß Anschaulichkeit „zu ihrem wesentlichen Teil Sache der Übung und der Gewohnheit" sei. Letztere Ansicht wurde auch von J. JEANS vertreten; er meint, daß wir auf eine raumzeitliche Beschreibung der Natur verzichten müssen, da alle Wahrscheinlichkeit dagegen spräche, daß es gelingen könnte, uns anschauliche Bilder irgendwelcher Art von den Grundvorgängen der Natur zu machen. Im Prinzip dasselbe meint N. BOHR: „Wir müssen auf die Notwendigkeit einer immer weitergehenden Abstraktion von unseren gewohnten Forderungen an die unmittelbare Anschaulichkeit der Naturbeschreibung vorbereitet sein." Den ganzen Gegensatz zwischen Anschaulichkeit und moderner Physik bringt W. Heisenberg plastisch zum Ausdruck: „Wir müssen zugeben, daß zwar ein von Natur Blinder die ganze Optik lernen und verstehen kann, daß er aber durch dieses Studium doch nie die geringste Kenntnis davon erwirbt, was Licht sei." Daraus folgt, daß wir niemals ahnen können, was Elektrizität sei, da wir für die entsprechenden Wellenlängen des elektromagnetischen Spektrums keine direkte Sinnesempfindung besitzen —und daß wir trotzdem mit der Elektrizität Maschinen treiben, Licht erzeugen und Menschen töten können! Anderseits haben die Menschen jahrtausendelang die „anschaulichste" Vorstellung von Licht besessen, ohne zu „verstehen" was Licht eigentlich sei.

Worauf beruht eigentlich die Anschaulichkeit? Wenn wir diesen Begriff psychologisch analysieren, so kommen wir etwa zu dem Begriff der Gesichtsvorstellungen, d. h. der Möglichkeit von Reproduktion von Gesichtswahrnehmungen. Wie eng dieser Begriff im Prinzip ist, das ergibt ein Vergleich mit anderen Empfindungen, z. B. dem Geruchsinn; wollten wir nur diejenigen chemischen Verbindungen als „osmisch verständlich" betrachten, welche die Fähigkeit besitzen, die Reproduktion von Geruchsempfindungen zu ermöglichen, so wäre unser chemisches „Verständnis" auf wenige Prozente der bis jetzt bekannten chemischen Verbindungen beschränkt — und wie beschränkt wäre auch diese „Erkenntnis"! Wenn die Gesichtsempfindungen auch weit allgemeiner und genauer sind, als unser Geruchsinn es ist, so muß die Anschaulichkeit schon deshalb prinzipielle Grenzen haben, weil unser Gesichtssinn sich ja nicht mit Rücksicht auf die transzendente Erkenntnis entwickelt hat, sondern zum Zwecke der *biologischen* Orientierung; im selben Maße, als unser Wissenskreis die biologische Sphäre überschritten hat, mußte die auf Gesichtsvorstellungen beruhende Anschaulichkeit versagen.

Es tritt daher an Stelle des Denkens in *Vorstellungen* das Denken in *Begriffen;* dementsprechend wird, wie Planck (1) betonte, unser psychologisches Weltbild weniger anthropomorph und mehr abstrakt. An Stelle der Erklärung des Aufbaues chemischer Verbindungen durch die „Affinität" der Elemente tritt die Elektronenchemie, wobei auch die Elektronen nichts Anschauliches mehr besitzen; die Materie, früher die Trägerin der Anschaulichkeit, ist nur durch fiktive Modelle darstellbar. Während die Atome einerseits unumstößlich physikalische Tatsache geworden sind, sind sie anderseits aller sinnlichen Qualitäten entkleidet und nur durch mathematische Formeln charakterisierbar (P. Jordan), unmittelbar kommen ihnen überhaupt keine materiellen Eigenschaften zu (HEISENBERG); EDDINGTON „erklärt“ die Atomstruktur mit den lakonischen Worten „something unknown is doing we don’t know what“.

So wie die Anschaulichkeit im Mikrophysikalischen versagt, muß sie auch im Makrophysikalischen versagen; die allgemeine Relativitätstheorie stellt an die Verständnisfähigkeit des Nichtmathematikers höchste Anforderungen. F. AUERBACH hat zwar versucht, den anschaulich unvorstellbaren vierdimensionalen Raum auf Grund des Analogieschlusses begrifflich verständlich zu machen, indem er zeigt, daß ein fiktives zweidimensionales Schattenwesen die dritte Dimension nicht als etwas Räumliches, sondern als zeitliche Erscheinung auffassen müßte; ähnlich könnten wir dreidimensionale Wesen die vierte Dimension MINKOWSKIS nur als zeitliche Veränderung auffassen. So einleuchtend dieser Vergleich auch ist, der vierdimensionale Raum ist uns damit nicht „anschaulich“ geworden.

Unsere Anschauungsfähigkeit ist eben eine biologische Anpassung an unsere Umgebung; was darin für uns biologisch von Bedeutung ist, können wir durchaus „anschaulich“ begreifen. Wie wir in diesem Kapitel wiederholt betont haben, ist unsere psychologische Konstitution nur für den biologischen Rahmen erschaffen: für die transzendente Erkenntnis haben wir nur den Wissensdrang erhalten, die Mittel, diesen Drang zu befriedigen, müssen wir uns durch unanschauliches, begriffliches Denken mühsam erkämpfen. Daß das nicht ohne psychologische Schwierigkeiten geht, ist verständlich; die Fortschritte der modernen Physik beweisen, daß es dennoch gelingt. So wie wir uns — im Gegensatz zu der „anschaulichen“ Auffassung — daran gewöhnt haben, daß die Erde kugelförmig ist, so werden wir uns auch an die unanschaulichen Begriffe der modernen Physik allmählich gewöhnen. Es ist allerdings kaum anzunehmen, daß die Natur *prinzipiell* unanschaulich ist; in den Proportionen der menschlichen Umwelt ergibt das anschauliche Denken durchwegs richtige Erkenntnis und die Gesetze der „anschaulichen“ klassischen Physik sind nach dem *Korrespondenzprinzip* von BOHR Grenzgesetze, in welche die Quantengesetze für den Fall sehr großer Quantenzahlen übergehen; ebenso besteht das Korrespondenzprinzip auch für die Struktur des Raumes in kosmischen Dimensionen. Der transzendente Wissensdrang hat — indem er die Anschaulichkeit überwunden hat — die biologische Begrenztheit unseres Denkapparates überwunden und dadurch das Verständnis auch für diejenigen Weltgebiete geöffnet, die uns biologisch „nichts angehen“. Dieser kurze Blick auf die Denkpsychologie führt uns daher wieder zu unserer metaphysischen Grundannahme der Dualität des menschlichen Geistes zurück; wir haben gesehen, daß die psychische Konstitution des Menschen zwar biologischen Gesetzen unterliegt, der transzendente Wissensdrang aber dennoch die Mittel gefunden hat, unter Überwindung der von Natur aus gegebenen Schwierigkeiten, den Weg der reinen wissenschaftlichen Erkenntnis zu betreten.

Literaturverzeichnis

AUERBACH, F.: Die Grundbegriffe der modernen Naturlehre, 4. Aufl., 1917.
BARRY, F.: The scientific habit of thought, 1927.
BAVINK, F.: Ergebnisse und Probleme der Naturwissenschaften, 4. Aufl., 1930.
BENJAMIN, A. C.: An introduction to the philosophy of science, 1937.
BERGSON, H.: L'intuition philosophique, 1927.
BEST and TAYLOR: The physiological basis of medical practice, 1940.
BOHR, N.: Atomtheorie und Naturbeschreibung, 1931.
BRIDGMAN, P. W.: Die Logik der heutigen Physik, 1932.
BÜHLER, K.: Abriß der geistigen Entwicklung des Kindes, 2. Aufl., 1925.
BUYTENDIJK, F.: Physiologie des animaux, 1928.
CARNAP, R.: Der logische Aufbau der Welt, 1928.
DELACROIX, H.: Les opérations intellectuelles (Nouv. traité de Psych. 5), 1936.
DURKHEIM, E.: Sociologie et Philosophie, 1924.
EDDINGTON, A. S.: The nature of the physical world, 1929.
EINSTEIN, A.: Mein Weltbild, 1934.
ELSENHANS, T.: Lehrbuch der Psychologie, 3. Aufl., 1939.
GEORGE, W. H.: The scientist in action, 1936.
GEYSER, J.: Das Gesetz der Ursache, 1933.
HAERING, TH. L.: Hauptprobleme der Geschichtsphilosophie, 1925.
HARTMANN, NIC. (1): Zum Problem der Realitätsgegebenheit, 1931.
HARTMANN, NIC. (2): Aufbau der realen Welt, 1940.
HEISENBERG, W.: Wandlungen in den Grundlagen der Naturwissenschaft, 1935.
HELMHOLTZ, H. v.: Natur und Naturwissenschaft (Verlag A. Langen).
HONECKER, M.: Das Denken, 1925.
HÖNIGSWALD, R.: Die Grundlagen der Denkpsychologie, 2. Aufl., 1925.
HOOK, S.: Dimensions of Mind, 1961.
HUME, D.: Untersuchungen über den menschlichen Verstand (Ausgabe Kröner).
HUSSERL, E.: Logische Untersuchungen, 2. Aufl., 1913—1924.
JANET, P.: L'intelligence avant le langage, 1936.
JEANS, J.: Die neuen Grundlagen der Naturerkenntnis (The new background of science), 1934.
JEVONS, N. S.: The principles of science, 2. Aufl., 1877.
JORDAN, P.: Die Physik des 20. Jahrhunderts, 1936.
KANT, I.: Kritik der reinen Vernunft (2. Aufl., Verlag Kröner).
KATZ, D.: Animals and man, 1937.
KLEINPETER, H.: Die Erkenntnistheorie der Naturforschung der Gegenwart, 1905.
KREMER, R.: La théorie de connaissance chez les néo-réalistes anglais, 1928.
KRETZ, H.: Die Umschau, 1962.
MACH, E.: Erkenntnis und Irrtum, 3. Aufl., 1917.
MARCH, A.: Das neue Denken der modernen Physik, 1957.
MARITAIN, J.: Antimodern, 1930.
MESSER, A. (1): Einführung in die Erkenntnistheorie, 3. Aufl., 1927.
MESSER, A. (2): Psychologie, 5. Aufl., 1934.
MEYERSON, E.: De l'explication dans les sciences, 1927.
MISES, R. v. (1): Wahrscheinlichkeit, Statistik und Wahrheit, 1928.

MISES, R. v. (2): Kleines Lehrbuch des Positivismus, 1939.
MITTASCH, A.: Fiktion und Chemie (Angew. Chemie, 1937).
MÜLLER, A.: Einleitung in die Philosophie, 1931.
MÜLLER-FREIENFELS, R.: Psychologie der Wissenschaft, 1936.
NELSON, L.: Ethische Methodenlehre, 1915.
PLANCK, M. (1): Wege zur physikalischen Erkenntnis, 1933.
PLANCK, M. (2): Sinn und Grenzen der exakten Wissenschaft (Naturwissenschaften), 1942.
REICHENBACH, H.: Atom und Kosmos, 1930.
REININGER, R.: Metaphysik der Wirklichkeit, 2. Aufl., 1947.
RUSSELL, B.: Mensch und Welt (An outline of Philosophy), 1930.
SCHILLER, F. C. S.: Studies in humanism, 2. ed., 1912.
SCHLICK, M.: Allgemeine Erkenntnislehre, 2. Aufl., 1925.
SCHNEIDER, E.: Entwicklungsgeschichte der naturwissenschaftlichen Weltanschauung, 2. Aufl., 1935.
SCHOPENHAUER, A.: Die Welt als Wille und Vorstellung (Ausgabe Kröner).
SELZ, O.: Die Gesetze der produktiven und reproduktiven Geistestätigkeit, 1924.
SPEARMAN, C.: The nature of intelligence and the principles of cognition, 2. ed., 1927.
SPEIER, A.: La pensée concrète, 1927.
STEGMÜLLER, W.: Wissenschaftstheorie (Fischer-Lexikon, Philosophie, 1958).
STUMPF, C.: Erkenntnislehre, 1939.
THOMSON, R.: The Psychology of thinking, 1959.
URBAIN, G.: L'Orientation actuelle des sciences, 1930.
VAIHINGER, H.: Die Philosophie des Als ob, 7. Aufl., 1922.
VRIES, J. DE: Denken und Sein, 1937.
WENZL, A.: Die philosophischen Grenzfragen der modernen Naturwissenschaft, 1956.
WESTPHAL, W.: Physik, 7. Aufl., 1941.
WHITEHEAD, A. N.: Modes of thought, 1938.
WITTGENSTEIN, L.: Tractatus logico-philosophicus, 1922.
WOLTERECK, R.: Ontologie des Lebendigen, 1940.
WUNDT, W.: Naturwissenschaft und Psychologie, 1903.

III. Logische Grundlagen der Erkenntnis

1. Aufgabe der Logik

Logik ist die Analyse sprachlicher Aussagen auf formale Korrektheit der in ihnen enthaltenen Begriffe, Urteile und Schlüsse. Aus dieser Definition folgt, daß Sprache und Denken *vor* der Logik da waren; tatsächlich ist jeder geistig gesunde, wenn auch logisch Ungebildete imstande, formal richtige Gedanken zu äußern. Die formale Richtigkeit des Denkens ist eine wichtige Voraussetzung dafür, daß der Mensch die ihm vom Leben auferlegten Aufgaben erfüllen kann. Die logischen Gesetze sind der psychologischen Gesetzmäßigkeit unseres Denkens keineswegs fremd; sie verhalten sich zu dieser, um einen Vergleich von A. PAULER zu gebrauchen, wie die Gesetze des Atmens zur Tätigkeit der Lunge.

Trotzdem kommt es oft vor, daß wir die Gedanken unserer Mitmenschen im täglichen Leben, vor allem aber dann, wenn es sich um Urteile und Schlüsse abstrakter Natur handelt, „unlogisch" finden. Wenn wir solche Gedanken analysieren, so werden wir meist feststellen, daß nicht die *Form,* sondern der *Inhalt* des Gedankens falsch war; wir können jedoch den Fehler nicht eher finden, als bis wir den Gedankengang formal nachgeprüft haben. Wenn wir z. B. den Satz: „Der Delphin ist ein großer Fisch", untersuchen, so ist dieses falsche Urteil die Folge eines Irrtums, betreffend die Begriffe „Delphin" oder „Fisch". Dieser Irrtum ist jedoch nicht formaler Natur, sondern beruht darauf, daß es dem Urteilenden nicht bekannt war, daß der Delphin ein Säugetier ist.

Ebenso ist der Schluß „alle Professoren sind zerstreut; KANT war ein Professor: daher war auch KANT zerstreut", zwar formal durchaus richtig, die Konklusion ist dennoch falsch, da die Prämisse kein wahres Urteil, sondern ein in keiner Weise allgemeingültiges „Vorurteil" ist. Es soll natürlich nicht in Abrede gestellt werden, daß es auch *formal* falsche Schlüsse gibt; sie sind allerdings nicht sehr häufig und ihretwegen allein wäre die Logik als Wissenschaft, wie schon DESCARTES und SCHOPENHAUER betonten, gewiß nicht notwendig.

Die Gründe, welche die Philosophen immer wieder veranlaßten, nach den formalen Regeln des Denkens zu suchen und die gerade in den letzten Jahrzehnten eine Renaissance der logischen Forschung entstehen ließen, sind die folgenden: Erstens ist es an sich reizvoll, die formale Geltung des Denkens zu analysieren und auf Grund dieser Analyse die Normen der Richtigkeit des Denkens festzustellen. Zweitens gilt es, die Beziehungen zwischen Sprache und Grammatik einerseits, Logik anderseits klarzustellen. Drittens — und das ist der einzige praktische Grund — hilft die logische Analyse die Fehler des Denkens zu vermeiden, sei es, daß sie auf Grund der formalen Analyse die Stelle aufdeckt, wo der materielle Irrtum steckt, sei es, daß sie an Stelle des oft emotionell beeinflußten „autistisch-undisziplinierten" Denkens (BLEULER) ein sachliches, nicht allein formal und inhaltlich einwandfreies, sondern auch objektiv gültiges Denken gewährleistet.

2. Logik und Sprache; Symbolismus

Da die Logik sprachliches Denken voraussetzt — das intuitive Denken wird erst logisch, wenn es sprachlich formuliert wird —, beginnen wir mit der Untersuchung der Beziehungen der Sprache zur Logik.

„Der Mensch besitzt die Fähigkeit, Sprache zu bauen", schreibt L. WITTGENSTEIN, „womit sich jeder Sinn ausdrücken läßt, ohne eine

Ahnung davon zu haben, wie und was jedes Wort bedeutet. Wie man auch spricht, ohne zu wissen, wie die einzelnen Laute hervorgebracht werden." Im *logischen* Sinne ist die sprachliche Elementareinheit der *Satz;* dieser ist „ein Modell der Wirklichkeit, so wie wir sie uns denken"; er muß „mit alten Ausdrücken einen neuen Sinn mitteilen". Diese Zitate aus dem Werk eines der Begründer der modernen Logistik charakterisieren die Art und Weise, wie heute die Sprache logisch analysiert wird. Nach CARNAP (3) gibt es eine vorwissenschaftliche „Dingsprache" der beobachtbaren Dinge (warm, schwer, klein, Wasser); die Wörter der „physikalischen Sprache" sind wohl auf diese „Dingsprache" zurückzuführen, müssen jedoch *bestimmbare* Aussagen sein. Die Wissenschaftstheorie abstrahiert die wissenschaftlichen Aussagen von ihren psychologischen und sozialen Bedingungen; die Wissenschaftslogik besteht in der Analyse der sprachlichen Aussagen der Wissenschaft. Nach C. W. MORRIS besteht die Sprache aus einem System von „interconnected signs" mit syntaktischer Struktur, welche von Mathematik und Logik durchleuchtet werden müssen: „A language in the full semiotical sense of the term is any intersubjective set of sign vehicles whose usage is determined by syntactical, semantical and pragmatical rules." Die Logik untersucht daher einerseits *was* die Sprache darstellt (das Vokabular) = die semantische Funktion der Zeichen, andererseits die Art, *wie* die Sprache darstellt (Grammatik), also die syntaktischen Regeln. Die Bedeutung eines Satzes wird durch die Methode seiner logischen Verifikation bestimmt. Ein Beispiel dafür ist die Analyse der Aussage: „Es gibt keinen Pegasus", der nach RUSSELL auf folgenden Satz zurückzuführen ist: „It isn't true that Bellerophon captured one and only one winged horse." Die reine und deskriptive Syntax ist daher nach CARNAP nichts anderes, als Mathematik der Sprache. Der Satz: ein Ding ist ein Komplex von Sinnesempfindungen wird zur Aussage: „Jeder Satz, in dem eine Dingbezeichnung vorkommt, ist inhaltgleich mit einer Klasse von Sätzen, in denen keine Dingbezeichnungen, sondern Empfindungsbezeichnungen vorkommen". Nach BURKAMP ist die Sprachstruktur mit der logischen Struktur durch die *Bedeutungsfunktion* verbunden, wobei letztere „Stellvertretung für etwas anderes" bedeutet. Sprache und Schrift dienen in erster Linie zur Mitteilung und Kurzzeichnung, der alltägliche Gebrauch erfordert eine labile Bedeutung des Sprachausdrucks auf Kosten der Exaktheit, während die Wissenschaft eine scharf abgegrenzte Bedeutung erfordert. Man muß jedoch, wie V. KRAFT betont, auch in der Sprachlogik einem „Prinzip der Toleranz" huldigen, da sich ja die Sprache nicht auf die Anwendung logischer Gesetze beschränkt: „Das wesentliche der Sprache liegt im Sinn." Wie wir bereits früher betonten, war die Sprache ursprünglich eine „Übersetzung seelischer Zustände“ und ist erst allmählich logisiert worden mit dem Ziele, die Beziehungen mehrerer Sachverhalte in eindeutiger Weise festzulegen (MÜLLER-FREIENFELS). Diese Aufgabe löst die Sprache mit Hilfe der *Kopula;* die Verwendung der Kopula in den verschiedenen Sprachen ist verschiedenen grammatikalischen Regeln unterworfen, woraus folgt, daß ein und derselbe Gedanke in verschiedenen Sprachen *nicht ganz* identisch ausgedrückt werden kann. In Anbetracht der Verschiedenheit des „Geistes“ verschiedener Sprachen sind daher in Übersetzungen Abweichungen des logischen Ausdrukkes — zumindest in Nuancen — unvermeidlich.

Die Ansicht, wonach Wörter weiter nichts als willkürlich gewählte Zeichen oder Symbole für Dinge oder Begriffe sind, deren Bedeutung lediglich auf Konvention beruht, geht auf den EPIKUR-Schüler PHILODEMOS zurück; unser Wissen besteht nach dieser, als „Semeiotik“ bezeichneten Lehre lediglich aus einer Kombination von selbstgemachten Symbolen. Ähnliche Gedankengänge hat der *Terminismus* von WILH. VON OCCAM entwickelt, nur daß dieser extreme Nominalismus auch in den Vorstellungen kein Abbild, sondern bloß ein Zeichen der Wirklichkeit erblickte. Nominalistische Ansichten dieser Art finden wir bei vielen englischen Denkern empiristischer Richtung, so bei HOBBES und LOCKE; auch die mathematische Logik hat seit G. BOOLE (1854) den symbolischen Charakter der Sprache stark betont. Diese Ansichten haben so weittragende Folgen für die Erkenntnislehre gehabt, daß wir näher darauf eingehen müssen. Es ist ja in der Tat sonderbar, daß unser ganzes Wissen in Büchern enthalten ist, deren Wörter nichts weiter als konventionelle Symbole sind. Ist es nicht naheliegend, darin das *Wesen* des Wissens zu suchen? Das ist tatsächlich öfter erfolgt. OGDEN und RICHARDS betonen, daß der Fortschritt des Wissens lediglich darin besteht, daß wir besser verstehen, wie die Symbole und die von ihnen bezeichneten Beziehungen (Referents) tatsächlich zusammenhängen. „By no manner of make-believe can we discover the *what* of referents. We can only discover the how.“ Diese Autoren haben auch einen *Kanon der Symbolistik* ausgearbeitet, der gewissermaßen die Logik ersetzen sollte; die Hauptpunkte sind: ein Symbol steht immer nur für eine Beziehung; falls ein Symbol für mehrere Beziehungen besteht, müssen die Bedeutungen durch Definition unterschieden werden; Symbole, die sich gegenseitig decken, beziehen sich auf dieselbe Beziehung usw. *Wahrheit* ist ein richtiges Symbol, welches eine entsprechende Beziehung korrekt wiedergibt. Alle möglichen Beziehungen bilden in ihrer Gesamtheit eine Ordnung, in welcher jede Beziehung einen festgesetzten Platz hat. „Symbols, as substitutes for stimuli not available at any given instant, as retaining the product of elaborate concatenation of adjustments, and as affording means for the rearrangement of these adjustments have become so powerful, so mechanical and so intricately interconnected as to conceal from us almost entirely what is taking place." Die Wissenschaft ist in Wirklichkeit nichts anderes, als das Jonglieren mit selbstgemachten Symbolen nach bestimmten Regeln. Eine biologische Analyse der Symbole hat B. RUSSELL (1) versucht: „Wir können sagen, daß eine Person ein gehörtes Wort versteht, sofern innerhalb der Grenzen der Anwendbarkeit des Assoziationsgesetzes das Wort dieselben Wirkungen hervorruft, wie das, was man seine ‚Bedeutung' nennt". Die Symbolzuordnung wird dabei im Sinne des Behaviorismus als bedingter Reflex aufgefaßt. Auf diesen primitiven Grundlagen soll sich unsere Wissenschaft aufbauen; so schreibt z. B. A. C. BENJAMIN (2): „Science, in the broadest sense of the word, is any body of symbols presumed to be applicable to the realm of events." Daß diese einseitige Betrachtungsweise zu einer wissenschaftlichen Skepsis führen muß, ist leicht verständlich; so kommt M. SCHLICK (2) zu folgendem Resultat: „Immer gibt uns unsere Erkenntnis, die ja im Urteil besteht, nichts als Zeichen, niemals das Bezeichnete ... Das Wirkliche kann demnach nimmermehr durch Erkenntnis irgendwelcher Art gegeben werden." Dieser Standpunkt entspricht einem extremen Nominalismus, der nicht allein die Begriffe, sondern alles Bezeichnete nur als Symbol auffaßt; kein Wunder, das als das einzige Wesentliche *nicht* die bezeichneten Dinge, sondern ihre *Beziehungen* untereinander aufgefaßt werden; diese erkenntnistheoretische Richtung wird uns als *Relationserkenntnis* später beschäftigen.

Die Symbolistik ergänzt die logische Analyse der sprachlichen Sätze, indem sie deren Elementarbestandteile, die *Wörter*, zum Gegenstand einer logischen Analyse macht. Allerdings glauben wir nicht, daß dabei viel zu holen sei; die Satzanalyse ist im logischen Sinne viel ausgiebiger. Das geht allein schon aus der Sprachpsychologie hervor; A. SPAIER sagt mit Recht: „Psychologiquement les phrases ne contiennent pas les mots, ni les mots les lettres." Bei demselben Autor finden wir auch den Schlüssel zur Beurteilung der Symbolistik vom Standpunkt der Erkenntnislehre: Wörter sind nicht zu trennen von ihrem Inhalt und ihrer Bedeutung. „Quand nous lisons, prononçons, entendons un mot ou un algorithme, nous savons ce qu'il veut dire, ou, du moins, qu'il veut dire quelque chose." Der *intentionale Charakter* unseres Denkens läßt die Deutung unseres Wissens als Kombination selbstgemachter Symbole nicht zu; Wörter sind gewiß nur Zeichen, wir denken aber stets an das, *was* sie bezeichnen sollen; wir identifizieren das Symbol mit seiner ontologischen Bedeutung. Das Wesen der Erkenntnis nur in den Symbolen zu sehen, ist grundsätzlich ebenso einseitig, wie etwa die Auffassung, das Wesen der Wissenschaft sei Papier und die Setzmaschine. Beide sind unentbehrlich, sie erschöpfen aber das Wesen der Wissenschaft ebensowenig wie die Symbole.

3. Moderne Richtungen der Logik; Logistik

Trotz der Behauptung von KANT, daß die Logik seit ARISTOTELES keinen Schritt hat vorwärts tun können, hat das Interesse an logischen Problemen nicht nachgelassen. Neben verschiedenen Detailfragen, die besonders die Schlußverfahren betreffen, ist auch der *Ursprung* und der *Umfang* der Logik lebhaft erörtert worden.

Zunächst hat auf logischem Gebiet der Psychologismus mit seiner Deutung eingesetzt. Diese Richtung geht auf LOCKE zurück und leugnet, daß es a priori gültige Denkformen, die „ideae innatae", gibt, vielmehr seien auch die Grundgesetze der Logik, der Satz der Identität (A = A) und des Widerspruches nur letzte Abstraktionen aus der Erfahrung. Das logische Denken hat als Ziel lediglich die bessere Anpassung an die Lebensbedingungen, ihre Regeln spiegeln die dabei gemachten Erfahrungen der menschlichen Gattung wider. Der französische Logiker GOBLOT hält die Regeln der Logik für soziale Konventionen und LÉVY-BRUHL behauptet in seinen bekannten Untersuchungen, die Logik der Primitiven sei von der unseren prinzipiell verschieden; dagegen bemerkte A. REYMOND, daß die Konvention nur auf Wahl, diese auf *Urteil* beruhen könne; ein Urteilen setzt aber die logischen Grundaxiome bereits voraus. Ebenso seien die Grundaxiome der Primitiven mit den unseren identisch, nur ihre Anwendung verschieden. Daß ein von unserer Logik abweichendes Denken möglich sei, hat bereits ERDMANN behauptet, doch wurde die Sinnlosigkeit dieser Behauptung von FRISCHEISEN-KÖHLER nachgewiesen.

Über den Psychologismus im allgemeinen haben wir uns bereits im vorigen Kapitel geäußert; wir können uns hier auf das dort Gesagte berufen, auch was die *phänomenologische Kritik* der psychologisierenden Logik betrifft. Ihre Grundeinstellung läßt sich am besten mit den Worten von GOBLOT kennzeichnen: „Les lois logiques sont les lois naturelles d'une intelligence pure." Die Urquelle der Geltung ist die reine Intuition des ideellen Gegenstandes. Während nach HUSSERL die logischen Gesetze keine seelischen Erlebnisse, sondern apodiktisch evidente Erkenntnisse deren Bedeutung sind, betont V. KRAFT, daß die logischen Gesetze überhaupt keine Erkenntnisse, sondern Regeln und Definitionen sind. Nicht die Naturgesetze fundieren die Logik, wie J. S. MILL vermutete, sondern erstere beruhen auf ihr.

Die interessanteste Richtung der modernen Logik ist die mathematische Logik oder *Logistik*. Sie ist nicht eigentlich neu, da sie bereits von LEIBNIZ angekündigt wurde; er forderte in seiner Jugendschrift *Ars combinatoria* die Ableitung aller Begriffe und Ideen in mathematischer Ordnung mit Hilfe einer internationalen Zeichensprache, welche alle Fragen auf mathematische Formulierungen bringen soll. Der vollkommenste Ausbau dieser logischen Zeichensprache erfolgt durch RUSSELL und WHITEHEAD, im deutschen

Sprachgebiet durch CARNAP; vor allem sind es die grammatikalischen Kopula, welche durch Symbole ersetzt wurden und die Satzbildung auf diese Weise exakter ausdrückten. „In der Mathematik und durch die mathematische Methoden kann nur das erkannt werden, was sich rein logisch ableiten läßt", sagt B. RUSSELL (2): „Die Sprache ist irreführend, verschwommen und ungenau, wenn man sie auf die Logik anwendet." Die Logik beschäftigt sich nur mit Formen, ihre Gesetze können a priori, ohne Kenntnis der tatsächlichen Welt, erkannt werden. Ziel der Logik ist nach L. COUTURAT „die Ableitung der Gesamtheit der angenommenen Wahrheiten von der kleinstmöglichen Zahl von Grundsätzen". Auch die Logistik hat die Tendenz, durch Freimachung von jeder ontologischen Beziehung und infolge Überschätzung der formalen Eigenschaften des Denkens die Exklusivität der Relationserkenntnis zu behaupten. Ihre Hauptvorzüge sieht H. SCHOLZ darin, daß sie 1. die erste stilistisch reine psychologiefreie formale Logik ist, welche infolge ihrer Exaktheit und der Verwendung von Symbolen „einen bewundernsmäßigen Grad von Sicherheit liefert"; 2. sie beschreibt korrekt das Schließen und liefert eine befriedigende Analyse der Kopula und der Existenz; 3. sie ist die erste streng synthetische Logik, die auch für die Mathematik gilt.

Schwierigkeiten gab es natürlich auch in dieser „experimentellen" Logik zu überwinden, da waren z. B. die bereits im Altertum bekannten logischen Paradoxien, wie der Kreter, der alle Kreter für Lügner erklärt und dessen Behauptung daher auch nicht wahr sein kann. Diese Schwierigkeiten versucht RUSSELL durch die Lehre von der Typenhierarchie zu überwinden; nach dieser „Typentheorie" kann keine Aussage gleichzeitig für Klassen *verschiedener Stufen* sinnvoll sein: so besteht z. B. ein Unterordnungsverhältnis zwischen den beiden Klassen: „Tierart" und „Wirbeltier" und die Aussage: „X besitzt eine Wirbelsäule", gilt nur für die Klasse der Wirbeltiere, nicht für alle Tierarten zugleich. Die Typentheorie ist nicht unwidersprochen geblieben: überhaupt ist die Logistik durchaus nicht von allen Seiten als Fortschritt betrachtet worden. F. BRUNDSTÄD weist ihr „ein ganz beschränktes Aufgabengebiet" zu, nach A. MÜLLER ist sie Logik alten Stiles, die an der Einsicht in die Struktur des Gedankens vorbeigeht. Auch NATORP hält sie für reinen Formalismus: „denn weder, daß das Verfahren den aufgestellten Regeln entspricht, noch daß das Ergebnis manchmal (nicht immer) mit etwas, das wir anderwertig zu verstehen glauben, zusammentrifft, gibt uns ein Verständnis des Sinnes dieses ganzen Tuns". Sehr scharf urteilt auch F. BARRY: „Icy solitudes of pure thought, where vital fire burns low and words freeze upon the lips in frost patterns of strange and inexpressible symbols." Die Einstellung der Logistik wird im folgenden Satz treffend gekennzeichnet. „The empiricist considers logic as a useful fragment of science, the logician looks upon science as a contaminated fragment of logic." Nicht minder kategorisch lautet die Ablehnung von H. POINCARÉ (2): „La logistique nous force à dire tout ce qu'on sous-entend d'ordinaire, c'est peut-être plus sûr, mais ce n'est pas plus rapide." Differenzierter ist das Urteil von FREYTAG-LÖRINGHOFF: Logik als die Lehre von der Identität ist die *Gattung*, Logistik die *Art;* letztere ist eine an Anwendungen orientierte Einzelwissenschaft, welche die Logik voraussetzt. Es gibt *nur eine* Logik, aber viele logistische Kalküle, die auf angewandter Mathematik beruhen. Kein Kalkül darf der Logik widersprechen. Auch die rein philosophische Logik ist ein in sich geschlossenes System ohne nachweisbaren Fehler und weitester Anwendbarkeit.

Vom „Wiener Kreis" wurde die Logistik mit einem extremen Positivismus verkettet, der von CARNAP zu einer Theorie der Relationserkenntnis ausgebaut worden ist, die uns später beschäftigen wird. In diesem Zusammenhange interessiert uns nur das, was über die Logik gesagt wird. Bereits WITTGENSTEIN hat die tautologische, daher unwiderlegbare Natur der logischen Sätze behauptet; dieser Standpunkt wird auch von CARNAP (1) geteilt: „Die Logik besteht nur aus konventionellen Festsetzungen über Gebrauch von Zeichen und aus Tautologien auf Grund dieser Festsetzungen". Diese Ansicht, welche auch von H. HAHN vertreten wurde, betrachtet daher nicht mehr allein die Worte, sondern auch die logische Form ihrer Verkettung als Konventionen: der Satz der Identität und des Widerspruches sind darnach willkürliche Annahmen, die auch durch andere Sätze ersetzt werden könnten. Daß es zu solchen Ansichten kommen konnte, welche das Denken als eine Art Formspiel mit beliebig auswechselbaren Spielregeln auffaßt, daran ist wohl auch das Verkennen der intentionalen Natur des Denkens und das Aufgeben jeder ontologischen Grundlage schuld. Wir teilen die Ansicht von SCHOLZ, daß die Verkoppelung von Logistik und extremen Positivismus diese nur überflüssigerweise kompromittiert hat und glauben, daß die Logistik tatsächlich wertvolle Beiträge zur logischen Analyse der Sprache geliefert hat. Sie ist die letzte Stufe jenes Prozesses, den wir die Logisierung der Sprache nannten, und wenn die logistischen Symbole die lebendige Sprache in der Wissenschaft auch niemals ersetzen werden, so werden sie vielleicht dazu beitragen, daß die wissenschaftliche Sprache mit der Zeit klarer und eindeutiger wird und dem Ideal der transzendenten Erkenntnis auch in formaler Hinsicht näher kommt.

4. Axiome und Kategorien

Daß wir die Grundaxiome der Logik, die Sätze der Identität und des Widerspruches sowie den Satz des ausgeschlossenen Dritten als für a priori, unabhängig von der Erfahrung unbedingt geltende evidente Axiome auffassen, geht bereits aus dem hervor, was wir bei der Psychologie des Erklärens gesagt haben: der Satz der Identität ist bloß der streng formal logische Ausdruck des Erkennens durch Identifikation: ohne Gleichsetzung wäre Erkenntnis überhaupt nicht möglich. Aus dieser Auffassung des Erklärens folgt allerdings, daß das rein logische Denken tatsächlich tautologisch, analytischer Natur ist; neue Erkenntnis läßt sich nur auf ontologischer Basis, durch Erfahrung gewinnen. Da aber die Logik bloß *Formlehre* sein will, ist diese Feststellung eigentlich selbstverständlich. Diese logischen Axiome für Konventionen halten, heißt allerdings, wie bereits betont, die intentionale Natur des Erkennens völlig verkennen; unsere Erkenntnis ist auf das Seiende gerichtet, wir erfassen seine formalen Grundlagen auf Grund einer natürlichen Fähigkeit, die dem menschlichen Geist, der ja auch Teil des Seienden ist, innewohnt. Eine Kongruenz zwischen Denken und Wirklichkeit ist von E. DÜHRING ebenfalls mit der Begründung behauptet worden, daß unser Denken selbst eine Artung des Wirklichen sei; nach PAULER wissen wir a priori von der Welt nur, daß sie den logischen Grundsätzen unterworfen ist. Diese Erfassung gewisser Grundlagen des Seienden erfolgt mit der Sicherheit der *Evidenz.*

Als Evidenz wurde von DESCARTES die unmittelbare Gewißheit bezeichnet, mit welcher wir die Grundwahrheiten erschauen. BRENTANO unterscheidet bereits zwei Arten von unmittelbarer Evidenz: 1. die assertorischen Urteile, welche auf Wahrnehmungen beruhen; 2. die apodiktischen Urteile auf Grund von logischen Axiomen: z. B. etwas Rotes ist unmöglich blau; zu letzteren gehören auch die Lehrsätze der Arithmetik. Nach HUSSERL ist Evidenz die *Wahrnehmung der Wahrheit;* Wahrheit ist „die volle Übereinstimmung zwischen Gemeintem und Gegebenem als solchem. Diese Übereinstimmung wird in der Evidenz *erlebt,* sofern die Evidenz der aktuelle Vollzug der adäquaten Identifizierung ist". Nach M. SCHLICK (1) bezieht sich die Evidenz auf Beobachtungssätze, die einen Tatbestand *konstatieren* („Hier *jetzt* so und so"): bei diesen Sätzen ist Verstehen und Verifikation ein und dasselbe, daher ihre absolute Geltung nach Art der analytischen Urteile; sie haben dabei, da sie Neues besagen, synthetischen Charakter, sind jedoch infolge ihrer Evidenz *nicht* hypothetischer Natur. An anderer Stelle beschreibt SCHLICK (2) die Evidenz als *Identitätserlebnis,* welches auftritt, wenn wir einen allgemeinen Satz dadurch zum Verständnis bringen, daß wir ihn geschwind auf ein anschauliches Beispiel anwenden. Weitere Untersuchungen über die Evidenz verdanken wir J. GEYSER: er hält sie für ein „klares und deutliches Sehen des Gefordertseins eines Urteilsinhaltes durch das, was ihn begründet". Zu jedem *Urteil* gehört eine Begründung — die Evidenz ist jedoch kein *Ersatz* für die Begründung, sondern eine besondere Form des Erfassens der Begründung eines Urteils. „Man erkennt die Wahrheit eines Urteils nicht *an* seiner Evidenz, sondern *durch* seine Evidenz."

Evidenz ist daher ein weiter nicht analysierbarer geistiger Vorgang, welcher aus gewissen Sätzen das Gefühl absoluter Sicherheit schöpft; diese Sätze sind entweder Konstatierungen und als solche immerhin durch weitere Beweise erhärtbar (ich kann z. B. den Satz: „ich sehe vor dem Haus ein Auto stehen", durch photographische Aufnahme oder durch Zeugen bekräftigen), oder weiter nicht analysierbare Grundlagen der Wirklichkeit. Der logische Ausdruck dafür ist das Axiom.

Über den Ursprung und das Wesen der *Axiome* ist viel geschrieben worden: nach HELMHOLTZ sind sie empirisch ableitbare Abstraktionen. E. LANGE hält sie für sehr allgemeine, weitgehend abstrahierte, gesetzmäßige Zusammenhänge. Nach C. STUMPF sind die letzten Grundlagen der Logik nicht apriorische Denkformen, sondern Anschauungen; die Evidenz der logischen Axiome ist nicht an Leerformen geknüpft (z. B. A = A), sondern an die konkreten Beispiele (vgl. das „Identitätserlebnis" von SCHLICK). Verwandt damit ist die auch von HONECKER vertretene Ansicht, wonach die Axiome ursprünglich Gegenstandsgesetze sind. („Jeder Gegenstand ist mit sich selbst identisch bzw. von jedem anderen Gegenstand verschieden.") Nach phänomenologischer Ansicht ergeben sich die Axiome durch direkte Wesensschau; durch die „Ideeierung" erfassen wir, unabhängig von jeder Erfahrung, die essentiellen Aufbauformen der Welt an je einem *Beispiel* der betreffenden Wesensregion. Diese Wesenserkenntnisse führen nach M. SCHELER auch zu den obersten Axiomen, die uns die Richtung des Denkens weisen. Auch in der Logistik haben die Axiome eine große Bedeutung, doch wird, dem Geist der dort herrschenden strengen deduktiven Prinzipien gemäß, sowohl ihr empirischer Ursprung, wie auch ihre Erklärung durch „Evidenz" in Abrede gestellt. Das Wesentliche ist nach COUTURAT, wie erwähnt, die Ableitung „der angenommenen Wahrheiten von der kleinstmöglichen Zahl von Grundsätzen". Nach HILBERT sind Axiome implizite Definitionen ohne Erfahrungsgrundlage und verwandt damit ist der konventionalistische Standpunkt von CARNAP (2). Diesem zufolge bestünde die axiomatische Methode darin, Aussagen und Begriffe zu ordnen. Gewisse Aussagen und Begriffe werden unbewiesen an den Anfang gestellt, die weiteren aus ihnen deduktiv abgeleitet. Die Kriterien für die Axiome sind: Sie müssen hinreichend, widerspruchsfrei, notwendig und voneinander unabhängig sein. Einen vermittelnden Standpunkt nimmt V. KRAFT ein; bei der Aufstellung der Axiome, die erst nach analytischer Erforschung eines Erfahrungsgebietes möglich ist, wirkt zwar die Erfahrung mit, doch sind diese Grundannahmen dennoch *keine* induktiven Ergebnisse bzw. Hypothesen, sondern *Verallgemeinerungen,* die erst verifiziert werden müssen, bevor ihre Geltung anerkannt werden kann.

Unseren Standpunkt haben wir bereits dargelegt: Axiome sind a priori, unabhängig von der Erfahrung, unbedingt geltende formale Grundlagen des Seienden, die der menschliche Geist intuitiv erfaßt. Solange formale Beziehungen analysierbar, d. h. auf einfachere Prinzipien zurückführbar sind, handelt es sich noch nicht um die eigentlichen Axiome; diese liegen erst dann vor, wenn sie nicht mehr auf einfachere Grundsätze zurückzuführen sind. Ihre Evidenz ist auch von der Erfahrung unabhängig, doch muß die Erfahrung mit ihnen stets übereinstimmen, sie müssen auf konkrete Fälle stets widerspruchsfrei anwendbar sein. Diese obligate Anwendbarkeit auf die Wirklichkeit schließt schon aus, daß es sich um Konventionen handelt; mit Hilfe von willkürlichen Annahmen können wir zwar ein kompliziertes und widerspruchsloses Gedankengebilde errichten, es wird jedoch bei der Anwendung auf ontologischem Gebiete versagen.

Unter Axiomen verstehen wir ausschließlich die *allgemeinsten* formalen Grundlagen der Wirklichkeit, wie sie in der Logik, der Mathematik und Geometrie gegeben ist. Neben diesen „Universalaxiomen", gibt es in jedem Wissensgebiet aus der Erfahrung genommene Leitgedanken und Prinzipien, auf welche das betreffende Wissensgebiet aufgebaut ist. Solche Prinzipien sind z. B. die Selbst- und Arterhaltung sowie das Suchen nach maximaler Gestaltetheit (Bertalanffy) in der Biologie, das Energieprinzip und das Prinzip der Einfachheit in der Physik und dergleichen mehr. Diese allgemeinen Prinzipien gelten nur in bestimmt umgrenzten Wissensgebieten und werden daher auch als Systemgesetze (Bertalanffy) oder als regionale Axiome (Stumpf) bezeichnet. Diese „Systemgesetze" (den Ausdruck „Axiom" sollte man, um Verwechslungen zu vermeiden, besser nicht gebrauchen) bestimmen, wie Kötschau und Meyer schreiben, die besondere Art von Logik, die in einem bestimmten Bereich gilt; sie sind *nicht* selbstevident, sondern *beweisbedürftig* und werden durch die Gesamtheit aller Ableitungen des betreffenden Gebietes bewiesen. Infolge ihres empirischen Ursprungs kann man ihnen weder Entstehung a priori noch unbedingte Geltung zusprechen; sie sind mit dem Inhalt ihres Wissensgebietes wandelbar. Damit soll nicht gesagt werden, daß sie stets durch diskursives Denken, durch bewußte Analyse und Abstraktion zustande kommen; gerade bei der Entstehung dieser Systemgesetze spielt das *direkte Erschauen,* das intuitive Erfassen des Allgemeinen im einzelnen, die *Wesenschau,* oft eine überragende Rolle. Immer aber fehlt diesen Systemgesetzen, wenn sie sich noch so gut bewähren, die unbedingte Evidenz: wir können sie für *fruchtbar,* ja für *wahr* halten, wir halten sie niemals für *selbstverständlich.* Auf ihre Bedeutung bei der Theoriebildung werden wir noch zurückkommen; an dieser Stelle sei nur auf den Unterschied gegenüber den Axiomen hingewiesen.

Während die Axiome a priori geltende formale und evidente Grundlagen des Seienden, hingegen die Systemgesetze allgemeine Prinzipien gewisser Wissensgebiete, die *nicht* evident und daher beweisbedürftig sind, stehen die *Kategorien* zwischen den beiden in der Mitte.

Nach KANT, der die Kategorienlehre neu begründete, sind die Kategorien reine Verstandesbegriffe, welche erst die Bedingungen der Erfahrungsmöglichkeit schaffen; sie sind der Leitfaden und Schlüssel der Erfahrung. „Der Verstand vermag nichts anzuschauen und die Sinne nichts zu denken. Nur daraus, daß sie sich vereinigen, kann Erkenntnis entspringen."

Während KANT die a priori geltenden Kategorien, welche er in der Kategorientafel aufzählte, als letzte und endgültige Formen der Verstandestätigkeit betrachtete, hält die Marburger Schule die Frage noch nicht für endgültig gelöst; die „wahren" Kategorien sind noch nicht gefunden, erst der Fortschritt der Wissenschaft wird uns wachsende Einsicht über ihre Natur verschaffen. — Während aber die Neukantianer an der „absoluten" Geltung der Kategorien und an ihrer Wirklichkeit festhalten, gibt es auch Ansichten, welche ihnen bloß eine subjektive und relative Geltung zuerkennen.

„Alle Urteile", so schreibt K. ADJUKIEWICZ, „die wir annehmen und die unser ganzes Weltbild ausmachen, sind durch die Erfahrungsdaten noch nicht eindeutig bestimmt, sondern hängen von der Wahl der Begriffsapparatur ab, durch die wir die Erfahrungsdaten abbilden." Wenn wir die Wahl als eine willkürliche betrachten, wie der eben angeführte Autor es in Anlehnung an LE ROY tut, so haben wir es mit einer ***konventionalistischen Auffassung*** zu tun, welcher wir bei einer Richtung der Logistik als Deutung der Axiome schon begegnet sind. Dieselbe Auffassung hat vor allem H. POINCARÉ (1) in bezug auf die Axiome der Geometrie geäußert: „La géometrie n'est pas vraie, elle est avantageuse." Nach MÜLLER-FREIENFELS sind die Kategorien „die allgemeinsten, fundamentalsten Begriffe und Stellungnahmen, unter denen wir die Außenwelt auffassen". Die *Urkategorie* ist die Denkstufe des Animismus, die naive Anthropomorphisierung. *Genetisch* sind die Kategorien aus den „Ur-Handlungen" — d. h. dem Gebrauch der Hände ableitbar, wie sie ursprünglich auch nicht Formen des Denkens, sondern Formen des Handelns waren. Die Verwissenschaftlichung der Kategorien erfolgt durch ihre Entsubjektivierung, abstrakte Generalisierung und Theoretisierung. Die psychologische Erklärung der Kategorien geht auf E. v. HARTMANN zurück, der sie als unbewußte Funktionen des Intellekts aufgefaßt hat. Eine mehr biologische Auffassung wird von H. REICHENBACH (1) vertreten: Nach ihm sind die Kategorien umweltbedingt, ihr Gewöhnen hat man fälschlich für Denknotwendigkeit gehalten. Nach VAIHINGER sind Kategorien ursprünglich Analogien aus der inneren Erfahrung; sie sind analogische Fiktionen, da alles Begreifen und Erkennen auf analogischer Apperzeption beruht.

Im Gegensatz zu diesen psychologischen Erklärungen haben die Neukantianer, so B. BAUCH, gefordert, daß die Kategorien von der „bloßen Gedankenform" in die *logische* Sphäre verlegt werden müssen. Als letzte Voraussetzung aller Wissenschaften werden sie von V. KRAFT (1) aufgefaßt, *nicht* als a priori feststehende

Urteilsformen; sie bezeichnen „die Gesetzmäßigkeits- und Vereinheitlichungsmöglichkeiten des Erfahrbaren". Bei ihrer Auswahl entscheidet der Standpunkt, daß sie den logischen Überbau über die Tatsachen der Erfahrung bilden; darum können sie nur zu Folgerungen führen, welche immer wieder von der Erfahrung bestätigt werden können. Eine realistische Auffassung wurde von N. HARTMANN geäußert: nach ihm können wir von den Kategorien, die *nicht* a priori Erkenntnisformen, sondern „hochkomplexe Prinzipien" sind, *direkt* nichts wissen, sondern nur auf dem Umweg der Gegenstände.

Die Übereinstimmung von a priori gegebenen Denkformen und der Erfahrung beruht auf der *kategorischen Grundrelation,* welche besagt, daß ein Teil der Erkenntniskategorien und ein korrespondierender Teil der Seinskategorien miteinander *identisch* sind. Die ontologische Begründung der Kategorien wird auch von F. ORESTANO betont; er hält sie für Ordnungsprinzipien, welche jedoch bloß die Bedeutung von Arbeitshypothesen besitzen, daher auch änderungsfähig sind.

Damit sind wir in der Kategorienlehre — nach dem aprioristischen Ausgangspunkt über Biologie, Psychologie und Logik — bei der ontologischen Begründung eingetroffen; empirisch gewonnene Grundprinzipien haben wir bei den „Systemgesetzen" schon kennengelernt; in Wahrheit dürften diese letzteren mit den „hochkomplexen Prinzipien" N. HARTMANNS identisch sein.

Versuchen wir, die Unterscheidung zwischen Axiomen, Systemgesetzen und Kategorien an konkreten Beispielen klarzumachen. Als ein Grundaxiom der Logik haben wir den Satz der Identität kennengelernt. A = A ist eine a priori feststehende, evidente, absolut geltende Grundlage des Seienden; alles, was daraus abgeleitet wird, kann nur analytische, also *Erläuterungs*erkenntnis sein. Als Systemgesetz haben wir das Energieprinzip angeführt; es stand durchaus nicht a priori fest, war keineswegs evident und mußte durch die Gesamtheit der Physik bekräftigt werden. — Betrachten wir nunmehr den Satz des zureichenden Grundes in der LEIBNIZschen Formulierung: „daß sich nämlich nichts ereignet, ohne daß es einen Grund gibt, weshalb es eher so als anders geschieht". Handelt es sich um ein evidentes Axiom? Keineswegs, auch das Gegenteil wäre *denkbar.* Er ist auch in seinen Folgen von den Axiomen verschieden, da er zur Aufdeckung von Ursache und Folge, daher zu neuer, synthetischer Erkenntnis führt: die Entdeckung, daß die Paralyse Folge einer Spirochäteninfektion ist, kann wahrlich nicht als Tautologie aufgefaßt werden. Handelt es sich um ein Systemgesetz? Keinesfalls, da er nicht empirisch gewonnen ist, daher a priori gilt. Im Gegensatz zu den Systemgesetzen verlangt er nach unbedingter Geltung und ist zwar der Form, nicht aber dem Wesen nach wandelbar: die Verursachung durch statistische Wahrscheinlichkeit entspricht z. B. ebenso dem Satze des zureichenden Grundes wie der strenge kausale Determinismus. Dasselbe gilt auch für die Substanzkategorie: nur eine vulgärmaterialistische Beschränkung kann zu der Ansicht führen, die Wellentheorie der Materie würde die Substanzkategorie widerlegen (WEIZSÄCKER); die Kategorie der Substantialität setzt weder Anschaulichkeit noch „Handgreiflichkeit" voraus, sondern nur das Prinzip, daß alle Wirkungen einen Träger haben müssen, der natürlich ebensogut aus Partikeln wie aus Wellen bestehen kann. Ähnliche Erwägungen führten zur Deutung der Materie durch den *dialektischen Materialismus:* die Materie ist nach dieser Ansicht der Träger der objektiven Realität, die von unseren Empfindungen abgebildet wird und unabhängig von ihnen existiert. Das eigentliche Problem der Erkenntnislehre besteht darin, auf welche Weise und mit welchem Wahrheitsgrad unsere Empfindungen die unabhängig von uns existierende „Materie" oder „Substanz" abbilden können und wie aus dieser „Abbildung" gültige Erkenntnis wird.

Kategorien sind daher sowohl von den evidenten Axiomen wie von den empirischen Systemgesetzen prinzipiell verschieden: für ihre Erklärung gibt es bloß zwei Möglichkeiten. Entweder nehmen wir mit KANT an, daß sie Denkformen sind, mit deren Hilfe wir erst die Erfahrungen erfassen und der Natur ihre Gesetze vorschreiben können — bereits THOMAS VON AQUIN sagt: quidquid recipitur, recipitur per modum recipientis —, oder aber handelt es sich um allgemeine Prinzipien der Wirklichkeit, die wir intuitiv erfassen. Eigentlich handelt es sich gar nicht um Gegensätze, da der menschliche Geist ja ebenfalls ein Teil der Wirklichkeit ist, und was anthropomorph erscheint, nicht notwendig auch wirklichkeitsfremd sein muß. In diesem Sinne glauben wir mit A. LIEBERT sagen zu können, daß die Kategorien aprioristische dialektische Funktionen sind, einerseits Denkformen, anderseits Seinsformen. Keineswegs sind sie eine konventionell gewählte Begriffsapparatur, noch umweltbedingte Denkgewohnheiten, falls wir unter letzteren einen primitiven Animismus verstehen; insofern unsere Umwelt ja auch ein integrierender Bestandteil der Wirklichkeit ist, kann das kategoriale Denken tatsächlich als Anpassung an die Wirklichkeit aufgefaßt werden. Die strenge logische Trennung der Kategorien von den Axiomen einerseits, den Systemgesetzen anderseits, wie wir sie an Hand konkreter Beispiele durchzuführen bestrebt waren, kann allein die auf diesem Gebiet vielfach herrschende Konfusion beseitigen und durch die Klärung dieser wichtigen logischen Grundbegriffe die für die Erkenntnislehre so wichtige Frage der formalen Geltung des Denkens einer befriedigenden Lösung näherbringen.

Die große Bedeutung der eben besprochenen logischen Begriffe geht aus ihrer praktischen Verwendung hervor. Die *Axiome* der Logik und Mathematik sind die letzten Grundlagen dieser Wissensgebiete; keine Behauptung, keine Ableitung kann richtig sein, die mit ihnen im Widerspruch steht, jede These wird erst dann als erwiesen, als „erklärt" empfunden, wenn sie auf die Grundaxiome zurückgeführt werden kann. Eine mathematische Gleichung gilt erst als aufgelöst, wenn die Gleichheit beider Seiten evident ist; daß Erkennen auf Identifikation beruht, haben wir bereits festgestellt.

Die *Systemgesetze* werden in ihren zugehörigen Wissensgebieten als Obersätze der *hypothetisch-deduktiven Systeme* verwendet, aus ihnen wird die Erklärung der Beobachtungen deduktiv abgeleitet. Aus dem Systemgesetz: Bakterielle Antigene bewirken die Bildung von Antikörpern, und der Beobachtung: bei Typhus sind spezifische Antikörper nachweisbar, folgt, daß dem Typhus eine bakterielle Erkrankung zugrunde liegen muß; durch den Nachweis der Infektion wird gleichzeitig die Richtigkeit des Obersatzes erwiesen, das Systemgesetz als Ausgangspunkt einer Hypothese *verifiziert.*

Kategorien haben keine formallogischen Operationen zur Grundlage, sie erklären nichts Konkretes, sie können weder bewiesen noch widerlegt werden; sie bestimmen dagegen die *Richtung unseres Denkens,* und der Umstand, daß die durch die Kategorien geleitete Denkrichtung zu Ergebnissen führt, die mit der Wirklichkeit übereinstimmen — der Umstand, daß sich das kausale Denken ebenso wie die Substanzkategorie immer wieder bewährt haben —, beweist nichts anderes, als daß die Richtung unseres Denkens der Wirklichkeit angepaßt ist, daß die Wirklichkeit für uns *prinzipiell erkennbar* ist. Wenn sich Axiome und Kategorien auch schon im *praktischen* Denken als unentbehrliche Hilfsmittel erwiesen haben, so ist ihre Verwendung im reinen, transzendenten Denken von unschätzbarem Wert für die Erkenntnis der Wirklichkeit: der Aufbau unserer Mathematik auf den Axiomen der Logik, die empirische Auffindung zahlreicher fruchtbarer Systemgesetze und die von allen anthropomorphen Beimengungen gesäuberte Verwendung des kategorialen Denkens waren von grundlegender Bedeutung für die Entwicklung der Wissenschaft.

5. Über Definitionen

Wir haben bei der Psychologie der Begriffsbildung bereits darauf hingewiesen, daß die den Begriffen zugrunde liegende Abstraktion ein biologisch zweckmäßiger Vorgang ist, der im Lebenskampf große Vorteile bietet. Begriffe sind, wie wir gesehen haben, *praktischen Ursprungs;* um sie für das *wissenschaftliche* Denken nutzbar zu machen, muß ihr Inhalt in objektiver Weise festgelegt und ihr Umfang möglichst genau umgrenzt werden; diese Aufgabe erfüllt die Logik mit Hilfe der *Definition.*

Definitionen sind demnach Urteile, welche, wie SCHLICK (2) bemerkt, einen Begriff mit den ihm am nächsten liegenden Begriffen in Verbindung setzen; dabei kann das Urteilen selbst sowohl als Identitätssetzung wie auch als Aussage über die Zugehörigkeit eines Gegenstandes zu einer Klasse (Subsumptionstheorie) aufgefaßt werden. *Wahr* ist ein Urteil, das einen Tatbestand eindeutig bezeichnet. Betrachten wir z.B. den Satz: „dieser Mensch ist gescheit“, den wir als Beispiel der Psychologie des Urteilens angeführt haben. In diesem Urteil wird der Bezeichnete mit der Eigenschaft des Gescheitseins sowohl identifiziert, wie auch den Gescheiten zugezählt. Bei wissenschaftlichen Definitionen tritt, wie ebenfalls SCHLICK betont, die Anschaulichkeit immer mehr zurück; die vulgäre Definition für Metalle war etwa: ein harter, glänzender Stoff, während wir heute sagen: es sind Elemente, welche elektrolytisch dissoziiert zur Kathode wandern. Oder: Säugetiere sind *vulgär:* warmblütige Landtiere, *wissenschaftlich:* Wirbeltiere, die lebende Junge zur Welt bringen. Das letztere Beispiel zeigt allerdings, daß Definitionen nicht immer unanschaulich, wirklichkeitsfremd und „frei schwebend“ sein müssen, sondern häufig auf die Wirklichkeit bezogene, intentionale Urteile sind, deren Wahrheit eben darin besteht, daß sie den ontologischen Sachverhalt *eindeutig* bezeichnen. Diese Art von Definitionen wird in der traditionellen Logik als *Wesensdefinition* bezeichnet und den *deskriptiven* Definitionen gegenübergestellt, welche zwar auch auf charakteristischen Merkmalen beruhen (z. B.: der Mensch ist ein unbefiederter Zweifüßler), jedoch nicht das *Wesen* des definierten Begriffes ausdrücken. Als dritte Art wird die *genetische* Definition angeführt, z. B. der Zucker ist der aus Rüben gewonnene Süßstoff. Es ist selbstverständlich, daß die Wesensdefinitionen den höchsten Grad der Exaktheit erreichen, daher das Bestreben, in der Wissenschaft nur Wesensdefinitionen zu verwenden. Gewiß sind die Realdefinitionen der Umgangssprache oft unpräzis, sie beruhen z. B. auf Farbempfindungen, während die exakte Definition auf der gemessenen Wellenlänge beruht. Nur diese Definitionen können in der Wissensschaft als „Realdefinitionen“ bezeichnet werden. Wenn dagegen COUTURAT einwendet, die Definition sei kein Urteil, da sie weder wahr noch falsch sei, so meint er wohl nur diejenigen Definitionen, die wir als *Nominaldefinitionen* bezeichnen können und die nichts anderes sind, als „eine Namensbeilegung, die man nur vom Standpunkt des Gebrauches oder der Bequemlichkeit beurteilen kann“. Nominaldefinitionen sind schon deshalb unentbehrlich, da die Wörter unserer Sprachen, wie wir bereits gesehen haben, konventionelle Zeichen sind und ihre Bedeutung für die Zwecke der exakten Wissenschaften genau festgesetzt werden muß. Daher bestehen vor allem unsere Wörterbücher aus Nominaldefinitionen: sie definieren den Gebrauch und die Bedeutung von Wörtern. Natürlich muß jeder

Begriff auch mit einem Wort bezeichnet werden, und dieses Wort kann seinerseits Objekt einer Nominaldefinition sein, z. B.: Säugetiere-mammalia, Bezeichnung für eine Klasse von Wirbeltieren. Die Realdefinitionen sind dagegen intentionale Urteile, die sich auf die Wirklichkeit beziehen, die unsere Begriffe eindeutig bestimmen und für die wissenschaftliche Verwendung geeignet machen sollen. Die früher gegebene Realdefinition der Säugetiere bestimmt nicht das *Wort,* sondern die *Tierklasse,* sie ist für die Zoologie unentbehrlich. Sie besteht aus der Angabe des *genus proximum* (Wirbeltiere) und der *differentia specifica* (lebendgebärende); diese charakteristischen Merkmale der Definition finden sich obligat nur bei den Realdefinitionen, während für die Nominaldefinition die einfache Setzung ausreicht, da es sich ja nur um die Fixierung von Konventionen handelt. Nominaldefinitionen sind nach GREDT eigentlich nur Worterklärungen.

Wir haben uns mit der Frage der Definitionen etwas eingehender befaßt, da die bereits von SIGWART behauptete und heute noch weit verbreitete Auffassung der Exklusivität der Nominaldefinitionen, zusammen mit dem Symbolismus oder dem Konventionalismus die logische Grundlage des Positivismus geworden ist. Nach SIGWART ist die Definition ein Urteil über die Bedeutung eines *Wortes,* nach MARCH sind Definitionen weder wahr noch falsch, sondern nur zweckmäßig oder unzweckmäßig. Nach DUBISLAV handelt es sich um willkürliche Festsetzung der Bedeutung eines *Zeichens,* wobei es entweder auf bereits bekannte zurückgeführt wird oder aber ein neues Zeichensystem den Objekten zugeordnet wird. Dazu ist im Sinne des früher Gesagten zu bemerken, daß Zeichen und Worte für die Fixierung von Beobachtungen und Gedanken zwar unentbehrlich sind, jedoch kein durch Nominaldefinitionen geregeltes Eigenleben führen, sondern intentionaliter auf Gegenstände bzw. Bedeutungen gerichtet sind. Wir „setzen“ keine willkürlich gebildeten Begriffe mit anderen, ebenso willkürlich erfundenen in Beziehung, sondern suchen mit Hilfe der Begriffe die ontologisch gegebenen Tatsachen möglichst genau wiederzugeben. Mit dem Wort „Säugetier“ *meinen* wir eine bestimmte, uns bekannte Tiergruppe, und wir suchen im Begriff des Säugetieres das *Wesen* dieser Tiergruppe zu erfassen: darin besteht die Bedeutung der Definition. Gewiß sind nicht alle Definitionen der Wissenschaft endgültig; da unsere Erkenntnis nicht abgeschlossen ist, müssen die Definitionen ständig verbessert werden. Die Auffassung der Definition als Zeichenzuordnung wird jedoch der eigentlichen Natur des Vorganges nicht gerecht und muß, logisch weitergeführt, zu einer relativistischen Erkenntnisauffassung führen. Die psychologisierende Logik ist heute selbst bei den Positivisten überholt; Ansichten, wie die von E. MACH, wonach „gelungene Abstraktionen, um *das Denken zu entlasten,* an Definitionen sprachlich fixiert werden", gelten kaum mehr als logische Analyse. Die Logik hat es mit der *formalen Geltung* des Denkens zu tun; die Form ist jedoch nichts Selbständiges, kein „freischwebendes Gefüge" von impliziten Definitionen, kein aus konventionellen Axiomen abgeleitetes System von Aussagen, sondern die oft mühevolle Anpassung unserer Gedanken an die Wirklichkeit, die wir weder direkt erfassen noch direkt, ohne logisch-sprachliche Vermittlung, wiedergeben können.

6. Induktion und Deduktion

Logische Schlüsse sind die Schaffung neuer Urteile aus bereits gefällten. *Psychologisch* werden neue Urteile häufig intuitiv gebildet, doch müssen sie auch in diesem Fall logisch abgeleitet, bewiesen werden; die Voraussetzung ihrer *formalen* Gültigkeit ist ihre logisch einwandfreie Struktur, während die tatsächliche Richtigkeit vom Wahrheitsgehalt derjenigen Urteile abhängt, aus welchen sie abgeleitet worden sind. Aus wahren Urteilen formallogisch einwandfrei abgeleitete Urteile müssen demnach ebenfalls wahr sein: darin liegt die Bedeutung der Schlußlehre — darin auch ihre Grenze.

Das einzige Schlußverfahren, welches den gegenseitigen Zusammenhang strenger Wahrheiten herstellt, ist, wie M. SCHLICK (2) gezeigt hat, der Syllogismus vom „modus Barbara":

alle M sind P,
alle S sind M,
alle S sind P.

Diese klassische Form der Deduktion (dictum de omni) schafft zwar keine *neue* Erkenntnis, hat jedoch eine verbindende und ordnende Rolle. Die Anwendung des Syllogismus ist besonders dann fruchtbar, wenn die eine Prämisse eine Hypothese ist und durch die Verifizierbarkeit der Konklusion geprüft werden kann, wie z. B. im Beispiel von SCHLICK: bei Wellenfortpflanzung treten Interferenzen auf — Röntgenstrahlen sind Wellenfortpflanzung —, also treten bei Röntgenstrahlen Interferenzen auf. Eine weitere nützliche Anwendung der Deduktion erfolgt in den bereits erwähnten *hypothetisch-deduktiven Systemen,* wo ein Systemgesetz als Prämisse dient; das klassische Anwendungsgebiet dieser Art von Schlußverfahren stellt die *Mechanik* dar, deren Grundannahmen ursprünglich Abstraktionen waren, welche nachträglich verallgemeinert wurden. Ganz allgemein wurde daher die Bedeutung der Deduktion vielfach auf die Verifizierung von Hypothesen beschränkt; so z. B. von W. OST-

WALD, wonach die Deduktion in der Aufsuchung von Sonderfällen eines durch Induktion gefundenen Satzes und ihrer Bewahrheitung durch die Erfahrung bestehen soll; daher sei die Deduktion nichts als eine versteckte, unvollständige Induktion („auch Cajus ist als Mensch wahrscheinlich sterblich"). Die letztere Ansicht ist in der neueren Philosophie besonders von J. ST. MILL vertreten worden, der der Ansicht war, daß mit dem Obersatz die Konklusion eigentlich schon vollzogen sei, daß der Obersatz den Schlußsatz voraussetzt („alle Menschen sind sterblich", setzt voraus, daß auch Cajus sterblich sei). Dagegen wird von F. BRUNDSTÄD die moderne Auffassung der Deduktion dahin zusammengefaßt, daß der Obersatz ein Urteil im Sinne der Aussage gesetzlich notwendigen Zusammenhanges sei; die Aufgabe des Syllogismus bestehe darin, einen Tatbestand diesem notwendigen Zusammenhange erklärend einzuordnen. Nach A. REYMOND ist der Obersatz ein *Postulat* „auf Widerruf" und keineswegs induktiv gewonnen. — Die Deduktion ist daher die Form der wissenschaftlichen Analyse, indem sie die Einzeltatsachen allgemeinen Gesetzen oder Axiomen unterordnet; sie kann daher sowohl zur Verifikation von Hypothesen dienen, wie auch auf Grund von Hypothesen zur Entdeckung neuer Tatsachen führen. Immer aber muß die Warnung HELMHOLTZ' vor Augen gehalten werden: „Dadurch, daß ein Schluß in sauberster logischer Methode aus einem unsicheren Vordersatz hergeleitet wird, gewinnt er nicht um eines Haares Breite an Sicherheit oder an Wert." *Sicher* sind daher nur die Folgerungen, welche aus evident gültigen Axiomen gezogen worden sind, also die Deduktionen der Mathematik. Der Wahrheitsgehalt der übrigen Schlüsse hängt von der Gültigkeit der Prämisse ab; diese kann ebensogut ein bewährtes Systemgesetz wie eine tastende Hypothese sein; im ersten Fall wird die gezogene Konklusion den Charakter einer Zuordnung, im zweiten Fall den einer versuchten Verifikation haben.

Die Induktion ist von J. ST. MILL als die erfolgreichste Methode der Wissenschaft betrachtet worden, da diese das Gesetzmäßige an Naturerscheinungen durch deren Vergleichung unter verschiedenartigen Umständen ermitteln will. Sie wird von B. RUSSELL (1) auf einen „psychologischen" Schluß zurückgeführt, der auf bedingten Reflexen beruht: Auf den Reiz S erfolgt die reflektorische Reaktion R, auf den Reiz S_1 die Reaktion R_1; falls die beiden Reize oft zusammen erlebt werden, wird S die Reaktion R_1 hervorrufen. Ähnlich erklärte bereits HUME die Induktion: „Von Ursachen die ähnlich erscheinen, erwarten wir ähnliche Wirkungen. Dies ist der Inbegriff all unseres erfahrungsmäßigen Schließens." Das ist auch der Sinn der Auffassung der Induktion von E. MACH als „Erwartungslogik".

Nach MILL schließen wir stets vom Besonderen auf anderes Besondere; unsere Axiome und Gesetze sind nur abgekürzte Bezeichnungen einer Summe von besonderen Tatsachen. In den Wissenschaften gibt es nach ihm vier Methoden der Anwendung von Induktion: 1. die Methode der Übereinstimmung (wenn zwei Fälle einer Naturerscheinung in einem einzigen Umstande übereinstimmen, so ist dieser Umstand deren Ursache oder Wirkung); 2. die Methode der Differenz (wenn zwei Fälle nur in einem Umstand abweichen, so ist dieser ihre Ursache oder Wirkung); 3. die Methode der Reste (zieht man alles ab, was durch frühere Induktionen bekannt ist, so ist der Rest die Wirkung bis dahin unbekannter Bedingungen); 4. die Methode der sich begleitenden Veränderungen (eine Naturerscheinung, die sich gleichzeitig mit einer anderen verändert, ist mit ihr kausal verknüpft). Im Gegensatz zu MILL versuchten WUNDT, SIGWART u. a. m. die Induktion auf Deduktion zurückzuführen, indem eine allgemeine Regel als Obersatz aufgestellt wird, aus welchem die gegebenen Fälle deduziert werden können.

Bei induktiven Schlußfolgerungen suchen wir so lange nach Hypothesen, bis wir solche finden, aus welchen wir deduktiv die Erfahrung erschließen können. Dabei kann Induktion niemals sichere, immer nur wahrscheinliche Schlüsse ergeben. Dieser letztere Umstand wird von nahezu allen Autoren (BRENTANO, STUMPF, RUSSELL) als für die Induktion absolut charakteristischer Umstand bezeichnet. Lediglich H. DINGLER meint, daß Induktion mit Wahrscheinlichkeit nichts zu tun hat, da bei Experimenten mit lauter bekannten Bedingungen die Induktion eine Sache der Gewißheit ist. Das logische Korrelat eines solchen Experimentes ist die sogenannte *vollständige* Induktion, bei welchem *alle nur möglichen* Prämissen bekannt sind; z. B. bedeutet bei den zwölf Aposteln, von welchen auch einzeln bekannt war, daß sie Juden waren, der Schluß: alle Apostel waren Juden, eine sichere Erkenntnis. Diese Art von Induktion wird jedoch nur selten angewandt gegenüber der anderen, wo wir zwar aus vielen Einzeltatsachen schließen, jedoch niemals alle nur möglichen Fälle erfassen können. Die Voraussetzung, daß ein solcher Schluß überhaupt möglich ist, wird durch die unausgesprochene Annahme der *Gleichförmigkeit der Natur* erfüllt; daher ist nach V. KRAFT das Prinzip der Induktion die Konstanz oder Invariabilität der Erscheinungen, die untereinander verknüpft sind. Induktion ist daher „Schlußfolgerung aus einzelnen Tatsachen und allgemeinen Voraussetzungen". Die Voraussetzung der Gleichförmigkeit ist jedoch nach KRAFT keine empirisch gewonnene Erkenntnis, sondern eine *Annahme,* welche unter bestimmten Voraussetzungen *notwendige* Folgerungsergebnisse möglich macht. Die MILLschen Prinzipien genügen nach KRAFT nur in Fällen idealer Einfachheit, die Ausschaltung des Zufalls erfordert entweder die Anwendung der statistischen Methode (Prinzip der großen Zahl) oder des experimentellen Verfahrens in seiner Eindeutigkeit. Dieses Verfahren wird vom Biologen M. HARTMANN als „exakte Induktion" bezeichnet, die einen höheren Grad der Erkenntnis ergibt als die Wahrscheinlichkeitsergebnisse der „generalisierenden" Induktion. Diese letztere ist nach SCHLICK nicht logisch, sondern nur als *Postulat* vom *praktischen* Standpunkt berechtigt. Auch nach H. FEIGL ist die Induktion kein begründbares Schlußverfahren, sondern ein praktisches Tun, ein Entschluß.

Nehmen wir ein Beispiel aus der Pathologie. Ausgehend von der Annahme, daß bei Nierenkrankheiten die Ausscheidungsfähigkeit von Stoffwechselprodukten geschädigt sein muß, hat man eine Anhäufung des Harnstoffes im Blut von Nierenkranken tatsächlich festgestellt. Da der Harnstoff ein Stoffwechselprodukt ist, war damit die Hypothese bestätigt und die *deduktive* Phase der Erkenntnis abgeschlossen, daß die Nierenkrankheit mit Erhöhung des Harnstoffgehaltes im Blut einhergeht.

In der Praxis war der Vorgang jedoch der, daß der Harnstoffgehalt im Blute bei zahlreichen Personen, Kranken und Gesunden, bestimmt worden ist. Dabei wurde einerseits festgestellt, daß der Harnstoffgehalt bei einer Anzahl von Personen erhöht war, anderseits, daß die Personen mit erhöhtem Harnstoffgehalt meistens nierenkrank waren. Daraus ist der induktive Schluß gezogen worden, daß die Erhöhung des Harnstoffspiegels eine Folge der Nierenerkrankung war. Durch eine genügend große Zahl von Untersuchungen war die Möglichkeit, daß es sich bloß um ein zufälliges Zusammentreffen handelt, mit großer Wahrscheinlichkeit ausgeschlossen; der induktive Schluß hat daher ein Zusammen*sein* auf Zusammen*gehörigkeit* (Brundstäd) zurückgeführt. Der Vorgang mag mit A. C. Benjamin (1) beschrieben werden als ein Fortschreiten „from an awareness of a fact to the awareness of a theory which is explanatory of the fact".

Dieses Beispiel zeigt, daß deduktive und induktive Schlußverfahren *nebeneinander* angewandt werden. Die Verifikation der Hypothese kann stets als induktives Verfahren im Rahmen einer Deduktion betrachtet werden, während es anderseits sehr selten ist, daß eine Erkenntnis ohne jede vorangehende Annahme oder Arbeitshypothese *rein* induktiv gewonnen wird. Vielfach ist diese Annahme, diese „Spur" nur unbewußt oder intuitiv gegeben, sie bestimmt jedoch trotzdem den Gang der Induktion. Ganz ausgeschlossen ist es natürlich nicht, daß eine neue Erkenntnis rein induktiv, durch zufälliges, aber systematisches Herumprobieren gewonnen wird; selbst in diesem Fall wird die gewonnene Erkenntnis oft als Hypothese oder Systemgesetz zu deduktiven Schlußfolgerungen Anlaß geben.

Wir sehen daher, daß Induktion und Deduktion meistens nebeneinander angewandt werden, wobei entweder das eine oder das andere Schlußverfahren dominiert. Es kommt auch weniger darauf an, welche der Methoden angewandt wird, als daß sie *richtig* angewandt werden. Dabei kommt es bei der Deduktion vor allem darauf an, daß die Prämissen stimmen; wenn sie bloß Hypothesen sind, haben die Schlußfolgerungen mehr den Charakter einer induktiven Verifikation; falls wir z. B. vom Obersatz: „alle beta-Rezeptoren sind durch Adrenalin erregbar“ und dem Mittelsatz „Adrenalin erweitert die Leberarterie“ den Schluß ziehen: also besitzt die Leberarterie beta-Rezeptoren. Dieser Schluß ist insoferne in hohem Grade wahrscheinlich, als die beta-Rezeptoren als adrenalinempfindlich *definiert* werden. Falls wir dagegen aus der Prämisse: alle Hormone dürften über die Beeinflussung von Fermenten wirken, den Schluß ziehen: auch die Schilddrüsenhormone beeinflussen gewisse Fermente, so ist dieser Schluß nur eine Arbeitshypothese, durch deren Bestätigung die Prämisse erst verifiziert wird.

Bei der Induktion kommt es darauf an, daß durch eine genügend große Zahl von Einzelfällen der Zufall ausgeschlossen wird; falls wir es mit einer begrenzten Zahl von Fällen zu tun haben, so können wir nur mit Hilfe einer vollständigen Induktion zu einer *absolut sicheren* Konklusion gelangen, so z. B. wenn wir aus Kenntnis der chemischen Konstitution der Einzelhormone den Schluß ziehen, daß alle Sexualhormone Sterinabkömmlinge sind. Ist die Kenntnis aller Fälle, wie das meistens geschieht, unmöglich, so müssen wir uns mit einer mehr oder weniger großen *Wahrscheinlichkeit* begnügen, wie z. B. bei der induktiven Schlußfolgerung: alle Eiweißkörper enthalten Zystein. Dieselbe Erkenntnis kann viel sicherer auf *deduktivem* Wege gewonnen werden, indem wir von der Prämisse ausgehen, daß die Verknüpfung der Polypeptidketten der meisten Eiweißkörper durch Zysteinbrücken erfolgt, daher die Eiweißkörper Zystein enthalten müssen. Die *deduktiven* Schlüsse sind den induktiv gewonnenen an Genauigkeit oft überlegen; wie bereits Leibniz gezeigt hat, führt die Induktion nur zu Konstatierung von zufälligen oder tatsächlichen Wahrheiten (verités de fait), während die Deduktion oft zu erklärenden, notwendigen Wahrheiten (verités de raison) führt. Wenn wir über die Art der Hormonwirkung heute mehr wüßten, könnten wir vielleicht die Tatsache, daß die Sexualhormone alle Sterinabkömmlinge sind, aus einem allgemeinen Gesetz des Zellstoffwechsels deduktiv folgern und würden dabei nicht allein die Tatsache ihrer chemischen Natur erfahren, sondern auch den Grund, weshalb sie so und nicht anders konstituiert sind. Dieses Gesetz würde allerdings die Schlußfolgerung bereits mitumfassen: so würde z. B. die Hypothese: „alle Hormone, die bestimmte morphologische Veränderungen der Geschlechtsorgane bewirken, müssen Sterine sein“, die Folgerung, daß die Sexualhormone Sterine sind, bereits enthalten, die Konklusion wäre daher nur analytisch und weniger „neu“ als die *induktiv* gewonnene Erkenntnis ihrer chemischen Natur. Andererseits beruht der Satz: „alle katzenartigen Raubtiere besitzen einziehbare Krallen“ auf unvollständiger Induktion, es wäre denn, wir würden die Klasse der katzenartigen Raubtiere mittels der Eigenschaft der einziehbaren Krallen *definieren;* im letzteren Fall wäre der obige Satz nur eine Tautologie. *Erklären* könnten wir den obigen Satz nur auf *deduktivem* Wege, also etwa durch die Prämisse: alle Raubtiere müssen einziehbare Krallen haben, oder: alle Raubtiere sind Katzen. Da beide Prämissen falsch sind, wäre die Folgerung ungültig, so daß wir uns mit dem induktiv gewonnenen Satz begnügen müssen. Weiter kommen wir mit der Logik nicht: Die Zoologie belehrt uns darüber, daß wohl alle Katzen einziehbare Krallen haben und es auch Raubtiere unter den Katzen gibt, anderseits auch andere Tierarten *ohne* einziehbare Krallen Raubtiere sind, die einziehbaren Krallen daher in der *Katzennatur* liegen und nichts mit der Raubtiereigenschaft zu tun haben.

So sehen wir also, daß der menschliche Geist die Schlußverfahren als Instrument benützt, um je nach den vorhandenen Möglichkeiten entweder aus nackten Tatsachen Gesetze oder aus Gesetzen neue Tatsachen und Zusammenhänge zu gewinnen. Das Ziel ist immer die *Erkenntnis der Wirklichkeit,* und da das Erkennen für uns Menschen nur auf dem psychologischen Weg des Verstehens möglich ist, so wird der Wissensdrang zuletzt automatisch nach dem analytisch-ordnenden deduktiven Schlußverfahren greifen, der die Tatsachen nicht allein feststellt und verknüpft, sondern auch *erklärt.* Wir haben jedoch bereits betont, daß auch das deduktive Verfahren nicht ohne Induktion möglich ist.

7. Mathematik und Logik

Der Ausspruch von Galilei, das Buch der Natur sei in mathematischer Sprache geschrieben und die oft zitierten Worte Kants, in jeder Wissenschaft sei nur so viel eigentliche Wissenschaft, als darin Mathematik anzutreffen ist, scheinen sich heute zu bewahrheiten; selbst die Biologie und die Soziologie suchen ihre Lehren mathematisch zu formulieren. Was ist der Sinn dieses Vorgehens? Da es sich bei mathematischen Formeln nicht um neuen Erkenntnis*inhalt,* sondern um eine *formale* Darstellung von Wissen handelt, ist es angebracht, diese Frage im Kapitel über Logik zu besprechen.

Die Verwandtschaft zwischen Logik und Mathematik ist bereits oft nachgewiesen worden. Nach F. Exner liegt der Wert des Rechnens darin, daß unsere Rechenoperationen die kürzesten Wege sind, um aus gegebenen Prämissen logisch die richtigen Konsequenzen zu ziehen. Nach Jevons ist der Satz der Identität und des Widerspruches auch die Grundlage der Mathematik. „The mathematician is only strong and true as long as he is logical, and if number rules the world, it is logic which rules numbers." Anderseits ist Logik nichts anderes, wie BOOLE feststellt, als eine Algebra der beiden Zahlen 0 und 1. Die Aufgabe, die Mathematik vollständig zu „logisieren“, hat PEANO in Angriff genommen: es kam darauf an, die Sätze der Arithmetik aus einer möglichst geringen Zahl von Axiomen abzuleiten. PEANO hat als Grundlage der Arithmetik immerhin noch drei Axiome und fünf Grundsätze bezeichnet, während B. RUSSELL mit vier Axiomen sein Auskommen gefunden hat. RUSSELL (2) wendet sich gegen KANT, der die Mathematik für eine synthetische Wissenschaft a priori hielt, in welcher die Beweisführung nicht streng logisch, sondern mit Hilfe der Anschauung erfolgt. Die Gleichung $5 + 7 = 12$ kann nach KANT kein analytischer Satz sein, da die Zahl 12 in den Zahlen 5 und 7 nicht enthalten sei, daher etwas Neues bedeutet; wir gewinnen diesen Begriff, indem wir uns die Zahlen anschaulich (etwa an unseren Fingern) vorstellen. Auch LENZEN meint: „The fundamental propositions of ordinary algebra are initially derived from observation.“ Dagegen behauptet RUSSELL, wie vor ihm auch FREGE, daß in der Mathematik und durch mathematische Methoden nur das erkannt werden könne, was *rein logisch* ableitbar ist. „Die gesamte Mathematik ist nur eine Erweiterung der Logik.“ Die Mathematik muß dabei deduktiv verfahren, indem sie alle ihre Sätze von den Axiomen ableitet. „Die Logik oder Mathematik beschäftigt sich nur mit Formen, und sie beschäftigt sich mit ihnen nur, insofern sie behauptet, daß sie immer oder manchmal wahr sind.“ Aus letzterem Satz folgt der vielzitierte Ausspruch: „Mathematics is the subject in which one never knows what he is talking about nor if what he says is true.“ Im selben Sinne schreibt EINSTEIN: „Insofern sich die Sätze der Mathematik auf die Wirklichkeit beziehen, sind sie nicht sicher, und insofern sie sicher sind, beziehen sie sich nicht auf die Wirklichkeit.“ Nach E. BECHER (wie auch nach BROUWER, WEYL und POINCARÉ) besteht die mathematische Erkenntnis aus intuitiv gewonnenen *Idealurteilen*, welche jedoch auf Realgegenstände anwendbar sind.

Daß die Mathematik auf evidenten Axiomen beruht und daher eine *reine* analytische Wissenschaft a priori sei, hat bereits BRENTANO gelehrt; nach HILBERT und COUTURAT ist die reine Mathematik eine Gesamtheit rein *formaler*, von allem Inhalt unabhängiger Abhängigkeitsbeziehungen. Diese *formalen* Beziehungen sind nach SULLIVAN letzten Endes ästhetischer Natur, ein Gedanke, der neuerdings auch bei DIRAC wiederkehrt: „Die Schönheit der Gleichungen ist wichtiger, als ihre Übereinstimmung mit dem Experiment.“ Die „Schönheit“ mathematischer Formeln ist jedoch schwieriger zu begreifen als die Ansicht von MACH (2), die Stärke der Mathematik beruhe auf der größten Sparsamkeit der Denkoperationen. In Fortführung der positivistischen Tradition definiert CARNAP „the function of mathematics for empirical science consists in providing, first of expressions shorter and more efficient than nonmathematical linguistic forms and, second, modes of logical deduction shorter and more efficient than those of elementary logic". C. V. NEWSOM kennzeichnet die mathematische Methode als „Organisation of the propositions of a science into those which are to be accepted as primary or basic (axioms) and those which may be logically deducted from them (theorems)". Es muß daher bei Anwendung eines mathematischen Skeletts auf ein Wissensgebiet eine mathematische Struktur gefunden werden, deren Axiombasis mit den Systemgesetzen der betreffenden Wissenschaft korrespondiert (z. B. die Matrixrechnung in der Quantenmechanik).

Jeder mathematische Lehrsatz ist eine „komplexe Wenn-dann-Aussage" (STEGMÜLLER); in der Wenn-Komponente ist das gesamte Axiomensystem enthalten, in der Dann-Komponente der betreffende Lehrsatz. *Die Form* ist *tautologisch,* die Anwendung in den empirischen Wissenschaften dennoch unentbehrlich. Es erhebt sich die Frage, auf welche Weise ein aprioristisches Axiomensystem auf die Erfahrungswelt angewandt werden kann. Nach RUSSELL ist das insoferne möglich als Mathematik und Erfahrungswelt in ihren axiomatischen Beziehungen isomorph sind. Und sie sind es zweifellos; die Erfahrung beweist nach KRAFT (2), daß die natürlichen Zahlen in der Erfahrungswelt tatsächlich gelten. Ebenso ist die euklidische Geometrie für Messungen auf beschränkten Räumen durchaus gültig, während für Messungen in astronomischen Maßstäben andere Axiome gelten; welche von den apriorischen Geometrien sich empirisch anwenden läßt, wird durch die Erfahrung eindeutig bestimmt. „Erfahrung" — schreibt EINSTEIN (3) — „bleibt natürlich das einzige Kriterium der Brauchbarkeit einer mathematischen Konstruktion für die Physik. Das eigentlich *schöpferische Prinzip* liegt aber in der Mathematik". Und besonders starken Eindruck hat die Ansicht von JEANS hinterlassen: „The final truth about a phenomenon results in the mathematical description of it." Wenn wir diesen Anspruch später auf sein richtiges Maß reduzieren müssen, so ist andererseits nicht zu bezweifeln, daß die mathematische Strukturierung von Beobachtungen, Versuchen, Hypothesen die Voraussetzung für die quantitative Formulierung von Voraussagen, Regeln und Gesetzen ist. Im selben Sinne stellt EDDINGTON (2) fest, es trete heute an Stelle von mechanischen Modellen das unanschaulichere mathematische Modell. Wir haben in den vorigen Kapiteln bereits gesehen, daß die Wissenschaft immer häufiger die deduktiven Verfahren verwendet, indem ein Axiom oder Systemgesetz als Ausgangspunkt gewählt wird; dieses Verfahren, das beim Ausgehen von Hypothesen als hypothetisch-deduktives System bezeichnet wird, ergibt nicht allein Erkenntnisse vom Charakter der „vérités de fait", sondern auch *Erklärung* der Zusammenhänge. Es ist demnach verständlich, daß diese deduktive Denkform leicht in der Sprache der wesensverwandten Mathematik ausgedrückt werden konnte. Der Vorkämpfer der Axiomatisierung der Biologie, J. M. Woodger, schreibt: „In every growing science there is always a comparatively stable, tidy, clear part, and a growing, untidy, confused part. I conceive the business of theoretical science to extend the realm of the tidy and systematic by the application of the methods of the exact or formal sciences, i. e. pure mathematics and logistic." Im selben Sinne schreibt D. Hilbert: „Ich glaube, alles, was Gegenstand des wissenschaftlichen Denkens überhaupt sein kann, verfällt, sobald es zur Bildung einer Theorie reif ist, der axiomatischen Methode und dann, mittelbar, der Mathematik."

Haben wir die logischen Vorbedingungen für die Anwendung der Mathematik somit geklärt, so müssen wir uns fragen, welchen Sinn, welchen Vorteil die Mathematisierung besitzt. Wir wollen das an einem sehr einfachen Beispiel erörtern. Wir haben in der Mechanik den Kraftbegriff als die Ursache der Beschleunigung definiert und wissen aus Erfahrung, daß ein und dieselbe Kraft einer größeren Masse bloß eine geringe, einer kleineren Masse eine größere Beschleunigung verleihen kann. Anderseits wissen wir, daß eine größere Kraft erforderlich ist, um einer größeren Masse dieselbe Beschleunigung zu verleihen als einer kleineren.

Wenn wir diese Erkenntnis in die mathematischen Formeln bringen:

$$K = M\,.\,B, \quad M = \frac{K}{B},$$

so lassen sich daraus die *quantitativen* Verhältnisse der einzelnen Komponenten rasch und bequem berechnen; haben wir z. B. eine Kraft = 8 und eine Masse = 2, so folgt daraus, daß die Beschleunigung = 4 sein muß; ist bei derselben Kraftmenge die Masse = 4, so ist die Beschleunigung = 2. Diese mathematische Formel folgt, da es sich um eine Gleichung handelt, ebenso dem Satz der Identität wie die vorhin gegebene logische Ableitung aus der Definition des Kraftbegriffes; ihre Vorteile sind offenkundig, obwohl sie durchaus keine neue Erkenntnis geschaffen hat; sie ist die mathematische Verkleidung einer teils deduktiv, teils induktiv gewonnenen Erkenntnis. Bei komplizierteren mathematischen Formeln ist es natürlich möglich, daß durch mathematische Operationen allein Erkenntnisse gewonnen werden, die bei der alleinigen logischen Analyse des zugrunde liegenden Wissensgebietes übersehen worden wären; aus dem streng deduktiven Verfahren der Mathematik folgt, daß, wenn die Prämissen richtig waren, d. h. wenn die Grundaxiome richtig gewählt worden sind, die rechnerischen Ergebnisse mit den Tatsachen übereinstimmen. Das zentrale Problem der angewandten Mathematik ist daher das Auffinden einer für jedes Wissensgebiet spezifischen Axiombasis; ist einmal eine solche gefunden, so müssen Mathematik und Wirklichkeit zusammenpassen wie Schloß und Schlüssel.

Von diesem Standpunkte aus können wir die philosophischen Ansichten in der Frage der Anwendung der Mathematik beurteilen. H. RICKERT sagt zwar mit Recht, daß das Quantitative, für sich betrachtet, absolut *unwirklich* ist; die Mathematik ist ja nur Form, niemals Inhalt. Dagegen ist es falsch, wenn er daraus den Schluß zieht, daß eine genaue Zuordnung von Konstruktionen der mathematischen Physik zu dem Qualitativen der Wirklichkeit unmöglich ist. Wenn dieses Qualitative überhaupt definiert werden kann, so ist das Auffinden eines dazu passenden Axiomensystems prinzipiell niemals ausgeschlossen. Gewiß ist bei mathematischer Eindeutigkeit, wie P. VOLKMANN schreibt, eine Vielseitigkeit physikalischer Auffassung möglich; auch die Logik ist eindeutig, und doch hat logisches Denken die Mannigfaltigkeit der Erscheinungen qualitativ erfassen können. Mit Recht betont M. SCHLICK (2), besonders hinsichtlich der Physik, daß Qualitäten nur dann vollständig erkannt sind, wenn es gelingt, sie quantitativ auf andere zurückzuführen, z. B. „warm" auf einen Thermometergrad, „farbig" auf eine Wellenlänge usw. Daß wir bestrebt sein müssen, wie P. W. BRIDGMAN fordert, „unseren Gleichungen eine solche Form zu geben, daß sie einen innigeren Zusammenhang mit der hinter ihnen stehenden Erfahrung eingehen", ist ein selbstverständliches Erfordernis. Freilich hat in diesem Zusammenhang R. v. MISES (2) darauf hingewiesen, daß „zwischen den exakten Theorien und der Wirklichkeit eine Schicht von Ungenauigkeit und von Unsagbarkeit" liegt. Gewiß sind viele Wissensgebiete heute für eine Axiomatisierung noch nicht reif; zu diesen zählt nach R. WOLTERECK auch noch die Biologie. Doch haben KÖTSCHAU und MEYER darauf hingewiesen, daß jedes Wissensgebiet phänomenologisch beginnt und axiomatische Gestalt annimmt, so wie es eine gewisse Reife erlangt hat, d. h. sobald ein empirisch-induktiv genügend ausgebauter Erkenntnisbereich gewonnen ist, das nun geradezu nach deduktiver Durcharbeitung verlangt, um eine drohende „Erkenntnisverstopfung" zu beseitigen. In diesem Sinne wird nach BERTALANFFY auch für die Biologie die mathematische Form das zu erstrebende Ideal sein. Es zeigen sich auch Anhaltspunkte mathematischer Formulierungen in gewissen biologischen Modellen (z. B. dem Atmungsmodell Warburgs) sowie in der Vererbungsstatistik. Erfolgreiche Anwendung mathematischer Methoden auf das Problem der Zellteilung stammen z. B. von N. Rashevsky. Freilich haben Kötschau und Meyer durchaus recht, wenn sie betonen, daß „die Exaktheit und Wissenschaftlichkeit einer Arbeit nicht von der Fülle der darin vorkommenden Mathematik abhängt, sondern von der Klarheit und Einsicht, die die Arbeit dem Leser vermittelt." So sagt auch E. Walter: „Mathematisierung der Physik ist nichts anders als ein verschärfter Zwang zu logisch einwandfreier Eindeutigkeit und Widerspruchslosigkeit." Wenn Kötschau und Meyer jedoch behaupten, die Mathematik sei ein Mittel zur Beschreibung, aber nicht zur Erklärung der Natur, so mag daran erinnert werden, daß mit ihrer Hilfe eine deduktive Ableitung spezieller Gesetzlichkeiten aus allgemeineren ermöglicht werden soll und ein solcher Vorgang durchaus als Erklärung empfunden wird. Eine weitere Aufgabe mathematischer Formulierung ist, wie Poincaré (1) betont hat, die Koordinierung der empirisch gewonnenen Naturgesetze; sie erfüllt dieselbe *ordnende* Aufgabe wie der Syllogismus.

Die Grundlage der Anwendung der Arithmetik auf die Erfahrungswirklichkeit liegt nach V. Kraft darin, daß die Beschaffenheit, welche für die Zahl wesentlich ist (Klasse, Menge) und die Grundarten der Beziehungen zwischen Klassen, welche die Arithmetik betrachtet, in der Wirklichkeit vorhanden sind. Ob diese Übereinstimmung die Folge der von Mill angenommenen empirischen Grundlage der Mathematik oder einer *intuitiven* Wesensschau ist, oder aber eine dialektische Kategorie im Sinne von Kant — diese ungelöste und heiß umstrittene Frage des Ursprunges der mathematischen Begriffe ist unwesentlich gegenüber der Tatsache, daß diese Übereinstimmung tatsächlich besteht. P. Natorp hat bereits bemerkt, daß „die Grundform der Gesetzlichkeit für Mathematik und Naturwissenschaft dieselbe ist", und A. Einstein (2) definiert sogar die Physik als Wissenschaft „which is capable of being expressed in mathematical terms". C. F. v. Weizsäcker sieht in dem Umstand, daß die mathematischen Gesetze, welche ja Gesetze unseres *Denkens* sind, in der *Natur* wirklich *gelten,* ein „ideelles Moment" in der Natur; denselben Gedanken äußerte auch J. Jeans: „Die Tatsache, daß das mathematische Bild auf die Natur paßt, scheint doch ein Zeichen dafür zu sein, daß der Wirklichkeit Züge von geistiger Art anhaften." Ähnlich auch E. Meyerson: „Dans le domaine des concepts mathématiques, l'accord entre notre raison et la réalité est complet ... Ce que l'interprétation ajoute (in der Physik) aux données mathématiques, c'est proprement de l'ontologie." Am weitesten geht in dieser

Hinsicht EINSTEIN (1), indem er erklärt: „In a certain sense I hold it to be true that pure thought is competent to comprehend the real, as the ancients dreamed.“

So verlockend es auch wäre, in der Mathematik nicht allein die Methode, sondern bereits den Inhalt der transzendenten Erkenntnis zu besitzen, so müssen wir doch vor einem Rationalismus warnen, welcher, im Besitze der Mathematik, nunmehr mit „reinem Denken“ allein die Realität erkennen zu können glaubt. Wir müssen daran erinnern, daß die Übereinstimmung zwischen Mathematik und Wissenschaft nichts Rätselvolles ist, wenn wir für beide ein gemeinsames Axiomensystem gefunden haben; wir könnten die mathematische Ableitung auch als hypothetisch-deduktives System auffassen, deren Folgerungen experimentell bewahrheitet werden müssen; daß sie sich meist bestätigen lassen, liegt an der Eindeutigkeit und Sicherheit des gewählten Axiomensystems; unsichere, allzu hypothetische Wissensgebiete werden für gewöhnlich nicht mathematisiert. Ferner dürfen wir nie vergessen, daß die Mathematik, ebenso wie die Logik, nur eine *Form* des Denkens ist, dessen Inhalt erst ihre *Anwendung liefert*. Mit vollem Recht sagt daher SCHLICK (2): „Quantität ist eine Abstraktion, die voraussetzt, daß irgend etwas da ist, dessen Quantität sie ist.“ Auch R. v. MISES (2) betont, daß man „durch bloßes Operieren mit Zeichen nach selbstgewählten Regeln nichts über die übrige Welt erfahren könne“. Reine Mathematik ist keine eigentliche Erkenntnis; diese richtet sich, wie wir bereits gesehen haben, intentional auf das Seiende, das Ontologische, dessen Natur mit Hilfe der Mathematik erfolgreicher erforscht werden kann als mit der Logik allein. Gewiß ist „reine Mathematik“ als Formlehre auch an sich interessant und sie kann sich auch unerwarteterweise als überaus nützlich erweisen. So betont P. LANGEVIN mit Recht: „Par une harmonie singulière, les besoins de l'esprit, soucieux de construire une représentation adéquate du réel, semblent avoir été prévus et devancés par l'analyse logique et l'esthétique abstraite du mathématicien.“ Es kam der allgemeinen Relativitätstheorie gewiß zugute, daß sie sich auf die nichteuklidische Geometrie stützen konnte, eigentliche Erkenntnisbedeutung gewann die RIEMANNsche Geometrie jedoch erst seit ihrer Anwendung auf einen Aspekt der Wirklichkeit. Wir schätzen daher die Mathematik — und ebenso die Logik — als Wegbereiter der Erkenntnis, als Hilfsmittel des Denkens, *nicht* als Selbstzweck. Keine noch so geistvolle mathematische Formulierung kann für die Deszendenztheorie auch nur annähernd soviel leisten, als der paläontologische Fund einer Zwischenstufe von zwei verschiedenen Tierspezies bedeuten würde, und keine mathematische Ableitung wird jemals die Natur des Krebses aufdecken können. Die Mathematik dient in ihren Anfängen, wie P. Janet gezeigt hat, durchaus *praktischen* Bedürfnissen; der Wissensdrang des Menschen hat sie zu einem unschätzbaren Instrument des transzendenten Denkens ausgebaut, dessen Anwendung auf immer breitere Wissensgebiete die Erkenntnis in heute noch ungeahntem Maße fördern wird. Sie ist jedoch nur Formlehre, nur *potentielle* Erkenntnis, welche erst durch ihre Anwendung auf ontologische Probleme aktualisiert wird.

8. Über Wahrscheinlichkeit

Wir sind der Wahrscheinlichkeit bereits bei der Besprechung der Induktion begegnet, indem wir erwähnten, daß diese Schlußart (falls es sich nicht um die seltene *vollständige* Induktion handelt) immer nur zu *wahrscheinlichen* Ergebnissen führen kann. Wir haben aber auch gesehen, daß trotz dieser theoretischen Unsicherheit die induktiven Schlüsse dennoch notwendige Folgerungen ergeben, und zwar mit Hilfe der Annahme der Gleichförmigkeit der Natur. Aus diesem Umstand folgt, daß die Wahrscheinlichkeit eine Seins- und Denkform zugleich ist, und daher ist es berechtigt, sie im Rahmen der Logik einer kurzen Betrachtung zu unterziehen.

„Die Theoreme der Wahrscheinlichkeitsrechnung handeln von nichts und sie beschreiben nichts; sie sind rein logischen Ursprungs." Mit diesem Satz von F. Waismann haben wir die Wahrscheinlichkeit, ebenso wie Russell die reine Mathematik, als eine *Denkform* erkannt, welcher, wie wir noch sehen werden, allerdings ein Korrelat in der Natur entspricht. Von den Kategorien unterscheidet sich die Wahrscheinlichkeit dadurch, daß sie keine *Denknotwendigkeit* darstellt; nur ungern fügt sich der Geist der Beschränkung, sich mit Wahrscheinlichkeiten zu begnügen und auf die volle und lückenlose Sicherheit zu verzichten.

„Die Wahrscheinlichkeit fängt erst dort an", schreibt Waismann, „wo wir zwar etwas über die Bedingungen wissen, unter welchen ein Ereignis eintritt, wo aber dieses Wissen nicht ausreicht, bestimmte Aussagen zu machen . . . Einen anderen Anlaß zur Einführung des Wahrscheinlichkeitsbegriffes als die Unvollständigkeit unseres Wissens gibt es nicht." Die Begrenztheit unseres Wissens ist seit Laplace immer wieder als Grundmotiv der Wahrscheinlichkeit betrachtet worden; insbesondere hat C. Stumpf betont, daß das subjektive Moment, unsere relative Unkenntnis, aus dem Wahrscheinlichkeitsbegriff nicht zu entfernen ist. Im Gegensatz zu W. S. Jevons, der die Wahrscheinlichkeit als „wholly to the mind" gehörig bezeichnete, fügt er jedoch hinzu, daß sie eine aus der gegebenen Urteils*materie* fließende Eigenschaft des Urteils ist, daher eine Funktion der gegebenen

Materie und insofern auch *objektiv.* Auch nach Heisenberg beruhen viele statistischen Gesetze auf Unkenntnis der Einzelvorgänge; würden wir Lage und Bewegung aller Moleküle eines Gases kennen, so wäre die Messung der Temperatur überflüssig. Eine logische Analyse der Wahrscheinlichkeit hat neuerdings A. Wenzl versucht; danach sind ihre Voraussetzungen die Fälle, wo es erstens mehrere gleiche Möglichkeiten gibt, zweitens eine Entscheidung getroffen werden muß, drittens ein Wesen existiert, das entscheiden kann. Der deterministische Standpunkt betrachtet alle Vorgänge als notwendige Folgen kausaler Bedingungen, für ihn ist die „Möglichkeit" bloß eine Fiktion, da alles vorausbestimmt ist, unsere Unsicherheit lediglich auf Unkenntnis der Bedingungen beruht. Der indeterministische Standpunkt erkennt zwar die Freiheit der Vorgänge an, jedoch mit der Erwartung, daß etwas eher eintreten wird als nicht. Für den letzten Standpunkt bietet die moderne Physik gewisse Anhaltspunkte, indem für die Elementarteilchen — Moleküle und Elektronen — zwar prinzipiell Indeterminiertheit angenommen wird, denen jedoch durch Überbesetzung von Wegen praktisch gewisse Schranken gezogen sind. Tatsächlich ist die Annahme eines schrankenlosen Indeterminismus selbst mit der Annahme der Wahrscheinlichkeit schwer vereinbar; sie würde nur ein Chaos zur Folge haben, in einer Welt des reinen Zufalls ließe sich nichts vorherberechnen. Auch E. v. Aster betont, daß die Gesetzlichkeit der „Wahrscheinlichkeitswelt" zwar lockerer ist als die Welt des strengen Determinismus, jedoch ist diese durchaus nicht chaotisch; nach E. May ist die auf dem strengen Determinismus fußende klassische Wahrscheinlichkeitstheorie auch durch die quantentheoretischen Ergebnisse keinesfalls widerlegt; nach L. Brunschvicg ist der Determinismus sogar die *Voraussetzung* der Wahrscheinlichkeit.

Wir müssen die Frage des Determinismus einer späteren Erörterung überlassen und uns an dieser Stelle mit der Feststellung begnügen, daß der Wahrscheinlichkeit sowohl unsere relative Unwissenheit wie auch etwas Objektives in der Natur zugrunde liegt. Wenn wir würfeln, so könnte die genaue Analyse der auf den Würfel wirkenden Kräfte bei Kenntnis der Ausgangslage, der Maße des Würfels und des Luftwiderstandes prinzipiell entscheiden, auf welche Seite der Würfel fallen wird; da uns diese Daten nicht bekannt sind, können wir über das Ergebnis des Würfelns im Einzelfall *prinzipiell nichts* aussagen, auch keine Wahrscheinlichkeitsthese. Erst wenn wir *sehr oft* würfeln, zeigt es sich, daß, *gleiche Bedingungen vorausgesetzt,* die Wahrscheinlichkeit für jede Seite gleich ein Sechstel ist. Außer diesem einfachen Fall gibt es einen komplizierteren, der als Modell der physikalischen Wahrscheinlichkeit gelten kann. Wenn wir eine *große* Zahl von Würfeln gleichzeitig durchschütteln, so werden wir ebenfalls finden, daß ungefähr die gleiche Anzahl von Würfeln auf jeweils einer Seite liegt, die Wahrscheinlichkeit also wieder ein Sechstel ist. Während es jedoch bei dem einzelnen Würfel *theoretisch* ein Leichtes ist, seine Endlage vorauszuberechnen, ist das bei dem *gleichzeitigen* Würfeln, wo die einzelnen Würfel sich gegenseitig in der mannigfaltigsten Weise stoßen und behindern, *praktisch undurchführbar* — wenn auch prinzipiell natürlich nicht unmöglich. Wir können daher sagen, daß im ersten Fall eine „einfache" Unkenntnis vorliegt, welche theoretisch leicht zu beheben wäre und für den *Einzelfall* keine Wahrscheinlichkeitsvoraussage zuläßt; bei Wiederholungen ergibt sich jedoch eine Häufigkeitsstatistik, welche mit den Berechnungen der Wahrscheinlichkeitsmathematik übereinstimmt — ein durchaus rätselhaftes Verhalten, wie SCHLICK (2) mit Recht betont: „Vielleicht liegt im Begriffe der Wahrscheinlichkeit ein letztes, nicht weiter Analysierbares vor, das als elementares Beschreibungsmittel der Welt hinzunehmen wäre." Nach H. BERGMANN ist die Wahrscheinlichkeit ein Axiom, welches postuliert, „daß dasjenige, was die größere mathematische Wahrscheinlichkeit besitzt, in der Natur auch in entsprechendem Maße häufiger vorkommt" — allerdings haben wir damit nur etwas als a priori gesetzt, was wir empirisch gefunden haben.

Anders liegt die Sache, wenn wir das gleichzeitige Durchschütteln *vieler* Würfel betrachten. Dann haben wir es mit einer unübersichtlichen Menge von Krafteinwirkungen zu tun, welche an die Moleküle eines Gases erinnert, die sich nach allen Richtungen frei bewegen, soweit sie sich nicht gegenseitig behindern. Wir wissen nach BOLTZMANN, daß in solchen Systemen stets der wahrscheinlichere Zustand, der Zustand der *idealen Unordnung* erstrebt wird, der sich im Wärmeausgleich und in der Diffusion am deutlichsten zeigt. In solchen Systemen sind daher Wahrscheinlichkeitsaussagen insofern „verständlicher", als sie sich nicht allein empirisch bestätigen, sondern auch auf ein Systemgesetz der Physik zurückführen lassen. Dieser Umstand ist deshalb wichtig, da es die Natur, wie STUMPF richtig bemerkte, nicht auf Einzelvorgänge, sondern auf *Ereignisreihen* abgesehen hat. Im selben Sinne sagt auch E. MACH, daß die Sätze der Wahrscheinlichkeitsrechnung nur dann gelten, „wenn Zufälligkeiten durch Komplikationen verdeckte Regelmäßigkeiten sind".

Wir sehen also, daß die Voraussetzung einer exakten Anwendung der Wahrscheinlichkeitsrechnung eine Vielheit voneinander völlig unabhängiger Fälle ist, ohne Rücksicht auf die prinzipielle Determiniertheit jedes einzelnen Falles; diese Vielheit wird nach R. v. MISES (1) als „Kollektiv" bezeichnet, die Wahrscheinlichkeit ist die *relative Frequenz* gewisser Fälle. Die von LAPLACE stammende sogenannte klassische Definition der Wahrscheinlichkeit (Quotient aus der Anzahl der dem Ereignis günstigen Fälle durch die Gesamtzahl aller gleich möglichen Fälle) ist, wie R. v. MISES weiter bemerkt, unzulänglich, da „gleich möglich" und „gleich wahrscheinlich" dasselbe besagen; es gibt *keine* a priori feststehende Gleichmöglichkeit, die Gleichverteilung ist nur empirisch feststellbar.

Entgegen dieser Ansicht steht KEYNES auf dem Standpunkt, daß es eine Wahrscheinlichkeit auch im Sinne des „Fürwahrhaltens" eines Satzes gibt; ein Satz habe in bezug auf verschiedene Prämissen Wahrscheinlichkeiten von verschiedener Größe. „One argument has more *weight* than another if it is based upon a greater amount of revelant evidence ... The weight measures the *sum* of the favourable and unfavourable evidence, the probability measures the difference." Doch ist manche Wahrscheinlichkeit ebensowenig meßbar, als auch Ähnlichkeiten nicht quantitativ ausdrückbar sind. Die Wahrscheinlichkeit sei der Gradmesser der Sicherheit, der nicht von subjektiven Faktoren, sondern von den *Tatsachen* abhängt, auf welchen unsere Kenntnisse beruhen. Handelt es sich um einen deduktiven Schluß aus hypothetischen Prämissen, so gibt es *keine* a priori gegebene Wahrscheinlichkeit für die Schlußfolgerung, vielmehr muß diese erst die Prämisse a posteriori *verifizieren.* Es handelt sich dabei gewissermaßen um eine umgekehrte Induktion, bei welcher die Konklusion als Hypothese vorweggenommen wird und nachträglich durch versuchte Anwendung auf Einzeltatsachen bestätigt werden soll.

Wir können nach STUMPF der Induktion die folgende allgemeinste Form geben: Zahlreiche Tatsachen stimmen in einer gewissen Beziehung auffallend untereinander überein; eine zufällige Übereinstimmung so zahlreicher Tatsachen in diesem Grad der Auffälligkeit hat die Wahrscheinlichkeit p: also besteht die Wahrscheinlichkeit $= 1 - p$ dafür, daß die Übereinstimmung keine zufällige, sondern die Folge eines Gesetzes ist. Da der Grundzug empirischer Denkweise im Glauben an das unbeschränkte Recht der Induktion besteht, die Induktion anderseits niemals mehr als Wahrscheinlichkeit für ihre Schlüsse beanspruchen kann, so forderte H. REICHENBACH (1) an Stelle des Determinismus eine Naturbeschreibung, „welche die Zukunft mit Wahrscheinlichkeit vorausberechnen läßt". Und so wie die Induktion in ihrer *vollständigen* Form *Gewißheit* ergibt, so ist nach REICHENBACH (2) die Wahrheit nur der Grenzfall der Wahrscheinlichkeit. Besonders haben die Ergebnisse die Quantenmechanik zu einer naturphilosophischen Überschätzung der Wahrscheinlichkeit geführt. So sagt EDDINGTON (1): „Wave mechanics pictures a universe whose substance is probability". Über diese Seite des Wahrscheinlichkeitsproblems werden wir im Zusammenhang mit der Kausalität noch zu sprechen haben.

Wenn wir uns also fragen, welche Stellung der Wahrscheinlichkeit im Rahmen der *Logik* zukommt, so müssen wir zunächst betonen, daß es in der exakten Wissenschaft eine gefühlsmäßige Wahrscheinlichkeit für die Richtigkeit eines Urteils *nicht* gibt. Gefühlsmäßig ein Urteil für richtig, falsch oder wahrscheinlich zu betrachten, ist keine logisch zureichende, daher eine in der Wissenschaft durchaus unerlaubte Methode: sie stellt ein Hauptmerkmal des autistisch-undisziplinierten Denkens dar. Wir begegnen dieser Denkform in erster Reihe dort, wo das logische Schlußverfahren infolge Schwierigkeit der Feststellung genauer Tatsachen bzw. Versuchsverhältnisse nur mangelhaft funktionieren kann; so hat z. B. bereits LAVOISIER auf die schwer zu vermeidenden Fehler bei der Feststellung der Erfolge therapeutischer Maßnahmen hingewiesen. Es ist ein Verdienst E. BLEULERS gewesen, neuerdings darauf hingewiesen zu haben, daß sich seit einem Jahrhundert auf diesem Gebiet nur wenig geändert hat und daß teils als Folge praktischer Bedürfnisse, teils infolge der Kompliziertheit und Unübersichtlichkeit mancher Probleme, die Grenzen zwischen unbegründeter Hypothese und autistischer Scheinerklärung in der Medizin heute noch vielfach verschwommen sind. Erst in den letzten Jahrzehnten ist eine systematische Therapieforschung in die Wege geleitet worden, die viel wertvolle Arbeit geleistet hat.

In allen wissenschaftlichen Fragestellungen, bei denen es sich um Massenerscheinungen handelt, insbesondere bei allen Arbeiten statistischer Art, leisten die verschiedenen Methoden der Wahrscheinlichkeitsrechnung (das Gesetz der großen Zahlen von BERNOULLI, der BAYESsche Satz der Hypothesenbewertung) vorzügliche Dienste. Immer handelt es sich dabei letzten Endes um die Frage des Wahrscheinlichkeitsgrades von Induktionen, sei es, daß die Zusammengehörigkeit von Einzeltatsachen festgestellt, sei es, daß eine Hypothese auf induktivem Wege verifiziert werden soll. Freilich ist die rechnerisch einwandfreie Anwendung statistischer Verfahren noch keine Garantie dafür, daß die Ergebnisse richtig sind: die Auswahl und Definition der „Kollektive" und der Kontrollen muß einwandfrei sein, sonst ergibt die statistische Rechnung baren Unsinn. In Anbetracht der großen Bedeutung statistischer Auswertungen in Biologie, Physiologie und Pharmakologie, muß immer wieder betont werden, daß diese nur dann richtig sein können, wenn die Voraussetzungen ihrer Anwendung gegeben sind. Ist z. B. die Streuungsbreite der Kontrollen größer als die Abweichung der Durchschnittswerte der Kontroll- und Versuchsgruppe, so ist die noch so exakt berechnete Signifikanz der Differenz der Durchschnittswerte nur mit Vorbehalt zu bewerten.

Neben dieser, in den exakten Wissenschaften allein erlaubten Anwendung der Wahrscheinlichkeit gibt es eine andere, viel häufiger vorkommende, die sowohl im praktischen Leben, wie auch in der Wissenschaft innerhalb gewisser Grenzen unentbehrlich ist. Wir meinen darunter die Urteile, die wir nicht mit apodiktischer Sicherheit fällen, sondern die den Charakter von *Annahmen* oder *Vermutungen* haben und denen wir, je nach den Argumenten, einen mehr oder weniger hohen Grad der Wahrscheinlichkeit zubilligen. Sind die Urteile schon unsicher, so müssen es die Schlüsse, die wir aus ihnen ziehen, erst recht sein; Sätze *dieser* Art haben tatsächlich je nach dem Wahrheitsgrad ihrer Prämissen eine verschieden große Wahrscheinlichkeit. Was ist der *logische Sinn* dieser Art von Wahrscheinlichkeit?

Nehmen wir an, ein Arzt habe eine Krankheit zu diagnostizieren, die anfangs nur wenig charakteristische Symptome aufweist; er vermutet dennoch, daß es eine ganz bestimmte Krankheit sei, ohne in der Lage zu sein, seine Diagnose direkt zu beweisen. Er wird höchstens darauf hinweisen können, daß auf Grund der Symptome keine andere Krankheit vorliegen kann. Wir haben es mit einem Urteil zu tun, welches auf *subjektiver* Wahrscheinlichkeit beruht, da es weder auf einem induktiven Schluß beruht, noch eine verifizierbare Hypothese ist; sein Wahrscheinlichkeitsgrad ist dementsprechend rechnerisch nicht zu ermitteln. Trotzdem wird es als Prämisse für weitere Schlüsse verwendet, der Arzt wird seine Maßnahmen in der Annahme treffen, seine *Vermutung* sei *wahr*. Wie sollen wir uns vom Standpunkt der Logik zu dieser Art von Wahrscheinlichkeit stellen?

Es unterliegt wohl keinem Zweifel, daß Vermutungen intuitiver Natur *psychologisch* der Antrieb zu sehr vielen Erkenntnissen waren. Vermutungen dieser Art haben aber in den *exakten* Wissenschaften lediglich dann Erkenntniswert, wenn sie entweder als Hypothese formuliert verifiziert werden oder — falls es sich um einfache Tatsachenfeststellung handelt — mit genauen Methoden untersucht und auf diese Weise bestätigt werden können. Sie hören dann auf, Vermutungen zu sein und werden entweder sichere Urteile oder — falls es sich um Kollektive handelt — Wahrscheinlichkeitsaussagen. Es gibt zwar auch in der Quantenphysik Grenzen für die genaue Berechnung oder Beobachtung von Elementarteilchen — die Unschärferelation von HEISENBERG —, doch ist die dabei *genau* angebbare Wahrscheinlichkeit, wie z. B. die *Wahrscheinlichkeitsverteilung* der Elektronen, der Ausdruck eines ontologisch bedingten Verhaltens und nicht die Folge der Schwäche unserer Urteilskraft. Vermutungen, welche auf lediglich *subjektiver* Wahrscheinlichkeit beruhen, haben daher in den *exakten* Wissenschaften keinen Platz.

Dieses Postulat ist im Prinzip auch auf die biologischen Wissenschaften anzuwenden, obwohl die Schwierigkeiten, die uns hier begegnen, viel größer sind. In vielen Fällen lassen sich Urteile, wie die Beispiele aus der Medizin zeigten, nicht anders als mit subjektiver Wahrscheinlichkeit fällen; diese „subjektive Wahrscheinlichkeit" ist jedoch nichts anderes als ein *intuitives Erfassen* der Sachlage, wobei Erfahrung, Gedächtnis, Assoziationsbereitschaft und eine besondere „Einfühlungsgabe" unterbewußt wirksam sind. Daß diese Art von Denken nicht gefahrlos ist, daß es leicht in autistische Bahnen gerät, haben wir bereits gesehen und deshalb müssen wir an dem Prinzip festhalten, daß die Vermutungen möglichst durch exaktes Wissen zu ersetzen seien. Die Entwicklung der Medizin zeigt deutlich die Tendenz, gesicherte Tatsachen und logisch einwandfreie Folgerungen an Stelle intuitiver Einsichten zu setzen.

Die drei Arten von Wahrscheinlichkeit können wir an drei verschiedenen Behandlungen eines Problems demonstrieren: es handle sich um die Frage, was für Wetter es an einem bestimmten Tage z. B. am 15. April, geben werde. Nach der ersten Methode werden wir aus den Wetteraufzeichnungen der letzten 100 Jahre mit Hilfe der Wahrscheinlichkeitsrechnung ermitteln, wie groß die Wahrscheinlichkeit für Regen bzw. Sonnenschein ist. Nach dem zweiten Verfahren werden wir aus den vorliegenden meteorologischen Daten des Vortages die Wahrscheinlichkeit des Wetters zu erschließen trachten. Die dritte Methode endlich besteht darin, daß wir am Morgen des in Frage stehenden Tages *gefühlsmäßig* Regen oder Schönwetter annehmen. Im ersten Fall haben wir die *statistische* Methode angewandt, indem wir aus denselben Tagen der letzten 100 Kalenderjahre ein Kollektiv gebildet haben; es ist die einzige Methode, das Wetter auf lange Sicht vorauszusagen, führt jedoch häufig zu unsicheren Ergebnissen, da sich das Klima *grundsätzlich* geändert haben kann. Die zweite Methode besteht im (mathematisch nicht ausdrückbaren) logischen Schluß aus verschiedenen Prämissen (Luftdruck, Windrichtung, Erwärmung usw.), welche die Gestaltung der Witterung maßgebend beeinflussen. Die dritte, intuitive Methode, wird oft zuverlässigere Resultate ergeben als die ersten zwei: sie beruht zum großen Teil auf unbewußt gebliebenen Erfahrungen über den Zusammenhang zwischen den einzelnen Witterungsfaktoren. Der Nachteil dieser Methode ist, daß sie nur unmittelbar *vor* der Fälligkeit der Voraussage anwendbar ist; obwohl sie in Anbetracht ihrer Irrationalität in der Wissenschaft offen nicht angewandt werden kann, ist es zweifellos, daß der „Spürsinn" des Forschers im Laufe seiner Arbeit sehr oft von solchen intuitiv gewonnenen Wahrscheinlichkeitsannahmen geleitet wird. Es ist aber einer der Grundsätze exakter Wissenschaft, die in den Intuitionen liegenden Erkenntnisse zu *objektivieren,* die bloß subjektive Wahrscheinlichkeit durch Zutagebringung ihrer oft unbewußten, aber dennoch berechtigten Motive (z. B. die empirischen Zusammenhänge zwischen den Witterungsfaktoren) in eine *logische* Wahrscheinlichkeit zu verwandeln. Diese Aufgabe der Wissenschaft hat bereits der Skeptiker KARNEADES um 155 v. Chr. klar erkannt.

Besonders schwierig ist die Eliminierung subjektiver Wahrscheinlichkeit in der introspektiven Psychologie und in den Geisteswissenschaften, soweit sie auf Psychologie beruhen. Mit dieser Frage werden wir uns anderweitig noch beschäftigen, da sie mit dem Problem der Objektivität der Erkenntnis innig zusammenhängt. Vom Standpunkt der Erkenntnislehre überhaupt möchten wir lediglich feststellen, daß der Schritt von der Vermutung zu der — sei es logisch, sei es zahlenmäßig — ausdrückbaren Wahrscheinlichkeit einer der entscheidendsten Schritte in der Richtung vom praktisch-biologischen Denken zur transzendenten Erkenntnis darstellt. Für praktische Bedürfnisse reicht die „subjektive" Wahrscheinlichkeit meist aus; wie sehr dies der Fall sei, beweist unter anderem der Umstand, daß die auf dieser Grundlage gestellten Diagnosen der früheren Ärzte in vielen Fällen ebenso richtig waren wie die heutigen, mit Hilfe exakter Untersuchungen gewonnenen. Der Vorteil exakter, objektiver Erkenntnis besteht darin, daß sie an Stelle von unbegründetem, lediglich subjektiv gewonnenem Wissen ein durch logisches Denken allgemein zugängliches Wissen ergibt. Darüber hinaus besteht zwischen Vermutung und logisch exaktem Wissen ein dialektisches Verhältnis. Auch die Vermutung muß von der Basis des sicheren Wissens ausgehen; sie überschreitet allerdings intuitiv diese Basis und erweitert damit unser Wissen. Vermutungen ohne logisch exaktes Wissen gibt es nicht; der Arzt kann, um bei unserem früheren Beispiel zu bleiben, nur dann vermuten, daß eine bestimmte Krankheit vorliegt, wenn er die Symptome aller anderen in Frage kommenden Krankheiten kennt. Indem wir daher den Bereich unserer Erkenntnis erweitern, ermöglichen wir immer weitergehende Vermutungen auf Grund dieser erweiterten Erkenntnis, und diese Vermutungen werden ihrerseits ein neuer Ansporn für die Erweiterung des exakten Wissens sein. Auf diese Weise werden subjektive Möglichkeiten zur Quelle objektiver Sicherheit.

In dieser ihrer Eigenschaft manifestiert sich am deutlichsten der Unterschied zwischen subjektiver Vermutung und objektiver Wahrscheinlichkeit: während die erste nur ein Übergangsstadium ist, führt die zweite zu letzter, nicht mehr weiterführbarer Erkenntnis. Sicher ist die Grundlage beider die relative Unwissenheit: Während wir aber oft imstande sind, unsere Vermutungen exakt zu beweisen, liegt es im Wesen der exakten Wahrscheinlichkeit, daß sie entweder aus prinzipiellen Gründen — infolge der Beschaffenheit des Seienden — oder aus praktischen Gründen — infolge der Undurchsichtigkeit der Bedingungen — niemals zu *sicherem* Wissen führen kann. Mit ihr sind wir an einer unüberschreitbaren Grenze unseres Wissens angelangt, an einer Grenze, die jedoch keine Schranke für die *Erkenntnis* ist; wären wir in der Lage, wie der fiktive Geist von LAPLACE, die genauen Bedingungen aller Einzelheiten von Kollektivvorgängen zu kennen, etwa den Weg eines jeden Moleküls in einer Flüssigkeit oder das Verhalten eines jeden einzelnen Regentropfens, so wäre damit für die Erkenntnis nicht viel erreicht; wenn wir jedoch versuchten, aus den Einzelbeobachtungen das Verhalten der Flüssigkeit als solcher zu erschließen, so würden wir nach unsagbarer Mühe dorthin gelangen, wohin uns die Wahrscheinlichkeitsrechnung in einfacher Weise geführt hat. In der Natur kommt es aber nicht auf den einzelnen Regentropfen an, sondern auf den Regen.

9. Über Wahrheit

Mit dem Problem der Wahrheit meinen wir die Frage der *Gültigkeit* unserer Erkenntnis. Wir empfinden, urteilen und schließen immerfort, sowohl aus praktischem Bedürfnis, wie auch um unseren Wissensdrang zu befriedigen. Erkenntnis bringt aber nur *gültiges* Denken. Das was wir als gültig erkannt haben, nennen wir *wahr*. Wahrheit ist also eine *Eigenschaft* des Denkens, kein *Selbstzweck*, nichts Absolutes. Es gibt keine Wahrheit schlechthin, sondern nur wahre Urteile und Schlüsse. (Wie es auch keine absolute „Schönheit“ gibt, nur schöne Bilder, Landschaften oder Gebäude.)

Daß der Mensch nicht unfehlbar ist, wissen wir einerseits aus der täglichen Erfahrung, wie es anderseits aus der Doppelnatur des menschlichen Geistes folgt. Unser Wissensdrang erweitert unsere Kenntnis des Seienden, doch erfolgt diese Erweiterung mit Hilfe eines nur unvollkommenen geistigen Apparates, welcher eigentlich nur für biologisch begrenzte Aufgaben eingerichtet ist. Unser Gesichtssinn reicht nur für unsere Umwelt aus; wir wollen aber die Geheimnisse des Weltalls ergründen. Wir sind ständig Sinnestäuschungen ausgesetzt und doch wollen wir die Gesetze der Natur auf Grund unserer Wahrnehmungen feststellen. Ist es ein Wunder, daß wir bei diesem Vorhaben Irrtum auf Irrtum häufen? Bei dem Drang nach Erkenntnis haben wir auch oft gegen Affekte zu kämpfen, wir müssen liebgewordene Vorstellungen aufgeben und Schlüsse ziehen, die unsere Eitelkeit, unseren Glauben erschüttern. Daher die Tendenz, daß wir oft emotional autistisch denken und uns zu diszipliniertem, objektivem Denken erst richtig durchkämpfen müssen. Auch die Denkfaulheit, die Gewohnheit, die „Denkökonomie" hindert uns oft an gültiger Erkenntnis: einer neuen Wahrheit ist, nach GOETHE, nichts schädlicher als ein alter Irrtum. Dazu gehört auch das Festhalten an Schulmeinungen: „Eine Schule ist als ein einziger Mensch anzusehen, der 100 Jahre mit sich selbst spricht und sich in seinem eigenen Wesen, und wenn es auch noch so albern wäre, ganz außerordentlich gefällt."

Es ist in der Tat verwunderlich, daß wir diesen Hindernissen zum Trotz noch zu gültiger, wahrer, objektiver Erkenntnis kommen und daß unser Wissensdrang nicht zu einem Gewirr falscher, autistischer Vorstellungen geführt hat. Der Grund dafür kann nur in unserem Wissensdrang selbst liegen, der nicht allein nach Erkenntnis, sondern nach *gültiger* Erkenntnis strebt, der sich nur dann zufrieden gibt, wenn das gewonnene Wissen den Kriterien der Wahrheit entspricht. So stark ist unser „Wahrheitstrieb", daß er alle affektmäßigen Hindernisse überwinden kann:

„Irrtum verläßt uns nie; doch zieht ein höher Bedürfnis
Immer den strebenden Geist leise zur Wahrheit hinan."
(GOETHE)

Untersuchen wir nunmehr, was die Kriterien der Wahrheit sind, ja ob es überhaupt so etwas wie allgemeine Wahrheitskriterien gibt. Wir betreten dabei ein Gebiet, welches vom Altertum bis auf den heutigen Tag viele Denker unaufhörlich beschäftigt hat.

Beginnen wir zunächst mit den psychologischen Kriterien, welche in der Befriedigung des „Wahrheitsdranges" den Beweis für die Wahrheit erblicken. Diese Auffassung geht auf die Definition von DESCARTES zurück: „Die Dinge, die wir wirklich klar und deutlich erfassen (Perception claire et distincte), sind durchaus wahr." Eine nähere Analyse hat HUSSERL versucht: Wahrheit ist „die volle Übereinstimmung zwischen Gemeintem und Gegebenem als solchen. Diese Übereinstimmung wird in der Evidenz erlebt, sofern die Evidenz der aktuelle Vollzug der adäquaten Identifizierung ist. Evidenz ist Wahrnehmung der Wahrheit." Auch nach C. STUMPF ist die Wahrheit: Evidenz, die einleuchtet. „Man denkt mit seinem Verstande, wie man mit seiner Nase riecht und mit der Zunge schmeckt."

Wenn auch die „Evidenz", wie wir früher gesehen haben, unvermeidlich ist, um gewisse Erkenntnisse, vor allem die Axiome, zu erklären, so ist sie anderseits *kein* zureichendes Kriterium der Wahrheit, da der persönlichen Überzeugung keine Allgemeingültigkeit zukommt. „One man's explanation may be another man's chaos" (W. H. GEORGE). Und ebenso „Die Evidenzen von heute sind die Absurditäten von morgen" (WEINBERG). Es ist daher von alters her nach *objektiven* Kriterien der Wahrheit gesucht worden, und zwar, dem intentionalen Charakter des Denkens entsprechend, in dem Zusammenhang des Denkens mit der Wirklichkeit. Alle ontologischen Wahrheitskriterien gehen auf die „adaequatio rei et intellectus" von THOMAS V. AQUINO zurück — sei es in Form der Abbildtheorie, wonach die Vorstellung den Gegenstand naturgetreu abzubilden hat — was, wie M. GEIGER mit Recht betont, nur bei anschaulichen Vorstellungen möglich ist; sei es in der *Korrespondenztheorie,* die ein Wahrnehmungsurteil dann für wahr hält, wenn die zugrunde liegende Wahrnehmung adaequat erzeugt ist. Diese Auffassung definiert nur die Wahrheit von Wahrnehmungen und erklärt die Sinnestäuschungen nicht. Die *Deckungstheorie* von HUSSERL, die wir schon kennenlernten, verlangt, daß der Gegenstand, wie er ist und wie er wahrgenommen wird, sich decke. Am zweckmäßigsten ist die Fassung von MÜLLER-FREIENFELS. Wahrheit ist „die größtmögliche und bestgeprüfte Annäherung der Erkenntnis an die Wirklichkeit". Die absolute Wahrheit ist ein unerreichbarer Grenzbegriff; jedoch ist eine wachsende Annäherung an dieses Ideal möglich. Es gibt dementsprechend verschiedene Grade der Wahrheit, die sie als weitgehend verifizierte Hypothese aufzufassen erlauben. „Die *ganze* Wahrheit über den kleinsten Teil der Welt wäre nur möglich, wenn wir zugleich die ganze Wahrheit über das *Weltganze* hätten."

Wenn wir unserem Wahrheitsbegriff die klare Fassung von MÜLLER-FREIENFELS zugrunde legen, so ist dennoch ihre konkrete Anwendung keineswegs leicht. Gibt es Kriterien dafür, ob unsere Kenntnisse tatsächlich die größtmögliche Annäherung an die Wirklichkeit darstellen? Ein solches Kriterium könnten wir vielleicht in der logischen Evidenz sehen, im Fehlen von Widersprüchen und Denkschwierigkeiten. So definiert SCHLICK (2) ein Urteil als wahr, wenn es „einen Tatbestand eindeutig bezeichnet". Hierher gehört auch die Möglichkeit des harmonischen Einfügens in das System des geistigen Bestandes; nach A. LIEBERT ist ein Begriff nur innerhalb eines Begriffsystems wahr, dem er als Teil sinnhaft eingewoben ist. Ebenso schreibt A. MESSER: Wahrheit sei das Hineinpassen eines Satzes in den Zusammenhang der als gültig anerkannten wissenschaftlichen Ergebnisse. Dagegen betont allerdings SCHLICK (1), daß die Übereinstimmung der Sätze untereinander *kein* geeignetes Wahrheitskriterium ist, da die Widerspruchslosigkeit nur bei axiomatischen Systemen zum Erkenntnisaufbau ausreicht. Wenn wir dennoch oft die Zurückführung eines Satzes auf anerkannte Wahrheiten als *Beweis* für dessen Wahrheit anführen, so verschieben wir die Verantwortung für die Richtigkeit auf die Prämissen und verfallen leicht einem unkritischen Dogmatismus.

Die Schwierigkeit, ein sicheres Kriterium für die absolute Wahrheit zu finden, hat seit altersher zum Skeptizismus geführt; seine modernste Richtung, der Pragmatismus, hat sich selber als Fortsetzer der „sophistischen Aufklärung" bezeichnet. Wenn der Mensch das Maß aller Dinge ist, ist ein Gedanke auch nur so lange wahr, als er uns auf dem Wege des Denkens vorwärtsbringt. „Wahrheit in der Wissenschaft ist das, was uns einen möglichst hohen Grad von Befriedigung gewährt", schreibt W. James; er fügt immerhin bei: „Allein, Vereinbarkeit mit älteren Wahrheiten und mit neuen Tatsachen bleibt immer die gebieterische Forderung." Nach F. C. S. Schiller ist „human interest vital to the existence of truth", Ähnlich F. Barry: „In the pragmatic view an idea is true in so far as, and so long as, it works." Falls aber zwei Ansichten gleich zweckmäßig erscheinen, so ist die einfachere aus denkökonomischen Gründen vorzuziehen. Führen wir weiter den Positivisten S. Weinberg an: Es gibt keine *letzte* Wahrheit, sondern nur sich bewährende Wahrheiten." Zu ähnlicher Skepsis führten die Überlegungen von Reininger: „Außerhalb der Sphäre des Denkens gibt es nur *Wirklichkeiten,* keine Wahrheiten; alle Wahrheit beruht zuletzt auf Urteilen. Eine Aussage heißt dann wahr, wenn sie einen Sachverhalt so wiedergibt, wie er ist, das Kriterium ist das psychologische „Zustimmungserlebnis". Damit wird die Wahrheit ins Psychologische verlegt und die unausbleibbare Folge ist der Relativismus: „Ein Vergleich (einer Aussage) mit der ‚Natur selbst' ist in allen Fällen gleich unmöglich ... *Jede* letzte Wahrheit gilt absolut, aber es gibt im Grunde keine *letzte* Wahrheit." Nur ein Schritt weiter führt zum Subjektivismus, wie ihn etwa Sullivan vertritt: „Science is less personal than the arts but it is a mistake to suppose that it is wholly inpersonal." Und wenn die Wahrheit schon subjektiv ist, so hindert uns nichts, sie mit der Schönheit zu identifizieren. „It is in its aesthetic aspect that the chief charm of science resides." Wir haben bereits ähnliche Gedanken von Dirac erwähnt; dieser bedeutende Physiker meint: „Es scheint ein Grundzug der Natur zu sein, daß physikalische Grundgesetze durch mathematische Theorien von großer Schönheit und Kraft beschrieben werden." Da es aber eine absolute Schönheit eben nicht gibt, kann die Schönheit kein Kriterium der Wahrheit sein.

Die Pragmatisten hat bei ihrer Wahrheitsauffassung sicher nicht ein opportunistisches Utilitätsideal geleitet, sondern der Standpunkt des Fortschrittes, dem auch die „Wahrheit“ dienstbar gemacht werden soll; dieser Auffassung liegt jedoch eine ungewohnte Definition der „Wahrheit“ zugrunde. Es gibt gewisse Gedanken, die fruchtbar und anregend sind, während andere einen weiteren Fortschritt dauernd oder zeitweise versperren. Die vor einem Jahrhundert geäußerte ärztliche Ansicht, die Eisenbahnfahrt sei gesundheitsbedrohend, war bestimmt weder nützlich noch wahr; dagegen wäre es sicherlich töricht, den Energiesatz als unwahr zu bezeichnen, weil er die Bestrebungen, ein Perpetuum mobile zu konstruieren, behindert. „Nicht darum ist eine Idee wahr, weil sie mich zum Handeln befähigt, sondern sie befähigt mich dazu, weil sie wahr ist.“ (Frischeisen-Köhler.) Die Ergiebigkeit eines Gedankens ist keinesfalls ein Kriterium seiner Richtigkeit; falls nur dieser Standpunkt berücksichtigt wird, kommt man leicht zur paradoxen Definition von Vaihinger, wonach Wahrheit „der zweckmäßigste Irrtum zur Berechnung der Außenwelt“ sei. Von hier ist es nicht mehr weit zum Relativismus H. Kleinpeters: „Subjektive Überzeugung, nicht objektive Gewißheit ist das einzige erreichbare Ziel aller Wissenschaft.“ Daß eine solche Auffassung mit dem intentionalen Charakter unseres Denkens unvereinbar ist, braucht nicht besonders betont zu werden. Wir bauen uns mit Hilfe der Wissenschaft keine Luftschlösser, sondern suchen das Seiende, die Wirklichkeit zu erfassen. Wir können dabei oft irren, denn unsere Hilfsmittel sind begrenzt, doch liegt, wie A. Müller mit Recht sagte: „Alle Relativität beim Erkennen immer auf Seite des Menschen, nie auf Seite des Gedankens.“

Wir müssen allerdings darauf verzichten, ein allgemeingültiges Kriterium für „die Wahrheit“ zu finden, und uns damit begnügen, den Wahrheitsgehalt der *einzelnen Gedanken* zu prüfen; wir können auch bei Beurteilung eines Bildes oder Bauwerkes nicht das Kriterium der „absoluten Schönheit“ anwenden, sondern müssen nach den besonderen Kriterien der einzelnen Kunstgattungen verfahren. Wenn wir uns daher von einem unkritischen Dogmatismus fernhalten wollen, müssen wir uns hüten, einem ebenso unkritischen Skeptizismus zu verfallen, der, wenn er dogmatisch behauptet, es gäbe keine Wahrheit, mit diesem Satz dennoch etwas Wahres zu sagen meint und damit sich selbst widerspricht.

Grundlegend für das Wahrheitsproblem ist die Frage der Geltung von *Urteilen,* da diese den Ausgangspunkt für die logischen Operationen darstellen. Wann ist ein Urteil wahr? Im Prinzip, wie wir gesehen haben, dann, wenn es die größtmögliche und bestgeprüfte Annäherung an die Wirklichkeit darstellt. Lange bezeichnet als Wahrheit die Übereinstimmung eines Urteils mit dem unmittelbar wahrnehmbaren Sachverhalt. Wie stellen wir aber fest, ob das Urteil diesem Kriterium entspricht? Handelt es sich um die Aussage über eine Wahrnehmung, so können wir ihre Wahrheit durch sachliche Beweise belegen, z. B. durch photographische oder Schallaufnahmen; das dem Urteil zugrunde liegende Ereignis kann dann beliebig oft festgestellt und untersucht werden; für wissenschaftliche Zwecke wird dieses Verfahren in der Astronomie, Mikrophotographie und dergleichen mehr oft angewandt. Selbstverständlich kann nicht jedes Urteil, welches auf Wahrnehmungen beruht, auf solche Weise objektiviert werden; außerdem ist auch die photographische Aufnahme nicht immer „wahr“: ein eckiger Turm scheint, von der Ferne aufgenommen, rund. Es ist also nicht das Urteil falsch, sondern die Wahrnehmung unvollkommen. Wir werden trachten müssen, unseren Urteilen solche Wahrnehmungen zugrunde zu legen, die eine hinreichende Genauigkeit gewährleisten; wir werden über den Turm erst dann aussagen, daß er rund sei, wenn wir ihm nahe genug gekommen sind; dann ist unser Urteil wahr und kann von jedem beliebigen Menschen mit normalem Wahrnehmungsvermögen kontrolliert werden. Besondere Vorsicht ist bei der *Deutung* von Wahrnehmungen geboten; wenn ich z. B. an einem Galvanometer eine Beobachtung mache und das Ergebnis im Urteil zusammenfasse: der Zeiger des Instrumentes steht auf Skalateil x, so ist das Urteil wahr. Falls ich aber sage: die Stromstärke beträgt 10 Ampère, so kann ich mich irren, falls ich die Unversehrtheit und Empfindlichkeit des Instrumentes nicht kenne. Urteile, welche eine *Deutung* von Wahrnehmungen enthalten, sind daher dann wahr, wenn alle Voraussetzungen und Bedingungen bekannt sind, welche die zugrunde liegende Wahrnehmung verursachen. Ganz besondere Vorsicht ist bei Urteilen über Verursachung geboten; wenn ein Kranker nach Verabreichung einer Medizin gesund wird, wäre es voreilig, die Heilung der Medizin zuzuschreiben, da er auch spontan geheilt sein konnte. Ein Ereignis, welches „post hoc“ eintrifft, kann von dem vorausgehenden völlig unabhängig sein, das Urteil, das nach einem „Propter hoc“ drängt, ist in diesem Falle falsch. Urteile über Kausalzusammenhänge haben die Form:

Eine Ursache A hat in einem Falle die Wirkung B.
Gleiche Ursachen haben gleiche Wirkungen.
Also hat A immer und überall die Wirkung B.

Dafür, daß ein solches Urteil, welches, wie STUMPF gezeigt hat, eigentlich ein induktiver Schluß ist, als wahr gelten kann, müssen wir alle Bedingungen der Ursache A und der Wirkung B kennen; wir müssen z. B. wissen, um bei obigem Beispiel zu bleiben, welche Wirkungen von der Medizin zu erwarten sind und welcher Art die

Krankheit war. Wüßten wir z. B., daß es sich um ein bakterientötendes Mittel handelt und die geheilte Krankheit wäre etwa Wundstarrkrampf, so wäre das Urteil, wenn auch nicht sicher wahr, so doch sehr wahrscheinlich, da es beim Tetanus rasche Spontanheilungen nicht gibt. *Völlige* Sicherheit ließe sich allerdings auch durch ausgedehnte Kontrolluntersuchungen auf induktiver Basis niemals gewinnen.

Damit sind wir bereits bei dem Problem der Wahrheit von *logischen Schlüssen* angelangt. Induktive Schlüsse haben, wie wir früher bereits feststellten, immer nur *Wahrscheinlichkeits*charakter; würden wir z. B. von dem erwähnten Mittel *nichts* wissen als die *empirische* Beobachtung, daß auf dessen Anwendung viele Fälle von Tetanusheilung folgten, so wäre der Schluß, das Mittel heile den Tetanus, niemals mehr als wahrscheinlich; wenn wir jedoch *festgestellt* hätten, daß das Mittel imstande ist, die Tetanusbazillen im Organismus zu töten, so könnten wir die Wirksamkeit des Mittels deduktiv mit *Sicherheit* erschließen. Bei der Induktion kommt es also nur darauf an, daß durch einen großen Teil der möglichen Fälle die Wahrscheinlichkeit der Schlußfolgerung erhärtet wird; bei der Deduktion kommt es allein auf den Wahrheitsgehalt der Prämissen an. Wenn die Prämissen Wahrnehmungsurteile sind, so muß die in ihnen enthaltene Deutung richtig sein; wenn Axiome, so muß sie evident sein. Die von wahren Prämissen logisch richtig abgeleiteten Schlüsse müssen ebenfalls wahr sein.

Wollen wir daher den Wahrheitsgehalt eines Satzes prüfen, so haben wir von dessen logischer Analyse auszugehen. Nehmen wir als Beispiel den Satz: „Hunde sind treue Tiere.“ Der Satz bedeutet logisch folgendes: Eine Tiergattung, die wir Hunde nennen, hat die allgemeine Eigenschaft, daß die einzelnen Glieder dieser Spezies ihrem Besitzer gegenüber anhänglich sind, d. h. ihn auch dann nicht verlassen, wenn er sie nicht oder nur schlecht ernähren kann, und seinen Befehlen, soweit sie diese begreifen, regelmäßig Folge leisten. Handelt es sich um ein Urteil? Nein, da es sich nicht um einen konkreten Hund handelt, von dem wir gegebenenfalls die Aussage der Treue machen können. In diesem Satz ist ein Schluß versteckt und der Wahrscheinlichkeitsgehalt des Satzes hängt von seiner Struktur ab. Deduktiv können wir nicht zu ihm gelangt sein, etwa in der Form, daß wir voraussetzen, daß alle Säugetiere treu seien. Also hängt die Wahrheit des „Urteils“ davon ab, ob wir genügend viele Hunde beobachtet haben, die treu waren, um den Satz als gültige Schlußfolgerung für die ganze Hunderasse ziehen zu können.

In dieser Analyse liegt die praktische Bedeutung der Logik, welche, wie wir sehen, bloß die *formalen* Gesetze des Denkens festlegt. Die *substantielle* Wahrheit von Gedanken hängt vielfach, wie wir gesehen haben, von unseren Wahrnehmungen ab, und bereits diese elementaren Prozesse sind, falls gewisse Vorsichtsmaßnahmen nicht befolgt werden, eine häufige Quelle von Irrtümern. Der intentionale Charakter unseres Denkens objektiviert unsere Wahrnehmungen, was ohne deren Deutung meist unmöglich ist. Urteile dieser Art sind wahr, falls wir die Voraussetzungen und Bedingungen der Wahrnehmung kennen. Hierin liegt das eigentliche Grundproblem der Erkenntnislehre, das uns später eingehend beschäftigen wird.

Die Schwierigkeiten, ein allgemein gültiges Wahrheitskriterium zu finden, berechtigen keinesfalls zu einer skeptischen Beurteilung unserer Denkresultate. Der Mensch baut sich, vom Erkenntnisdrang getrieben, ein stets wachsendes Wissensgebäude auf, dessen Bausteine jedoch der reinen Erkenntnis nicht immer adäquat sind — ja es gar nicht sein können, da sie für andersgeartete, praktisch-biologische Aufgaben geschaffen worden sind. Passen die Bausteine nicht zueinander, erweisen sie sich nicht als tragfähig, so regt sich der Zweifel, ob die Urteile und Schlüsse, mit welchen wir unser Wissensgebäude errichten, wahr seien. Sie müssen dann einzeln geprüft werden, auch wenn wir einen Teil des bereits errichteten Gebäudes wieder abtragen oder mit dem Weiterbau warten müssen, bis der noch fehlende „wahre" Baustein gefunden wird. Unsere Erkenntnis richtet sich aber nicht auf die abstrakte „Wahrheit", sondern auf die konkrete Wirklichkeit. Wir können sie allerdings nur erfassen, wenn wir auf dem richtigen Weg sind, wenn unsere Urteile und Schlüsse wahr sind. Daß wir diesen Weg oft verfehlen, ist bei der Doppelnatur des menschlichen Geistes nicht verwunderlich. Der Mensch ist eben kein Wesen „sicut Deus, sciens bonum et malum", weniger noch „sciens verum". Es ist sein Schicksal, zu irren, und er muß sich jeden Schritt der Erkenntnis durch mühsame Arbeit erkämpfen. In seinem dunklen Drange ist er sich jedoch „des rechten Weges wohl bewußt" und erkennt, früher oder später, ob sein Urteil wahr ist oder falsch war. Diese Erkenntnis erfolgt sehr oft intuitiv mit Hilfe eines „Fingerspitzengefühls" für das Wahre; da dem Menschen das Seiende im Prinzip nicht wesensfremd ist, kann er es in manchen seinen Äußerungen direkt erfassen. Die Gabe dafür wird als „gesunder Menschenverstand" bezeichnet: wie hoch er noch heute geschätzt wird, zeigt der Ausspruch von Huxley: „Science is nothing but trained and organized common sense." Als sicheres Kriterium der Wahrheit darf er jedoch nicht angesehen werden: Bereits Kant faßte ihn als „Berufung auf das Urteil der Menge" auf. Wir können ihn als ein biologisch begrenztes, intuitives Wahrheitsgefühl auffassen, welches oft hinlänglich zuverlässige Urteile gibt, sofern es sich um Dinge handelt, die dem Menschen geläufig sind und zu seiner gewohnten geistigen Umwelt gehören. Daß der Mensch mit Hilfe eines schweren Apparates fliegen könne, widerspricht jedoch dem „gesunden Menschenverstand" ebenso, wie viele Erkenntnisse der Makro- und Mikrophysik. Zur gültigen Erkenntnis gehört *logisches* Denken und der streng logische Beweis, der auf mühevollem Wege die Wahrheit der Einzelgedanken prüft und eine allmähliche Annäherung an die Wirklichkeit gewährleistet. „La maladie principale de l'homme est la curiosité inquiète des choses qu'il ne peut savoir", sagt PASCAL, er fügt jedoch an anderer Stelle hinzu: „je ne puis approuver que ceux qui cherchent en gémissant".

Literaturverzeichnis

ASTER, E. v.: Naturphilosophie, 1932.
BARRY, F.: The scientific habit of thought, 1927.
BECHER, E.: Metaphysik und Naturwissenschaften, 1926.
BENJAMIN, A. C. (1) in: Philosophy of Science, I, 1934.
BENJAMIN, A. C. (2) in: An introduction to the philosophy of science, 1937.
BERGMANN, H.: Der Kampf um das Kausalgesetz in der jüngsten Physik, 1929.
BERTALANFFY, L. v.: Das Gefüge des Lebens, 1937.
BLEULER, E.: Das autistisch-undisziplinierte Denken in der Medizin, 4. Aufl., 1927.
BRENTANO, F.: Versuch über die Erkenntnis (herausgegeben von A. KASTEL), 1925.
BRIDGMAN, P. W.: Die Logik der heutigen Physik, 1932.
BRUNDSTÄD, F.: Logik, 1933.
BURKAMP, W.: Logik, 1932.
CARNAP, R. (1): Der logische Aufbau der Welt, 1928.
CARNAP, R. (2): Abriß der Logistik, 1929.
CARNAP, R. (3): Logical foundations, in: Internat. Encyclopedia of Unified Science, I, 1955.
COUTURAT, L.: Die philosophischen Prinzipien der Mathematik, 1908.
DESCARTES, R.: Abhandlung über die Methode (Phil. Bibl.), 1922.
DINGLER, H.: Die Methode der Physik, 1938.
DIRAC, P. A. M.: Umschau, 64, 5 (1965).
DUBISLAV, W.: Die Definition, 3. Aufl., 1931.
EDDINGTON, A. (1): New pathways of science, 1935.
EDDINGTON, A. (2): The nature of the physical world, 1929.
EINSTEIN, A. (1) in: Philosophy of Science, I, 1934.
EINSTEIN, A. (2) in: Nature, 145.
EINSTEIN, A. (3): Mein Weltbild 1934.
EXNER, F.: Vorlesungen über die physikalischen Grundlagen der Naturwissenschaften, 1922.
FEIGL, H. (1) in: Philosophy of Science, I, 1934.
FEIGL, H. (2) in: Erkenntnis, I, 1930.
FREYTAG-LÖRINGHOFF, B. v.: Logik, 2. Aufl., 1955.
FRISCHEISEN-KÖHLER, M.: Wissenschaft und Wirklichkeit, 1912.
GREDT, J.: Die aristotelisch-thomistische Philosophie, I, 1935.
GEIGER, M.: Die Wirklichkeit der Wissenschaften und die Metaphysik, 1930.

GEORGE, W. H.: The scientist in action, 1936.
GEYSER, J.: Auf dem Kampffeld der Logik, 1926.
HAHN, H.: Logik, Mathematik und Naturerkennen, 1933.
HARTMANN, M.: Allgemeine Biologie, 2. Aufl., 1933.
HARTMANN, NIC.: Aufbau der realen Welt, 1940.
HEISENBERG, W.: Das Naturbild der heutigen Physik, 1955.
HELMHOLTZ, H. v.: Natur und Naturwissenschaft (München-Langen).
HONECKER, M.: Logik, 2. Aufl., 1942.
HUME, D.: Untersuchungen über den menschlichen Verstand (Verlag Kröner).
HUSSERL, E.: Logische Untersuchungen, II (2. Aufl.), 1913—1921.
JAMES, W.: Pragmatismus, 1908.
JANET, P.: L'intelligence avant le langage, 1936.
JEANS, J. (1): Die neuen Grundlagen der Naturerkenntnis (New background of science), 1934.
JEANS, J. (2): The mysterious Universe, 1930.
JEVONS, W. S.: The principles of science, 2. Aufl., 1877.
KANT, I.: Kritik der reinen Vernunft (2. Aufl., Verlag Kröner).
KEYNES, M.: A treatise on probability, 1921.
KLEINPETER, H.: Die Erkenntnistheorie der Naturforschung der Gegenwart, 1905.
KÖTSCHAU, K., und A. MEYER: Theoretische Grundlage zum Aufbau einer biologischen Medizin, 1936.
KRAFT, V. (1): Die Grundformen der wissenschaftlichen Methoden, 1926.
KRAFT, V. (2): Mathematik, Logik und Erfahrung, 1947.
KRAFT, V. (3): Der Wiener Kreis, 1950.
LANGE, E.: Grundprinzipien der naturwissenschaftlichen Arbeit, Chem. Ztg., 1965, Nr. 21.
LANGEVIN, P.: L'orientation actuelle des sciences, 1930.
LENZEN, V. J., in: Internat. Encycl. of Unif. Sci., I, 1955.
LIEBERT, A.: Erkenntnistheorie, 1932.
MACH, E. (1): Erkenntnis und Irrtum, 3. Aufl., 1917.
MACH, E. (2): Populärwissenschaftliche Vorlesungen, 4. Aufl., 1910.
MARCH, A.: Das neue Denken der modernen Physik, 1957.
MAY, E.: Die Bedeutung der modernen Physik für die Theorie der Erkenntnis, 1937.
MESSER, E.: Einführung in die Erkenntnistheorie, 3. Aufl., 1927.
MEYERSON, E.: De l'explication dans les sciences, 1927.
MISES, R. v. (1): Wahrscheinlichkeit, Statistik und Wahrheit, 1928.
MISES, R. v. (2): Kleines Lehrbuch des Positivismus, 1939.
MORRIS, C. W. M., in: Internat. Encycl. of Unif. Sci., 1955.
MÜLLER, A.: Einleitung in die Philosophie, 2. Aufl., 1931.
MÜLLER-FREIENFELS, R.: Psychologie der Wissenschaft, 1936.
NATORP, P.: Die logischen Grundlagen der exakten Wissenschaften, 1910.
NEWSOM, C. V., in: Science, 94, 1941.
OGDEN, C. K., und I. A. RICHARDS: The meaning of meaning, 4. Aufl., 1936.
ORESTANO, F.: Il nuovo realismo, 1939.
OSTWALD, W.: Grundriß der Naturphilosophie, 1908.
PASCAL, B.: Pensées (éd. Nelson), 1937.
PAULER, A. v.: Logik, 1929.
POINCARÉ, H. (1): Les sciences et l'hypothèse, 1920.
POINCARÉ, H. (2): Science et méthode, 1909.

RASHEVSKY, N., in: Philosophy of Science, I, 1934.
REICHENBACH, H., in: Erkenntnis, I, 1930, 2, ebenda II, 1931.
REININGER, R.: Metaphysik der Wirklichkeit, 2. Aufl., 1947.
REYMOND, A.: Les principes de la logique et la critique contemporaine, 1932.
RICKERT, H.: Kulturwissenschaft und Naturwissenschaft, 3. Aufl., 1915.
RUSSELL, B. (1): Mensch und Welt (An outline of philosophy), 1930.
RUSSELL, B. (2): Einführung in die mathematische Philosophie, 2. Aufl., 1930.
SCHELER, M.: Die Stellung des Menschen im Kosmos, 1928.
SCHILLER, F. C. S.: Studies in humanism, 2. éd., 1912.
SCHLICK, M. (1) in: Erkenntnis, IV, 1934.
SCHLICK, M. (2): Allgemeine Erkenntnislehre, 2. Aufl., 1925.
SCHOLZ, H.: Geschichte der Logik, 1931.
SPAIER, A.: La pensée concrète, 1927.
STEGMÜLLER, W.: Wissenschaftslehre in Fischer-Lexikon, Philosophie, 1958.
STUMPF, C.: Erkenntnislehre, 1939.
SULLIVAN, J. W. N.: Limitations of science, 1933.
VAIHINGER, H.: Die Philosophie des Als ob, 7. Aufl., 1922.
VOLKMANN, P.: Erkenntnistheoretische Grundzüge der Naturwissenschaften, 2. Aufl., 1910.
WAISMANN, F., in: Erkenntnis, I, 1930.
WALTER, E.: Unser naturwissenschaftliches Weltbild, 1938.
WEINBERG, S.: Erkenntnistheorie, 1930.
WEIZSÄCKER, C. F. v., in: Naturwissenschaften, 1941.
WENZL, A., in: Naturwissenschaften, 1940.
WITTGENSTEIN, L.: Tractatus logico-philosophicus, 1922.
WOLTERECK, R.: Ontologie des Lebendigen, 1940.

IV. Arbeitsmethoden der Wissenschaft

1. Methodik und Problemstellung

Haben wir in den vorangehenden Kapiteln die allgemeinen psychologischen und logischen Beziehungen der Erkenntnis besprochen, so wenden wir uns jetzt den eigentlichen Arbeitsmethoden der Wissenschaft zu, indem wir die Wege und Mittel untersuchen, mit deren Hilfe sie zu ihren Ergebnissen kommt. Mit Hilfe der Psychologie und der Logik allein können wir höchstens die analytischen und formalen Wissenschaften, die Mathematik und Logik aufbauen; alle Erfahrungswissenschaften setzen dagegen eine besondere und für jedes Wissensgebiet mehr oder weniger spezifisch angepaßte Technik voraus, welche das Erfassen der ihnen zugrundeliegenden Wirklichkeit ermöglicht; diese Methodik wollen wir nunmehr in ihren Grundzügen kennenlernen.

In dem Maße, wie unsere Kenntnisse von der Welt gewachsen sind, ist eine zunehmende *Spezialisierung* der Wissenschaften nötig geworden. Es wäre verfehlt, den Grund dafür allein in der Unfähigkeit des menschlichen Geistes zu sehen, die Vielheit des stets wachsenden Wissens zu assimilieren; sehen wir doch auch heute noch universale Denker, die imstande sind, nahezu alle Wissensgebiete zu überblicken. Die Hauptursache liegt darin, daß die Arbeitsmethoden in verschiedenen Wissenschaften grundsätzliche Verschiedenheiten zeigen, die nicht allein eine besondere technische Schulung, sondern auch eine besondere Denkrichtung voraussetzen. Wenn es daher auch für ein und denselben Menschen möglich ist, die *Ergebnisse* der verschiedensten Wissensgebiete zu überblicken und zu einer philosophischen Synthese zu verwerten, so ist es beinahe ausgeschlossen, daß *ein* Forscher sich auf mehreren wesensverschiedenen Wissensgebieten gleichzeitig praktisch betätigt, daran hindert ihn nicht allein die meist an sich schon schwer erlernbare Technik, deren Anwendung eine große Erfahrung und vielfach auch eine schulmäßige Einführung voraussetzt, sondern auch die Verschiedenheit der Problemstellung und der methodischen Durchführung des Arbeitsprogrammes. Jede Sonderwissenschaft hat einen besonderen Geist, eine besondere „Atmosphäre", die selbst von den Nachbarwissenschaften deutlich abweicht; es ist oft nicht so sehr das Arbeitsgebiet, die Materie, als die *Methodik,* welche die Sonderstellung der Wissenschaften bedingt; so ist die Biochemie ein integrierender Bestandeil der Physiologie, von welcher sie, der Materie nach, gar nicht zu trennen ist; die Methodik, der „Geist" der Biochemie ist jedoch der Physiologie viel fremder als der „Geist" der Pharmakologie, obwohl deren Thema, die Beeinflussung des Organismus durch *körperfremde* Stoffe, bereits außerhalb des Physiologischen liegt. Die Verwandtschaft der Methodik — welche Physiologie und Pharmakologie vielfach gemeinsam haben — fällt daher viel schwerer ins Gewicht als die Verschiedenheit des Aufgabenkreises. An diesem Beispiel sehen wir am deutlichsten, daß die Abtrennung spezialisierter Wissenschaftsgebiete in erster Reihe von der Entwicklung einer besonderen Denk- und Arbeitsmethodik abhängt; so lange ein Arbeitsgebiet keine eigenen Methoden und Fragestellungen entwickelt, bleibt es im Rahmen des universellen Wissenszweiges; so hat sich z. B. in Ermangelung spezifischer Arbeitsmethoden bis heute noch keine eigentliche Krebsheilkunde entwickeln können, da ihr die speziellen Methoden noch fehlen; in den bestehenden Spezialinstituten wird die *Aufgabe* der Krebsforschung und Behandlung mit den Methoden der *allgemeinen* Medizin betrieben. Anderseits hat sich in den letzten Jahrzehnten von der Physiologie eine eigene Endokrinologie- und Kreislaufforschung abgetrennt, da die große Zahl der zur Verfügung stehenden Methoden automatisch eine weitgehende Spezialisierung dieser Sondergebiete nach sich gezogen hat.

Oft erfolgt die Konstituierung von Sonderfächern auf die Weise, daß die Methodik anderer Wissenschaften auf das alte Gebiet angewandt wird und auf diese Weise eine neue Arbeitsrichtung ersteht, welche auf Grund der methodischen Verwandtschaft anregende Verbindungen mit anderen Wissenschaften eingeht. So erwies sich die Anwendung chemischer Methoden auf physiologische Fragen ebenso ergiebig wie die Anwendung physikalischer Methoden auf chemische Probleme, was zur Entstehung der physikalischen Chemie und neuerdings der Atomphysik Veranlassung gab. Auch die theoretische Physik können wir als Anwendung der mathematischen Methode auf physikalische Probleme in diesem Zusammenhang erwähnen. Die Anwendung ursprünglich begrenzter Methoden auf immer breitere Wissensgebiete ist ein Gegenstück zur Spezialisierung und der erfolgreichste Weg zu einer universellen Synthese, welche auf diese Weise eine viel sicherere Basis erhält als durch naturphilosophische Spekulationen. Es mag an dieser Stelle an die Atomphysik erinnert werden, die unser ganzes Weltbild verändert hat, ferner an den Nachweis der Vagus- und Sympathikusstoffe, die Katecholamine und Acetylcholin, welche die nervöse Regulation der Organe in ein ganz neues Licht gestellt haben und dergleichen mehr. Wenn die weitergehende Spezialisierung immer wieder Anlaß zu Klagen gibt, wenn man in der Zersplitterung der Wissenschaft eine Gefahr sah, daß die großen Probleme und Zusammenhänge in der Kleinarbeit der Sonderfächer verlorengehen, so übersehen diese Stimmen, daß bei jeder Berechtigung der Kritik in Einzelfällen die weitgehende Spezialisierung eine Notwendigkeit war und es in der Zukunft noch mehr sein wird, daß jedoch die Anwendung *gleicher* Methoden auf fremde Wissensgebiete damit parallel geht und die Einheit wieder herstellt.

Der Grund dafür, daß die wissenschaftliche Erkenntnis so viele Spezialmethoden komplizierter Art notwendig hat, um vorwärts zu kommen, liegt in der prinzipiellen Schwierigkeit, mit unseren beschränkten Hilfsmitteln das Wesen des Seienden zu ergründen. Direkte Beobachtungen und logisches Denken allein führen meist nicht weit, sie bleiben an der Oberfläche der Dinge haften, und um in die Tiefe zu dringen, sind meist recht beschwerliche Umwege notwendig. Über die Grundlagen und Bedeutung sowie über die prinzipiell möglichen Wege wissenschaftlicher Methodik wird in den nächsten Kapiteln ausführlich die Rede sein; hier soll nur das mehr Formale der Methodik näher untersucht werden.

Zunächst sucht jede Sonderwissenschaft ihren Aufgabenkreis näher zu umgrenzen; dabei wird, wie F. Znaniecki gezeigt hat, die Annahme gemacht, daß die Wirklichkeit aus zahlreichen „geschlossenen Systemen" besteht, deren Bestandteile enger miteinander zusammenhängen als mit den Gliedern fremder Systeme. Die Vorbereitung jeder wissenschaftlichen Arbeit, die „cuisine scientifique" besteht darin, daß die in Angriff genommene empirische Frage in das System eingeordnet wird, indem gewisse Lücken nötigenfalls durch Hilfshypothesen überbrückt werden. Diese Bemerkungen ZNANIECKIS beziehen sich zwar auf die Methodik der Soziologie, sie haben aber darüber hinaus eine allgemeine Geltung in den Wissenschaften; falls sich z. B. ein Pathologe mit den Wirkungen der experimentellen Histaminvergiftung befaßt, so geschieht das unter der Voraussetzung, daß das Histamin die Ursache von Veränderungen ist, welche auch spontan vorkommen und daher in das Bereich der Pathologie gehören.

Die Beherrschung einer Wissenschaft beruht nach MÜLLER-FREIENFELS erstens in der Beherrschung ihrer stereotypen Problemstellung und weiterhin in der Beherrschung ihrer stereotypen Bearbeitungsmethoden. Die meisten Probleme werden gar nicht vom Individuum gesetzt, sie ergeben sich im Verlauf der Wissenschaft und werden vom Individuum nur übernommen. Sie liegen, wie man sagt, in der Luft. „Wirkliche Forschung ist heute nur möglich, indem sich der einzelne eingliedert in den gesamten methodischen und systematischen *Wissenschaftsbetrieb.*" Ähnlich sagt TOULMIN: „Before a scientist enters his laboratory at all, he must have guidance about the kind of state of affairs *worth investigation,* the type of apparatus *worth assembling* and the sort of measurements *worth making.*" Diese Feststellungen, deren Richtigkeit von niemandem bezweifelt werden kann, der selbst wissenschaftlich gearbeitet hat, werden durch die tägliche Erfahrung bestätigt; weder theoretisches Selbststudium noch dilettantisches Herumprobieren schafft die Bedingungen für erfolgreiche wissenschaftliche Arbeit. Autodidakten, die keine „Schule" hatten, werden in der Wissenschaft meist scheitern, und die wenigen Ausnahmen bestätigen nur die Regel. Bei der „Schule" kommt es dabei weniger auf technische Fertigkeiten an, auch nicht auf die Erwerbung substantieller Kenntnisse auf den betreffenden Wissensgebieten; was vor allem gelernt wird —und das der Autodidakt so gut wie niemals erlernen kann — ist die Problemstellung, die Art, wie man eine Aufgabe mit Aussicht auf Erfolg anpackt, die Fertigkeit, die zur Verfügung stehenden Methoden an konkreten Fragen anzuwenden, die kritische Verwertung fremder Arbeiten. Der wirklich Begabte wird dabei mit der Zeit aus der „Schule" herauswachsen, das Arbeitsgebiet der Schule erweitern und vielleicht selbst eine neue Schule gründen; die größten Beweger der Wissenschaft sind, wie MÜLLER-FREIENFELS mit Recht betont, jene, die neue

Probleme stellen, die die Grundannahme selbst zum Problem machen. Man kann jedoch eine „Schule" nur dann überwinden, wenn man selbst durch sie hindurchgegangen ist; im Gegenfall werden selbst Begabte meist scheitern. Insbesondere muß stets darauf geachtet werden, daß kein Problem aufgeworfen werden darf, für dessen Bearbeitung man keine Methoden besitzt; die Mißachtung dieser selbstverständlichen Forderung hat viel unfruchtbare, verlorene Arbeit verursacht. „Ein Problem stellen heißt auf eine mögliche Antwort anspielen" — an der Befolgung dieses von PAULER formulierten Grundsatzes erkennt man den erfolgreichen Forscher. Es ist jedenfalls viel nützlicher, Methoden zu finden, ohne an dazugehörige Probleme zu denken, als umgekehrt; die Methoden können später mit Erfolg auf neu auftauchende Probleme angewandt werden, während die Aufweisung eines Problems ohne Angabe einer Lösungsmöglichkeit nur selten anregend ist. Es soll natürlich nicht bestritten werden, daß auch unter den rein methodischen Arbeiten viel unnötiges Zeug steckt; vielfach werden neue, wenig zuverlässige Methoden veröffentlicht, deren Autoren die *bewährten* Methoden desselben Aufgabenkreises gar nicht kennen, deren Kenntnis die neue Methode zumindest als überflüssig erscheinen lassen würde. Es fehlt an zentralen Nachprüfungen und systematischen, aber kritischen Zusammenfassungen der Methodik der einzelnen Wissensgebiete, welche regelmäßig ergänzt werden müßte; auf diese Weise würde das wissenschaftliche Arbeiten wesentlich erleichtert werden und durch die alleinige Anwendung verläßlicher Methoden würden die Ergebnisse leichter mit den Ergebnissen anderer Untersucher zu vergleichen sein. Die Einführung von international standardisierten Prüfungsverfahren für gewisse Medikamente, Hormone und Vitamine sowie für Heilsera ist der erste Schritt in dieser Richtung, und die bisher damit erreichten Vorteile sind so offenkundig, daß die Erweiterung dieses Verfahrens auch auf Gebiete von rein theoretischem Charakter unbedingt wünschenswert erscheint.

Die Ausarbeitung verläßlicher Methoden hat allerdings einen erzieherischen Nachteil: der Forscher, der die exakte Methode nur anzuwenden braucht, ahnt dabei gar nicht, welche Menge von Arbeit, wie unendlich viel Mühe dazu erforderlich war, um selbst eine einfach scheinende Methode — etwa die chemische Bestimmung eines Blutbestandteiles — auszuarbeiten; er weiß nicht, wie viele Bedingungen erfüllt, wie viele Nebenumstände berücksichtigt und zusammengestimmt werden mußten, wie viele Kontrolluntersuchungen erforderlich waren, bis die verläßlich funktionierende Methode zustande kam. Gerade diese Schwierigkeiten sind jedoch der beste Weg, um in das Problem richtig einzudringen. Das Problem ist von der Methode letztlich gar nicht trennbar. Gerade auf diesen Umstand hat vor allem der „Instrumentalismus“ oder „Operationalismus“ hingewiesen, deren Hauptvertreter J. DEWEY und P. W. BRIDGMAN in Amerika und H. DINGLER in Deutschland sind. Der Begriff, sagt BRIDGMAN, ist mit der Reihe der ihm entsprechenden Operationen gleichbedeutend, das spezifische Gewicht ist z. B. nichts anderes als die Wägung der Volumenheit des Stoffes, bezogen auf Wasser = 1. Ähnlich drückt sich DEWEY aus: „The value of any cognitive conclusion depends upon the *method* by which it is reached.“ Nach DINGLER haben die physikalischen Begriffe keine metaphysische Realität, da sie völlig von unseren methodischen Maßnahmen und Definitionen abhängen. Wenn wir diese Ansicht auch nicht teilen können, da z. B. der Nachweis einer Reduktion im Harn eben das Vorhandensein von Zucker in „metaphysischer Realität“ beweist und ein Zeichen der sehr realen Zuckerkrankheit und nicht einer willkürlichen Definition ist, wonach wir die Reduktion etwa als Zucker bezeichnen wollen — so ist es anderseits sicher sehr lehrreich, durch *Aufbau* einer Methode in das Wesen des Problems einzudringen. Gäbe es z. B. keine verläßliche Zuckerbestimmung, müßte der Forscher selber eine Methode ausarbeiten, so würde er notgedrungen alle Reaktionen des Zuckers durchuntersuchen müssen, sie auf ihre Spezifität prüfen usw. — und auf diese Weise erst lernen, was Zucker eigentlich ist; erst durch schematische Anwendung einer fertigen Methode wird die Methode mit dem Problem identifiziert, erst dann wird der „Instrumentalismus“ zur Gefahr. Beiläufig bemerkt, ist der Instrumentalismus eigentlich ein voluntaristisch gefärbter Positivismus; ist bei diesem das Ding weiter nichts als die Empfindungen, welche wir von ihm haben, so ist dem Instrumentalismus das Ding identisch mit den Erscheinungen, die wir durch unsere methodischen Maßnahmen gewinnen. Die Objektivation der Empfindungen, die intentionale Natur des Denkens wird dabei gänzlich übersehen.

M. PLANCK hat die Äußerung getan, daß es in der Regel nicht minder schwierig ist, ein Problem zu formulieren, als es zu lösen. Die Formulierung eines Problems ist weiter nichts, als eine Methode für seine Lösung zu finden, oder wenigstens die Richtung zu weisen, in welcher eine Methode gefunden werden könnte. Die Problemstellung: worin besteht das Wesen des Krebses? — ist vielleicht ein gutes Thema für ein Übersichtsreferat, jedoch keine Problemformulierung für die wissenschaftliche Forschung. Frage ich dagegen: worin unterscheidet sich der Stoffwechsel der Krebszelle von dem normaler Zellen oder: kann man Krebsgewebe übertragen? — so haben wir auch auf die möglichen Wege hingewiesen, auf welchen wir auf unsere Frage eine Antwort erhalten können. Jede wissenschaftlich fruchtbare Problemformulierung bezieht sich daher auf eine Arbeitsmöglichkeit, denn ohne Arbeit ist schlechthin keine Erkenntnis zu gewinnen. Durch unsere Willensanstrengung wird jedoch das zu erforschende Problem nicht *erschaffen*, es ist vielmehr auch unabhängig von unseren Bestrebungen da und ist *vor* unserer Formulierung da gewesen. Wir suchen nur nach Möglichkeiten, wie wir die Wirklichkeit mit den uns zur Verfügung stehenden — meistens sehr beschränkten — Mitteln erfassen können. Wenn wir eine solche Möglichkeit gefunden haben, so ist die Lösung des Problems eine verhältnismäßig leichtere Aufgabe.

Damit wollen wir die allgemeinen Betrachtungen über wissenschaftliche Methodik schließen und uns mit der Frage beschäftigen, wie die Wissenschaft im einzelnen zu ihrem Erkenntnisschatz kommt.

2. Die Tatsachengewinnung

Die wichtigste Aufgabe jeder Wissenschaft ist die Gewinnung von Tatsachen — wir können ja ruhig sagen, daß es keine Wissenschaft an sich gibt, sondern nur Wissenschaften von irgend etwas, von verschiedenen Gebieten des Seienden; auch die Wissenschaft hat intentionalen Charakter. Der Ausgangspunkt jeder Wissenschaft ist eine Summe von Tatsachen, die es zu erklären, zu ergänzen und in ein System zu bringen gilt; das Wichtigste ist allerdings die *Gewinnung* der Tatsachen, die wir mit FRISCHEISEN-KÖHLER als „Kenntnisnahme eines Seienden" auffassen können. Ohne Tatsachen gibt es keine Hypothese, und keine Theorie ist zu halten, die auch nur mit einer einzigen Tatsache im Widerspruch steht. In Anbetracht ihrer entscheidenden Rolle ist das Urteil von GEORGE verständlich: „The chief contribution of science to civilization have so far been facts."

Auf welche Weise gelangt die Wissenschaft in den Besitz ihrer Tatsachen? Die Auffindung einer bisher unbekannten Tiergattung, ein paläontologischer Fund, die Synthese einer neuen organischen Verbindung, die Erzeugung einer Krankheit durch ein neu entdecktes Bakterium, der Nachweis eines hormonalen Wirkstoffes in einer Drüse und die Sichtbarmachung einer Strahlung in der WILSON-Kammer — diese Aufzählung zeigt die verschiedensten Typen von Tatsachen, welche für die betreffenden Wissensgebiete charakteristisch sind, und es genügt diese Zusammenstellung, um zu zeigen, daß die Wege, die zu ihrer Gewinnung geführt haben, sehr verschieden sind; es gibt so viele Wege der Tatsachengewinnung, als es Methoden in den Wissenschaften gibt. Wir wollen ja mit Hilfe der

Methoden in erster Reihe Tatsachen gewinnen, sei es, um diese in eine umfassende Theorie einzubauen, sei es, um mit ihrer Hilfe wieder neue Tatsachen zu gewinnen. Wir finden als einfachste Methode die unmittelbare Wahrnehmung, z. B. in der Zoologie und Paläontologie, die jedoch kein passives Verhalten, sondern das Ergebnis mühevollen Suchens ist, dem schwierige Untersuchungen vergleichend-anatomischer Art nachfolgen. In der chemischen Synthese wird die Tatsache einer neuen Verbindung durch aktives Schaffen erzeugt und das Ergebnis muß durch Aufklärung der Konstitution, durch Bestimmung physikalischer Konstanten (Molekulargewicht, Schmelz- und Siedepunkt usw.) ergänzt bzw. gesichert werden. Der Nachweis eines bakteriellen Erregers erfolgt durch Züchtung aus dem Blut oder aus Sekreten, während seine Rolle als Krankheitserreger erst dann gesichert ist, wenn er in jedem einschlägigen Krankheitsfall nachgewiesen werden kann und sich auch im Tierversuch als pathogen erweist. Die Tatsachengewinnung geht in diesem Fall über den Weg einer verifizierten Hypothese. Der Nachweis von hormonalen Wirkungen geschieht entweder durch Transplantation der Drüse oder durch Verabreichung eines Extraktes davon an das als Testobjekt verwendete Versuchstier. Die Sichtbarmachung von Strahlungen erfolgt durch photographische Aufnahmen des kondensierten Wasserdampfes der Wilsonschen Nebelkammer, wobei je nach der angewandten Strahlungsart mehr oder weniger charakteristische Bahnformen resultieren. Wir sehen also, daß von der unmittelbaren Wahrnehmung angefangen bis zu den kompliziertesten Versuchen alle Methoden in den Dienst der Tatsachengewinnung gestellt werden. Was ist das Gemeinsame all dieser auf verschiedenen Wegen gewonnenen Tatsachen? Woran erkennen wir eine Tatsache? Zunächst daran, daß sie *objektiv* ist, d. h. jeder, der das Verfahren wiederholen bzw. kontrollieren kann, die Tatsache in derselben Weise erkennt. Barry definiert daher: „A fact is a compulsory experience established by common agreement", und George sagt ähnlich: „facts are impersonal in the sense that they are independent of the judgments of any *one* man". Über Hypothesen kann man disputieren, Theorien kann man ablehnen, Tatsachen müssen jedoch unter allen Umständen anerkannt werden. Man kann sie verschieden deuten, man kann ihre Bedeutung verschieden beurteilen, man kann sie jedoch nicht ignorieren und nicht umgehen. Was man in der Wissenschaft als „gesicherte Tatsache" bezeichnet, ist weiter nichts als eine *richtig gedeutete* Tatsache; an sich sind natürlich *alle* Tatsachen der Wissenschaft sicher, falls wir von etwaigen Sinnestäuschungen absehen, welche jedoch für die Wissenschaft wohl kaum eine Fehlerquelle bedeuten. Im Grunde genommen wird jede Tatsache direkt oder indirekt *wahrgenommen* — die neue Tierspezies durch direkte Beobachtung und Zergliederung, das lebende Herz durch Behorchung, der elektrische Strom durch den Ausschlag des Galvanometers. Gewiß können wir die Wahrnehmungen oft durch photographische oder Schallplattenaufnahmen registrieren und dadurch die Sicherheit und Genauigkeit der Wahrnehmung erhöhen. Die eigentliche Schwierigkeit liegt aber in der Sicherung derjenigen Tatsachen, die wir *indirekt* erschließen müssen, da vorher alle Fehlerquellen der oft sehr komplizierten Methoden ausgeschlossen werden müssen. Denken wir z. B. an die diagnostisch so wichtige Elektrokardiographie; jeder mit der Methode Vertraute weiß, wie leicht falsche Lage der Elektroden, kleine Fehler des Saitengalvanometers oder der Röhrenverstärkung Verzerrungen der Stromkurve verursachen können, die zu falschen Diagnosen Veranlassung geben können. Jede indirekt gewonnene Tatsache ist das Resultat einer Deutung; die Tatsache eines Zeigerausschlages ist wohl immer unbestritten, ob aber dieses Ereignis die gemeinte Tatsache wirklich „bedeutet", daß muß in jedem einzelnen Fall durch genaue Kontrolle festgestellt werden. Je einfacher der Weg, um so geringer sind die Fehlerquellen, um so eindeutiger ist das Resultat, um so „sicherer" ist die Tatsache, wobei nochmals betont werden muß, daß es verschiedene Grade der Sicherheit nur bei der *Deutung* der Tatsache gibt, niemals bei der Feststellung desjenigen Tatbestandes, auf welchem unsere Deutung beruht. Auf einen „wahrscheinlichen" Zeigerausschlag kann *keine* Tatsache gegründet werden. Auf die Wahrheitskriterien der experimentellen Verfahren werden wir noch zu sprechen kommen; hier sei bloß bereits auf den erkenntnistheoretisch wichtigen Umstand hingewiesen, daß wir wohl auf direktem Wege nicht imstande sind, *alle* Tatsachen zu erkennen, daß es uns aber anderseits zweifellos möglich ist, auf *indirektem* Wege in den Besitz vieler, uns sonst „verborgenen" Tatsachen zu gelangen. Jeder, der in der wissenschaftlichen Praxis steht, weiß, daß es in höher entwickelten Wissenschaften keine von der Theorie völlig unabhängigen Tatsachen gibt: „Wer ein Phänomen vor Augen hat", sagt GOETHE, „denkt schon oft drüber hinaus". Das Erkennen der Tatsache setzt bereits einen theoretischen Rahmen voraus, in welchen die Beobachtung der Tatsache hineinpaßt — wenn sie den Rahmen oft auch sprengen wird, wie der negative Ausfall des MICHELSON-Versuchs die klassischen Raum- und Zeitbegriffe umgestoßen hat. Eine unabhängig von allen theoretischen Vorstellungen auftauchende Tatsache wird in der Wissenschaft gar nicht erkannt, oder wenigstens nicht beachtet, so lange kein theoretischer Rahmen für die Beobachtung gefunden worden ist. Manches bewährte und wissenschaftlich geprüfte Heilmittel wurde jahrhundertelang in der Volksmedizin verwendet, ohne daß die Wissenschaft Kenntnis davon hatte.

Bloße Tatsachenfeststellung ist für sich allein noch keine Wissenschaft; „on fait la science avec des faits comme une maison avec des pierres" [POINCARÉ (1)]. Zunächst versuchen wir, die Tatsache zu *erklären,* zu deuten, zu klassifizieren; dazu sind oft Hypothesen erforderlich, die eventuell zur Auffindung neuer Tatsachen führen, welche die Hypothese verifizieren und zum Gesetz erheben. Das Gesetz erlaubt wiederum Tatsachen vorauszusagen und erleichtert ihre Auffindung. So sind die Tatsachen — sowohl Ausgangspunkt wie auch Erfüllung der Wissenschaft — Rohmaterial und Endprodukt zugleich.

3. Beobachtung, Beschreibung, Klassifikation

Aus dem vorigen Kapitel geht klar hervor, daß die Wissenschaften (mit Ausnahme der Logik und Mathematik, die vom „Gedankending" handeln) ihre Tatsachen nur *empirisch* gewinnen können. Der Weg der dazu führt, ist zunächst die Beobachtung.

Die Beobachtung ist ein durchaus aktiver geistiger Prozeß; es handelt sich dabei, um die Worte von E. MACH zu gebrauchen, „um die Anpassung unserer Gedanken an die Tatsachen", wozu in erster Reihe Aufmerksamkeit, ferner, wie SCHELER bemerkt, intentionale Leitung der Wahrnehmungen auf ein Etwas, das ich beobachten will, erforderlich ist. Bei Tatsachen, die wir direkt wahrnehmen können, wie z. B. in der Astronomie, ist die Beobachtung nach P. JORDAN eine „Zurkenntnisnahme eines sowieso vorhandenen Tatbestandes"; auch *indirekt,* experimentell gewonnene Tatsachen müssen schließlich beobachtet werden, doch geht der Beobachtung ein Eingriff voraus, und was wir beobachten ist nicht die Tatsache selbst, sondern ein Ereignis, aus welchem wir auf die zugrundeliegende Tatsache schließen. In einem 1938 geschriebenen Aufsatz von H. DINGLE heißt es, daß es drei Arten von Dingen gibt, die wir nicht beobachten können:

1. Dinge, die *praktisch* nicht zu beobachten sind, z. B. die Außenseite des Mondes;

2. Dinge, die nur *indirekt* beobachtet werden können, da uns zur direkten Beobachtung die Sinnesorgane fehlen, z. B. elektrische Erscheinungen;

3. Dinge, die aus *physikalischen Gründen* nicht zu beobachten sind, da sie mit der Materie nicht in Wechselwirkung treten, z. B. die ungeladenen Energieteilchen, die Neutrinos.

Heute, nach 28 Jahren, sind die unter 1. und 3. erwähnten Dinge der direkten Beobachtung zugänglich gemacht worden, als weiterer Beweis dafür, daß ursprünglich nur indirekt nachweisbare oder hypothetische Vorgänge zuguterletzt auch *direkt* beobachtbar gemacht werden können.

Beobachtungssätze sind gewissermaßen die Träger der Tatsachen und insofern letzter Ursprung des Wissens, aber auch seine Erfüllung, indem sie zur Verifikation von Hypothesen dienen. Von den Logikern des Wiener Kreises wurden sie als *„Protokollsätze"* bezeichnet. Auf ihre logische Eigenart hat M. Schlick hingewiesen: Sie haben die Form von Konstatierungen („Hier jetzt so und so") und sind *evident;* sie haben daher eine absolute Geltung nach Art der auf Axiome zurückführbaren analytischen Urteile, sind jedoch *synthetischer* Natur, da sie keine Tautologie, sondern neue Erkenntnisse enthalten. Von den induktiv gewonnenen synthetischen Sätzen unterscheiden sie sich grundlegend dadurch, daß sie nicht den Charakter der Wahrscheinlichkeit besitzen, sondern evident wahr sind. Wir verstehen daher, warum die durch Beobachtung gewonnenen Tatsachen allgemeingültig sind; auf ihrer Basis ist es erst möglich, die Wissenschaft logisch aufzubauen.

In Anbetracht ihrer großen Bedeutung ist auf die *Methodik* der Beobachtung in den verschiedenen Wissenschaften stets ein großer Wert gelegt worden; da es sich dabei um die Wege der Erkenntnisgewinnung überhaupt handelt, werden wir darauf in anderem Zusammenhang zu sprechen kommen. An dieser Stelle seien nur gewisse prinzipielle Schwierigkeiten erwähnt, die mit der Beobachtung zusammenhängen.

Grundlage der *Psychologie* ist bis heute die *Selbstbeobachtung,* da wir vom fremden Seelenleben nur indirekt Kenntnis erhalten können, welche wir nach Analogie unseres eigenen Seelenlebens deuten müssen. Die Möglichkeit der Selbstbeobachtung hat jedoch bereits Kant bestritten, da sie „den Zustand des beobachteten Gegenstandes alteriere und verstelle". Diese Ansicht ist von vielen Vertretern der experimentellen Psychologie, so auch von Wundt vertreten worden und der Behaviorismus wollte die Psychologie ausschließlich auf die Beobachtung der *körperlichen* Ausdrücke der fremden seelischen Vorgänge beschränken. Eine Wendung trat in der Verfahrensfrage mit dem Nachweis der Bedeutung des unbewußten Seelenlebens ein; an Stelle der simultanen Beobachtung der Erlebnisse tritt die Analyse in der *Erinnerung.* Dadurch wird die direkte Störung des seelischen Prozesses durch die Beobachtung zwar vermieden, jedoch tritt die Zuverlässigkeit der Erinnerung als Faktor der Unsicherheit auf. Um diesen womöglich zu verringern, empfiehlt

Stumpf die Beobachtung auf das *eben Vergangene* im psychischen Leben zu richten. Eine ähnliche prinzipielle Schwierigkeit ist in der *Mikrophysik* aufgetaucht. Auf die grundsätzliche Unmöglichkeit der gleichzeitigen Bestimmung aller Zustandsgrößen eines Gebildes hat zuerst Bohr hingewiesen; die gleichzeitige Messung *komplementärer* Zustandsgrößen, z. B. Ort und Impuls, Zeit und Energie ist unmöglich, da die Bestimmung des einen Faktors den anderen stören muß. Es ist z. B. unmöglich Ort und Impuls eines Elektrons gleichzeitig zu bestimmen. Die mathematische Gestalt der Komplementarität hat Heisenberg in der *Unschärferelation* gegeben; diese gilt im Prinzip auch bei großen Körpern, hat jedoch dort einen so geringen Wert, daß sie in der klassischen Physik vernachlässigt werden kann. Ganz besonders sei darauf hingewiesen, daß wir bei physiologischen Experimenten ähnliche Schwierigkeiten haben; bereits die Narkose kann die zu beobachtenden Phänomene beeinflussen, dazu kommt noch die Wirkung der Präparierung, der Operationsschock und dergleichen mehr. Ähnliche Schwierigkeiten begegnen wir bei der mikroskopischen Untersuchung von Geweben: die notwendige Fixierung, das Mikrotom, die Färbung usw. können das erhaltene Bild verfälschen. Es bedarf meist zahlreicher Kontrollversuche, Variation der Narkosemittel, der Meßmethoden, Kontrolle des Blutdrucks usw., um aus den Beobachtungen die „Tatsache", d. h. die durch die Versuchsanordnung unbeeinflußten Lebensvorgänge und Strukturen gewissermaßen herauszuschälen. Auf die Komplementarität außerhalb der Atomphysik hat bereits Heisenberg hingewiesen: so ist z. B. der Genuß der Musik und die Analyse ihrer Struktur gleichzeitig unmöglich. Ganz allgemein kann dem Satz von v. Mises zugestimmt werden: „Die Heisenbergsche Unschärferelation vollendet gewissermaßen den Aufbau der statistischen Naturauffassung, indem sie zeigt, daß keine Beobachtung, sei es im großen und kleinen, völlig ‚exakt', d. h. ohne Dazwischenkunft statistischer Vorgänge erfolgen kann." Über die Beziehungen der Komplementarität zum Kausalitätsproblem wird bei dessen Besprechung noch die Rede sein; für die Erkenntnislehre folgt lediglich, daß im Bereich der Atomphysik die Zahl der gleichzeitig direkt beobachtbaren Vorgänge beschränkt ist: das schließt natürlich nicht aus, daß wir die fehlenden Tatsachen auf *indirektem* Wege doch noch erreichen können. Die Beschränktheit der direkt gewinnbaren Beobachtungstatsachen ist eine selbstverständliche Folge des Umstandes, daß der Mensch mit seinen von Natur aus beschränkten Hilfsmitteln transzendente Erkenntnis zu erringen sucht; auch dieses Verhalten wird uns in anderem Zusammenhange noch beschäftigen.

Die beobachteten Tatsachen müssen zunächst beschrieben werden. „So lange das ‚Was' nicht ausreichend erforscht ist, kann es keine ‚Warum'-Forschung geben" (KÖTSCHAU und MEYER). Ins Methodische übersetzt heißt das soviel, als daß jede Wissenschaft zunächst alle in ihren Bereich fallenden Tatsachen möglichst genau zu beobachten und zu beschreiben hat, bevor sie zur Bildung umfassender Hypothesen oder zum Aufbau einer Theorie schreiten kann. Diese *Beschreibung* ist allerdings schon ein ziemlich komplexer Vorgang. Zunächst sei daran erinnert, daß es keine von jeder Theorie unabhängigen Tatsachen in der wissenschaftlichen Praxis gibt; die gefundene Tatsache ist sowenig ein „Zufallsbefund", als die zu ihrer Entdeckung führende Beobachtung kein passiver Prozeß ist, sondern ein aktives Suchen, die Erwartung, daß irgend etwas unter bestimmten Bedingungen gefunden werden muß. Wir gehen bei der Beobachtung von einer stillschweigenden oder unbewußten Hypothese aus und finden etwas, was unsere Annahme bestätigt — oder widerlegt. Damit ist auch der theoretische Rahmen für die neue Tatsache schon gegeben; noch vollkommener erfolgt die Eingliederung durch die Beschreibung, welche, wie RICKERT mit Recht betont hat, nicht im Abbilden, sondern im Umbilden und Vereinfachen besteht. Bei der wissenschaftlichen Beschreibung wird das wesentliche vom Unwesentlichen getrennt, das Begriffliche möglichst frei von allen individuellen Nebenumständen zum Ausdruck gebracht. In den Naturwissenschaften wird z. B. von den subjektiven Umständen der Beobachtung vollständig abstrahiert, während in den historischen Wissenschaften all das unberücksichtigt bleibt, was nicht als kulturell wertvoll gilt.

Viel Verwirrung stiftete die Auffassung, wonach die Wissenschaft mit der Beschreibung der Tatsachen ihre Aufgabe erschöpft und auf eine *Erklärung* dieser Tatsachen auf immer verzichten müsse. Der klassische Ausdruck dieser Auffassung wurde der Satz von KIRCHHOFF: „Aufgabe der Naturwissenschaft ist es, die in der Natur vor sich gehenden Erscheinungen möglichst vollständig und auf die einfachste Weise zu beschreiben." Schon vorher hat CL. BERNARD die resignierte Ansicht geäußert: „Si notre sentiment pose toujours la question *du pourquoi*, notre raison nous montre que la question du *comment* est seule à notre portée."

Daß der Positivismus, der in jeder Erklärung schon Metaphysik wittert, diese Formel sich vollkommen zu eigen gemacht hat, ist nicht verwunderlich. E. MACH hat bereits 1872 erklärt, die Aufgabe der Wissenschaft sei die „ökonomische Darstellung der Tatsachen" und die Theoretiker des Positivismus bekennen sich in völliger Übereinstimmung zu diesem Prinzip (PETZOLD, W. H. GEORGE). Manchmal wird zwar betont, daß die Beschreibung eigentlich schon Erklärungswert haben kann, so meint z. B. F. BARRY, daß die Erklärung „a progressive elucidation" sei, „which is nothing else than more and more precise and generalized description". Nach BRIDGMAN wird eine Beschreibung, wenn wir mit ihrem Begriffe vertraut sind, schon als Erklärung empfunden: „Wir werden vielleicht eines Tages mit der Idee eines nicht euklidischen Raumes so vertraut sein, daß wir dann die Anziehung eines Steines durch die Erde mit Hilfe der räumlich-zeitlichen Krümmung, die durch die übrige Materie des Universums hervorgerufen wird, *erklären* (statt wie früher beschreiben) werden." S. WEINBERG sieht den Fortschritt der Wissenschaft darin, daß unvollkommene Beschreibungen durch vollkommenere ersetzt werden.

Gegenüber dieser Auffassung hat WUNDT geltend gemacht, daß eine „reine Beschreibung" als Wissenschaft unmöglich ist; daher wird neben der Vollständigkeit auch Einfachheit gefordert, was bereits eine gewisse Interpretation des Beobachteten voraussetzt und daher eigentlich schon als Erklärung gelten kann. Tatsächlich gibt es, wie wir gesehen haben, keine von Theorien unabhängige Tatsachen und noch weniger Beschreibungen. Sicher ist es möglich, viele Vorgänge der Natur in *beschreibender Form* zu erklären; so können wir z. B. eine genaue Beschreibung der klassischen Symptome und der pathologischen Veränderungen der Lungenentzündung geben und, um die Beschreibung „vollständig, einfach und ökonomisch" zu gestalten, auch noch hinzufügen, daß die Krankheit mit der Invasion von pathogenen Pneumokokken angefangen hat, daß Antikörper im Blut gegen diese Keime vorhanden sind und dergleichen mehr. In *diesem* Sinne können wir mit M. PLANCK zugeben, daß es eine Frage der Formulierung ist, ob wir die reale Welt möglichst vollständig erkennen oder die Sinnenwelt möglichst einfach beschreiben wollen. Wir glauben aber, daß die Formulierung der Beschreibung falsch ist, daß sie weder die Objektivation der Empfindungen noch den intentionalen Charakter unseres Denkens berücksichtigt. Es ist gewiß im Sinne der den Positivisten zusagenden Kausalitätsauffassung von HUME, wenn wir den Typhus als post hoc nach einer Infektion beschreiben; wenn wir jedoch auf Grund zahlreicher Beobachtungen, Versuche und Beweise die Infektion mit Typhusbazillen als *Ursache* des Typhus betrachten, so haben wir nicht nur das subjektive „Gefühl", den Typhus erklärt zu haben, wir haben auch die Hauptbedingung und damit das *Wesen* des Typhus erfaßt. Die „kausale" Erklärung wird uns später noch beschäftigen; an dieser Stelle sei nur nochmals betont, daß die noch so vollkommene Beschreibung, sofern sie tatsächlich nur Beschreibung und nicht auch Interpretation ist, für die Wissenschaft nicht ausreicht; unser Wissensdrang trachtet nicht nach Tatsachen und ihre Beschreibung, sondern nach Erkenntnis; diese setzt aber die Erklärung der Tatsachen sowie ihre Einordnung in das System des Seienden voraus.

Jede hinreichend genaue beobachtete und beschriebene Tatsache muß daher zunächst den bereits bekannten Tatsachen zugeordnet werden; das geschieht mittels der *Klassifikation.*

Die Logik unterscheidet eine *natürliche* Einteilung, welche nach *wesentlichen* Merkmalen ordnet, und eine künstliche Einteilung, z. B. nach den Anfangsbuchstaben. In der Wissenschaft haben wir es stets mit natürlichen Einteilungen zu tun, doch kann ein und dasselbe Wissensgebiet nach verschiedenen Gesichtspunkten aufgeteilt werden, je nach der Wesenseigenschaft, die als Kriterium der Einteilung dient. Die Logik fordert lediglich, daß der Einteilungsgrund konstant und konsequent bleiben soll, daß z. B. bei ethnographischen Einteilungen die Völker nicht teils nach der Rasse, teils nach der Sprache gruppiert werden, wie es heute noch geschieht. Jedoch steht nichts dagegen, wenn wir z. B. die Hormone entweder nach ihrer chemischen Natur, in sterin- oder eiweißartige und andere Hormone einteilen, oder nach ihrer Wirkung in Sexual-, Wachstums-, Stoffwechsel-Hormone usw., endlich nach der Stätte ihrer Bildung in Hypophysen-, Ovarien-, Schilddrüsen-Hormone usw. Jede Einteilung setzt begriffliche Abstraktion voraus, selbst bei der Einteilung von Einzelpersönlichkeiten, z. B. von Alexander dem Großen, in die „Klasse der Eroberer"; je genauer daher die Begriffsbildung, je mehr sie das Wesen der Dinge ausdrückt, um so natürlicher wirkt die Einteilung. Während die Einteilung der Physik noch vor hundert Jahren auf Grund unserer Sinnesempfindungen in Mechanik, Akustik, Optik und Elektrizitätslehre erfolgte, wird heute die Akustik von der Mechanik absorbiert, Optik und Elektrizitätslehre sind beide in der Strahlenlehre aufgegangen, während die Mikrophysik — vorläufig — als Sonderabteilung neu hinzukam. Man kann den Stand einer Wissenschaft am einfachsten an den Fortschritten der angewandten Einteilungsprinzipien beurteilen; die Inhaltsübersicht kann bei naturwissenschaftlichen Lehrbüchern die Jahreszahl der Ausgabe ersetzen.

Die Klassifikation ist jedoch nicht nur als Gradmesser der Begriffsklarheit von Bedeutung, sondern auch an sich sehr wichtig, da die Klassenzugehörigkeit den Einzelbegriff durch allgemeine Klassenmerkmale bereichert und seine Beziehungen zu anderen Tatsachen klarstellt. So bedeutet z. B. die Einteilung einer Krankheit in die Klasse der Infektionskrankheiten nicht nur die Erkenntnis der Ursache, sondern auch die Anwendung all jener diagnostischen und therapeutischen Prinzipien, die für alle Infektionskrankheiten im allgemeinen gelten. Es ist daher nicht übertrieben, wenn z. B. K. PEARSON das Wesen der Wissenschaft in der Klassifikation sucht: „The progress of science lies in the continual discovery of more and more comprehensive formulae, by aid of which we can classify the relationships and sequences of more and more extensive groups of phenomena." Im selben Sinne schreibt P. DUHEM, das Ziel einer physikalischen Theorie sei, daß sie zu einer naturgemäßen Klassifikation werde. Und F. ZNANIECKI stellt für die Soziologie fest: „The ultimate importance of abstraction and generalization is that they lead to *classification,* that is, to a systematic knowledge of a certain field of reality as a whole." Endlich H. POINCARÉ (1): „La science est avant tout une classification, une façon de rapprocher des faits que les apparences séparaient, bien qu'ils fussent liés par quelque parenté naturelle et cachée." Es gilt also, die *Wesens*verwandtschaft der Tatsachen festzustellen und auf Grund dieser vertieften Erkenntnis die Einteilung stets zu verbessern. Die ersten Einteilungen beruhen auf mehr oder weniger oberflächlichen Analogien und sind daher anschaulicher Natur; der Walfisch wird zu den Fischen, die Fledermaus zu den Vögeln gerechnet. Die *begriffliche* Einteilung rechnet beide Gattungen zu den Säugetieren, was weniger anschaulich, dafür aber richtiger und natürlicher ist. Wir können daher auch bei der Klassifikation die bereits früher erwähnte Tendenz beobachten, daß an Stelle anschaulicher Erkenntnis abstrakt-begriffliche Prinzipien treten, an die wir uns durch mühsame Arbeit gewöhnen müssen. Wir haben bereits darauf hingewiesen, daß das der Preis ist, den wir dafür bezahlen müssen, daß wir unser Wissen auf Gebiete ausdehnen, welche außerhalb der biologischen Sphäre des Menschen liegen.

4. Messung und Experiment

Qualitative Beobachtung reicht in vielen Fällen aus, um für wissenschaftliche Zwecke brauchbare Tatsachen an den Tag zu bringen: das mikroskopische Bild eines Lungenschnittes läßt ohne weiteres den Nachweis einer Lungentuberkulose oder eines Lungenkrebses zu. Es gibt „fact finding"- und „law finding"-Wissenschaften (MEHLBERG); zu ersteren gehört z. B. die Geographie und Geschichte. Der Darwinismus wurde ohne Messung und Experiment bedeutsam. Quantitative Methoden spielen aber eine überragende Rolle in der Wissenschaft, die mathematische Formulierung ermöglicht größte Kürze und Präzision. Kleine Differenzen der proportionellen Verteilung der weißen Blutkörperchen lassen diagnostisch wichtige Schlüsse zu, wie z. B. der Anstieg der Eosinophilen von 4 % auf 8 % — eine Feststellung, die nur durch Zählung, niemals durch alleinige qualitative Beobachtung gemacht werden konnte. Ebenso wichtig sind kleine Abweichungen der chemischen Zusammensetzung des Blutes: der Anstieg des Nüchtern-Blutzuckers von 100 auf 150 mg% ist ein Zeichen der Zuckerkrankheit, der Anstieg des Reststickstoffes von 40 auf 60 mg% ist ein Zeichen von mangelhafter Nierenfunktion. Mit Hilfe der qualitativen Analyse wäre die Chemie niemals fähig gewesen, die Konstitution der chemischen Verbindungen aufzuklären, und die Physik betrachtet die Erscheinungen, wie CASSIRER feststellte, unter dem Gesichtspunkt und der Voraussetzung ihrer Meßbarkeit. EDDINGTON schreibt: „The whole of our physical knowledge is based upon measures and the physical world consists of measure-groups resting on a shadowy background that lies outside the scope of physics." Bereits JEVONS hat darauf hingewiesen, daß die Physik immer mehr quantitativ wird: „Forces hardly suspected to exist by our generation are clearly recognized by the next and precisely measured by the third generation."

Die Messung durch *Zählung allein,* d. h. der Feststellung der Zahl einer Klasse einzelner Dinge, kann nur beschränkte Dienste leisten; sie wird vor allem dort angewendet, wo es sich bloß um Verhältniszahlen, also um die relative Verteilung von verschiedenen Typen von Dingen handelt, so z. B. der weißen Blutkörperchen. Sobald wir aber fragen, wie groß die *absolute* Menge der weißen Blutkörperchen ist, müssen wir die Auszählung bereits in der Zählkammer vornehmen, welche die Zählung der Zellen in der Raumeinheit ermöglicht. Damit haben wir bereits das Gebiet des eigentlichen Messens betreten; dieses beruht darauf, daß wir gewisse Maßeinheiten willkürlich festsetzen und jede zu messende Größe mit dieser Maßeinheit vergleichen. Messung ist also weiter nichts als ein quantitativer Vergleich mit konventionell festgelegten Maßeinheiten; in diesem Sinne ist jede Messung relativ. Die eigentlichen letzten Meßinstrumente sind, wie CASSIRER mit Recht betont, nicht Uhren und körperliche Maßstäbe, sondern Prinzipien und Postulate. „Denn in der Mannigfaltigkeit und Veränderlichkeit der Naturerscheinungen besitzt das Denken immer nur dadurch einen relativ festen Standort, daß es ihn sich selbst nimmt." Ob wir als Einheit der Masse 1 ccm Wasser nehmen oder die Ruhmasse eines Elektrons, ist lediglich Frage der Konvention, an den Ergebnissen der Messung, die ja immer Vergleichswerte gibt, würde die Wahl der neuen Maßeinheit nichts ändern. Während die einfachen Meßverfahren, vor allem die Wägung, stets eindeutige Ergebnisse liefern, gibt es komplizierte Meßmethoden, bei welchen die Anwendung verschiedener methodischer Prinzipien auch die Ergebnisse der Messung beeinflußt. Die Resultate solcher Messungen sind daher von der angewandten Methode abhängig, und in diesem Sinne hat DINGLER recht, daß wir durch Messungen dieser Art keine Begriffe aus der Natur herausholen, sondern unsere Begriffe in die Natur hineintragen. Messungen dieser Art sind z. B. die Refraktometrie, Fluorometrie und Photometrie von Lösungen. Wir können auch von *indirekter* Messung sprechen, da wir die Konzentration gewisser Stoffe nicht durch Wägung, sondern auf dem Umweg der empirisch festgestellten physikalischen Eigenschaften der Lösungen (Farbe, Trübungsgrad, Fluoreszenz, Refraktion) bestimmen. Diese indirekten Meßmethoden sind das quantitative Gegenstück der indirekten Beobachtungen, da wir schwer oder gar nicht zugängliche Größenverhältnisse mit Hilfe von leichter erfaßbaren Folgeerscheinungen der unbekannten Größenverteilung bestimmen.

Über das Wesen des *Experimentes* verdanken wir CL. BERNARD grundsätzliche Feststellungen, die sich zwar in erster Reihe auf biologische Versuche beziehen, jedoch ohne Einschränkung verallgemeinert werden können. Das Experiment ist danach eine „observation provoquée“ mit dem Ziel, eine Hypothese zu bestätigen oder neue Ideen zu erzeugen. „La méthode expérimentale ne donnera donc pas des idées neuves et fécondes à ceux qui n'en ont pas, elle servira seulement à diriger les idées chez ceux qui en ont et à les développer afin d'en retirer les meilleurs résultats possibles.“ Wir erfassen die Naturgesetze intuitiv, doch können wir ihre Form nur experimentell feststellen. „Il ne fallait jamais faire des expériences pour confirmer ses idées, mais simplement pour les contrôler.“ Daher ist es notwendig, die Ergebnisse voraussetzungslos zu interpretieren: „L'expérimentateur pose des questions à la nature; mais dès qu'elle parle, il doit se taire; il doit constater ce qu'elle répond, l'écouter jusqu'au bout, et, dans tous les cas, se soumettre à ses décisions.“

Wenn wir das Experiment als „Frage an die Natur“ auffassen, so folgt daraus, daß wir die Frage möglichst eindeutig und möglichst genau zu formulieren haben, da auf eine unbestimmte Frage keine präzise und eindeutige Antwort erwartet werden kann. Es müssen daher alle Versuchsbedingungen eindeutig bestimmt sein, und der Versuch muß, wie H. WEYL treffend bemerkt, so angelegt sein, daß er gegenüber dem gesuchten Gesetz möglichst empfindlich, gegenüber allen anderen in Betracht kommenden aber möglichst unempfindlich ist. Wollen wir z. B. feststellen, ob die Anwesenheit eines hypothetischen Vitamins in der Nahrung unentbehrlich ist oder nicht, so haben wir dafür zu sorgen, daß die das fragliche Vitamin nicht enthaltende Nahrung kalorisch genügend ist, ausreichend Eiweiß enthält, die anderen, bereits bekannten Vitamine nicht entbehrt usw.;

wenn trotzdem Ausfallserscheinungen bei den Versuchstieren auftreten und diese erst durch die Darreichung des hypothetischen Vitamins verschwinden, ist unsere Vermutung bestätigt. Dieses Beispiel zeigt, wie viele Bedingungen bekannt sein müssen, um zu einem eindeutigen Resultat zu gelangen; selbst bei Einhaltung aller Voraussetzungen ist noch mit Fehlermöglichkeiten zu rechnen; so können z. B. die Versuchstiere an einer interkurrenten Infektion erkranken und eine Avitaminose vortäuschen, eine spätere Spontanheilung kann irrtümlich auf das zugeführte angebliche Vitamin zurückgeführt werden usw. Daher ist es eine Regel, alle Versuche öfter zu wiederholen und nur dann als endgültig anzusehen, wenn alle Kontrolluntersuchungen stimmen. Ein Experiment muß unter gleichen Bedingungen stets wiederholt werden können; dieses Postulat beruht auf derselben Annahme der Gleichförmigkeit der Natur, die wir als Voraussetzung des induktiven Schlusses bereits kennengelernt haben; tatsächlich ist jeder Versuch das Glied einer Induktion und wir können das Ergebnis erst dann als Gesetz erschließen, wenn das Experiment oft genug mit demselben Resultat wiederholt worden ist. Wenn ein Kontrollversuch nicht stimmt, so ist das ein Zeichen, daß wir einen Versuchsfaktor übersehen haben; jedes Resultat ist die Funktion zahlreicher Bedingungen und die geringste Variation einer einzigen Bedingung kann ein grundsätzlich verschiedenes Resultat ergeben. Wir haben also nicht das Recht, das Ergebnis als Willkür der Natur zu betrachten, sondern sie verpflichtet uns, die übersehene Bedingung, die „Fehlerquelle“, aufzusuchen und den Versuch unter eindeutig geklärten Bedingungen zu wiederholen. Eine übersehene Bedingung hat sich oft als wertvolle Entdeckung erwiesen: im Grunde genommen, ist das der einzige Weg, um *unerwartete* Entdeckungen zu machen, da das Ergebnis eines Versuches unter gewöhnlichen Bedingungen nur über die an die Natur *gestellte* Frage antwortet, und wir vermögen nicht nach etwas zu fragen, dessen Existenz wir gar nicht ahnen. Der Fortschritt in den Naturwissenschaften erfolgt nach Wenzl auf folgende Weise: 1. etwas fällt auf; 2. eine Erklärung muß einfallen; 3. sie muß verifiziert werden. Ein Experiment heißt willentlich die Bedingungen zur Beobachtung herstellen, nach Möglichkeit isolieren und variieren. Jeder Faktor, der bei dem Experiment eine Rolle spielen kann, muß durch entsprechende Kontrollversuche geprüft werden. So dachte Becquerel ursprünglich, daß die Uranverbindungen nach Bestrahlung mit Kathodenstrahlen Röntgenstrahlen aussenden; erst als er diese Strahlen auch unabhängig von den Kathodenstrahlen nachgewiesen hat, also eine anfangs übersehene Bedingung richtigstellte, konnte er die Radioaktivität als eine bis dahin völlig unbekannte Eigenschaft des

Uranerzes feststellen. Diese Folge von Ereignissen ist jedenfalls viel häufiger als Entdeckungen auf Grund des Herumprobierens (trial and error) dem viele, z. B. MEHLBERG, noch eine große Bedeutung zumessen.

Der Sinn des Experimentes ist die Gewinnung von Tatsachen, die wir durch Beobachtung und Messung allein nicht erreichen können. Die experimentell gewonnenen Tatsachen unterscheiden sich in ihrer wissenschaftlichen Rolle durch nichts von denen, die wir durch direkte Beobachtung gewonnen haben; das D-Vitamin war ursprünglich ein auf Grund von sorgfältigen Tierexperimenten postulierter Wirkstoff, dessen chemische Konstitution später genau ermittelt werden konnte. Bei einem Teil der Versuche handelt es sich bloß um Tatsachenfeststellung; wir vermuten, daß irgendwo eine uns verborgene Tatsache steckt: der Versuch bestätigt unsere Vermutung, das Vitamin ist gefunden. Anderseits gibt es Fragestellungen, wo die zu findendeTatsache als Bestätigung einer erklärenden Hypothese dient; so haben z. B. DAVISSON und GERMER durch den Nachweis der Beugung von Elektronenstrahlen an einem Zink-Einkristall die Wellennatur der Elektronen bewiesen. Im ersten Fall war die gesuchte Tatsache das Ziel des Experimentes, im zweiten Fall ein Mittel zur Erklärung, zur Wesensaufklärung einer anderen, bereits bekannten Tatsache. Durch das Experiment soll nach LANGE darüber entschieden werden, ob das zugrundeliegende Wissen über einem Sachverhalt qualitativ *wahr,* quantitativ *richtig* ist oder nicht. Die logische Form des zweiten Versuchs ist folgende Deduktion:

bei Wellenbewegung treten Beugungserscheinungen auf,
bei Elektronenstrahlen treten Beugungserscheinungen auf,
also beruhen Elektronenstrahlen auf Wellenbewegung.

Der *erste* Versuch kann hingegen logisch folgendermaßen formuliert werden:

A. In allen Fällen, wo trotz kalorisch hinreichender und ausreichend eiweißhaltiger Nahrung Ernährungsstörungen auftreten, liegt Vitaminmangel vor.

Im Versuch treten, trotz Anwesenheit von hinreichender Nahrung und der Vitamine x, y, z Störungen auf.

Also fehlte ein Vitamin.

Dazu tritt ein zweiter Schluß:

B. Alle Tiere, welche an Mangelkrankheit leiden, werden durch ein Vitamin in spezifischer Weise geheilt.

Die in A erwähnten Tiere heilten alle auf Darreichung des Stoffes Z.

Also ist der Stoff *Z* ein Vitamin, dessen Mangel die im Versuch beobachteten Ausfallserscheinungen verursacht.

Wir können leicht ersehen, daß in der zweiten Schlußfolgerung eine versteckte Induktion steckt: um festzustellen, daß der Stoff *Z* tatsächlich in spezifischer Weise wirksam ist, müssen wir viele Stoffe der Reihe nach durchprüfen, bevor wir uns von der alleinigen Wirksamkeit des Stoffes *Z* überzeugen. Am wesentlichsten und für das ganze Verfahren von entscheidender Bedeutung sind jedoch die beiden *Prämissen,* welche zu der ganzen experimentellen Fragestellung geführt haben; psychologisch hat es sich bei dem Nachweis der experimentellen Polyneuritis durch EIJKMAN um eine Assoziation auf Grund der damals festgestellten Entstehung des Beri-Beri durch ausschließlichen Genuß von poliertem Reis gehandelt; diese Annahme mußte zunächst induktiv geprüft werden, und nachdem die Bestätigung erreicht war, konnte sie als Postulat für eine deduktive Auffindung neuer Tatsachen dienen.

Wichtiger als die logische Analyse des experimentellen Verfahrens ist natürlich die Kenntnis der sachlichen Bedingungen der Versuche, die Beherrschung der Technik, die Berücksichtigung aller Bedingungen. Erst wenn das alles erfüllt ist, können wir die Antwort der Natur auf unsere Frage richtig deuten, erst dann können wir unser Wissen durch neue Tatsachen bereichern. Damit ist die Aufgabe der Wissenschaft noch nicht erschöpft: Wir müssen die Tatsachen auch einordnen und vor allem erklären. Mit den Verfahren, welche diesem Zweck dienen, haben wir uns nunmehr zu beschäftigen.

5. Hypothesen und Theorien

Die Tatsache ist, wie wir gesehen haben, Ausgangspunkt und Ziel der Wissenschaft. Dazwischen liegt das Gebiet aktivster und fruchtbarster Arbeit, welche, eben weil sie *Tätigkeit* ist, den Charakter des Unvollendeten, des Werdenden besitzt. Wir bezeichnen diesen Bereich, aus welchem Erkenntnis, Irrtum, Erklärung und neue Tatsachen entstammen, als Hypothesen.

Die beste Definition der Hypothese stammt von C. STUMPF: „Eine Hypothese ist die Vorstellung eines als möglich angesehenen Sachverhaltes zum Zweck von Folgerungen.“ Dem Sinne nach identisch ist die Definition von BAVINK, der gegenüber der positivistischen Auffassung gerade den erklärenden Hypothesen einen besonderen Wert beimißt. Da für den Positivismus die Erklärung nur in ökonomischer Darstellung des Tatsächlichen besteht, bleibt für eine erklärende Hypothese nach dieser Auffassung nur wenig Raum, obwohl

Hypothesen „zum Zwecke des leichteren Verständnisses von Tatsachen“ auch von E. MACH zugelassen werden.

Für viele Fälle, die wir als *Tatsachenhypothesen* bezeichnen können, trifft die Auffassung von P. VOLKMANN zu, wonach Hypothesen Anschauungen sind, mit denen wir uns über die Ungenauigkeit unserer Sinneswahrnehmungen erheben. Gelingt es, die in der Hypothese enthaltene Annahme den Sinnen zugänglich zu machen, so wird die Hypothese zur Tatsache. Das klassische Beispiel für Hypothesen dieser Art war die Berechnung des Planeten Neptun aus Störungen der Uranusbahn durch LEVERRIER, eine Annahme, die durch die später erfolgte Auffindung des Planeten glänzend bestätigt worden ist.

Nicht jede Hypothese hat jedoch den Charakter einer gedanklichen Ergänzung von Sinneswahrnehmungen. Die bahnbrechende Hypothese KEKULÉs über die ringförmige Struktur des Benzols, welche die Entwicklung der organischen Chemie wesentlich gefördert hat, beruht nicht auf Unzulänglichkeit unserer Sinne, sie ist vielmehr eine rein *erklärende* Hypothese, welche uns das *Wesen* des Benzols, sein Verhalten, seine Eigenschaften, enthüllt. Sie ist, um einen Ausdruck von CASSIRER zu gebrauchen, ein logisches Koordinatensystem, auf das wir die Erscheinungen beziehen. Ähnlich schreibt ROTHSCHUH: „Wir logifizieren das Erfahrungsgut mit Hilfe eines gedanklichen Kitts, den wir Hypothese oder Theorie nennen, um die Phänomene zu verstehen.“ Während die Tatsachenhypothesen durch die erfolgte Verifizierung völlige Gewißheit erlangen und ihre Rolle als Hypothesen damit auch beendet ist, lassen sich erklärende Hypothesen eigentlich niemals durch noch so viele Bestätigungen in sichere Tatsachen verwandeln. Alles, was wir erreichen können, ist eine weitgehende Wahrscheinlichkeit; ein Beispiel dieser Art von Hypothesen ist die Annahme von JEANS, wonach die Bildung von Planeten infolge Störung der Sonne durch einen Fixstern erfolgt. So schwerwiegend die Argumente astrophysikalischer Natur auch sind, welche für diese Hypothese sprechen, eine völlige Bestätigung in dem Sinne, daß alle Planeten diesem Umstand ihre Entstehung verdanken, wird niemals zu erreichen sein. Auch die Benzolformel von KEKULÉ, welche drei Doppelbindungen im Benzolring annimmt, hat sich nicht in jedem Fall bewährt, und die ältere THIELEsche Formel, welche eine völlig gleichmäßige Bindungsverteilung im Benzolkern annimmt, scheint gewisse Vorzüge zu besitzen. Neuerdings deutet man die aromatischen Bindungen auf quantenmechanischer Basis; man vermutet eine gleichmäßige Wolke der randständigen sogenannten π-Elektronen. Die Ringform des Benzolmoleküls ist durch röntgenphotographische Untersuchungen bestätigt worden, diese ist daher keine Hypothese mehr, sondern eine Tatsache.

Der Wahrheitsgehalt einer Hypothese hängt von dem Gewicht der Tatsachen ab, auf welche sie sich stützt bzw. durch welche sie verifiziert wird. Aus dem Gesetz der Gravitation konnte LEVERRIER die vermutete Lage des Neptuns auf Grund der Uranusbahn genau berechnen; da das Gravitationsgesetz sicher feststand und die Uranusbahn hinlänglich genau beobachtet werden konnte, hatte die Hypothese einen hohen Wahrscheinlichkeitswert. Dagegen ist die Hypothese der mikrobiellen Natur des Krebses, trotz Nachweis des infektiösen Hühnersarkoms durch ROUS, nach dem heutigen Stand des Wissens noch keineswegs sicher, da sowohl die klinische Beobachtung wie die histologische Natur des Krebses gegen die Annahme einer Infektion sprechen; auch der Nachweis chemisch wohldefinierter krebserregender Stoffe spricht nicht für die Virustheorie. Für oder gegen jede Theorie sprechen daher immer eine Reihe von Argumenten; die Wahrscheinlichkeit läßt sich dennoch, wie auch POPPER betont, nicht rechnerisch ermitteln, da die Argumente von ungleichem Werte sind und für diese Art der Wahrscheinlichkeit, mit welcher sich insbesondere KEYNES befaßt hat, ein mathematisches Axiomensystem nicht gefunden werden kann. Trotzdem handelt es sich nicht um subjektive Vermutungen der Art, wie wir sie früher kennengelernt haben; es sind durchaus *objektive* Gründe, welche die Aufstellung, die „Etablierung" einer Hypothese veranlassen; über ihre Wahrscheinlichkeit entscheidet letztlich, wie DUHEM sagte, der gesunde Menschenverstand. Es kommt also darauf an, jedes Argument gründlich zu prüfen und die Hypothese aufzugeben, sobald sie nur mit einer einzigen Tatsache in Widerspruch gerät. Gerade solche Widersprüche erweisen sich oft als besonders fruchtbare Wegweiser zu neuen Erklärungen, da die Zusammenstimmung des alten Wissensschatzes mit den neuen Tatsachen eine umfassendere Erklärung ermöglicht. So wurde z. B. die Präformationshypothese, wonach das künftige Lebewesen in der Keimzelle vorbestimmt ist, durch die Fortschritte der Vererbungslehre gestützt, während die Epigenesislehre, nach welcher die Eizelle noch unorganisiert ist, durch die Ergebnisse der Entwicklungsmechanik, durch den Nachweis der „Regulationseier" von DRIESCH sowie durch die Transplantationsversuche SPEMANNS, eine neue Stütze erhielt. Anderseits hat es sich ergeben, daß es auch Eier gibt, die bereits in ungefurchtem Zustand determiniert sind, die sogenannten „Mosaikeier"; es handelt sich also um zwei prinzipiell verschiedene Entwicklungsrichtungen, die *nebeneinander* bestehen und beide dem umfassenden Gesetz der Strebung nach maximaler Gestaltetheit (BERTALANFFY) bzw. Selbstdifferenzierung (ROUX) unterliegen.

Während jene Hypothesen, welche sich auf bereits gegebene Argumente stützen, gewisse Ähnlichkeiten mit der unvollständigen Induktion aufweisen, verlangen die anderen Hypothesen, welche nicht hinlänglich begründet sind, nachträgliche Verifikation, um durch die mit ihrer Hilfe gefundenen Tatsachen bestätigt zu werden. Die logische Form dieser Denkmethode ist das bereits a. a. O. erwähnte *hypothetisch-deduktive System.* Der Inhalt der Hypothese ist in den Erfahrungswissenschaften ein Systemgesetz (vgl. a. a. O.) oder die Vermutung eines Tatbestandes, welche nachträglich empirisch verifiziert werden. F. Enriques, der sich eingehend mit dieser Denkmethode beschäftigt hat, unterscheidet dabei folgende Etappen:

1. ursprüngliche Beobachtungen bzw. Erfahrungen;
2. ihre begriffliche Fassung in Form einer Annahme;
3. Deduktion der Tatsachen auf empirischer Grundlage;
4. Verifikation der Hypothese.

Der Vorgang wird von R. v. Mises wie folgt dargestellt: „Jede physikalische Theorie beginnt mit Beobachtungen und aus ihnen geschöpften Vermutungen, die im Verlaufe des Bewährungsprozesses zu physikalischen Grundsätzen und zu einem Axiomensystem werden (Induktion). Aus einem hinreichend vollständigen Axiomensystem können dann Folgerungen durch tautologische Umformungen (Deduktion) gezogen werden.“ Daß die Axiomensysteme von Mises nicht als *wahr,* sondern lediglich als *brauchbar* angesehen werden, folgt aus der positivistischen Einstellung dieses Autors. Nach Mehlberg ist jede wissenschaftliche Theorie „a potentially infinite set of statements, all of which can be deduced from a specified finite set of basic assumptions“. Ein Beispiel:

Anziehung zweier elektrisch geladener Körper (Beobachtung)
↓
Elektrostatisches Gesetz von Coulomb (Wissenschaftliches Gesetz)
↓
Elektromagnetische Theorie von Maxwell (Theorie)

Die *Gesetze* beruhen daher auf *Tatsachen,* während die *Theorien* auf *Gesetzen* beruhen. Die Theorien vereinfachen und erklären die Gesetze, letztere sind von der Theorie ableitbar, ohne daß ihre Beweise in der Theorie enthalten wären. Sowohl Gesetze wie Theorien bestehen aus der Kondensation unzähliger Einzeltatsachen; die Richtigkeit eines Gesetzes wird durch Verifikation ihrer „instances“, die der Theorie durch Verifikation ihrer *Konsequenzen* bewiesen.

Nehmen wir ein Beispiel: Die vergleichende Anatomie hat gezeigt, daß hinter einer großen Mannigfaltigkeit der tierischen Formen ein einheitlicher Bauplan steckt, indem z. B. Flügel und Flossen als modifizierte Extremitäten aufgefaßt werden können. Aus diesen Beobachtungen ist die Hypothese der Deszendenztheorie entstanden, welche die Ähnlichkeiten durch einen gemeinsamen Ursprung aller Tiere und Abstammung der höher entwickelten von primitiveren Formen annahm. Auf Grund dieser Hypothese hat die Paläontologie ihre Funde als Übergangsformen gedeutet, die Embryologie deutet die Ontogenese als abgekürzte Phylogenie, selbst auf serologischem Wege ließ sich eine abgestufte Verwandtschaft in dem Tierreiche nachweisen. Durch diese Tatsachen erschien die Abstammungslehre verifiziert und ihre Wahrscheinlichkeit gesichert. Entgegen dieser Ansicht lehrt z. B. DACQUÉ, daß es eine gemeinsame Abstammung nicht gibt, nur gewisse Grundtypen, die bereits in den ersten Organismen potentiell enthalten waren; jede Epoche drückt den Typen bestimmte Charaktere auf. Viele Tatsachen sind auch auf Grund dieser Hypothese zu erklären, und besonders der Umstand, daß — wenigstens in der geologischen Neuzeit — *alle* Typen, von den Protisten bis zu den Säugetieren, *gleichzeitig* vorhanden sind, scheint gegen die Annahme einer progressiven Entwicklung zu sprechen. Dieses Beispiel zeigt das Leben und den Kampf wissenschaftlicher Hypothesen, welche entweder mit dem Sieg der einen Annahme, oder mit einer neuen Erklärung, welche die Widersprüche beider rivalisierenden Hypothesen auflöst, endet. Daran erkennen wir den dornenvollen, tastenden Weg, den der Mensch gehen muß, um das Wesen der Dinge zu ergründen: zuerst gewisse Beobachtungen, die sich aufdrängen, dann ein Erklärungsversuch, ein Schema um die Dinge zu ordnen, das Suchen nach neuen Tatsachen auf Grund des Schemas und der Versuch, alle Tatsachen mit der Hypothese in Einklang zu bringen — wenn das mißlingt, muß ein neues Schema gesucht werden.

Die provisorische Natur gewisser Hypothesen geht schon aus dem Umstand hervor, daß die bei ihrer Aufstellung gemachte Annahme weniger als endgültige Erkenntnis betrachtet wird, als ein Weg, um neue Tatsachen zu gewinnen. Deshalb werden sie auch treffend als *„Arbeitshypothesen“* bezeichnet. Sie werden, wie PLANCK bemerkt, meist intuitiv, auf Grund von Analogien gewonnen; wenn sie auch nicht für endgültige Erkenntnis gehalten werden, so halten wir es dennoch für *möglich,* daß sie durch die Tatsachen bestätigt werden. Darin unterscheiden sie sich grundsätzlich von den *Fiktionen,* die wir mit STUMPF als „Vorstellungen eines falsch oder gar unmöglich angesehenen Sachverhaltes zu wissenschaftlichen oder praktischen Zwekken“ auffassen können. Solche Fiktionen sind ideale Grenzfälle (z. B. absolut schwarzer Körper), logisch mögliche, physisch falsche

Vorstellungen (z. B. was würde KANT zu NIETZSCHE gesagt haben?), logisch unmögliche Vorstellungen (z. B. imaginäre Zahlen). Eingehende Untersuchungen über die große Bedeutung und die logische Struktur des fiktiven Denkens verdanken wir H. VAIHINGER; er hat besonders betont, daß echte wissenschaftliche Fiktionen auf versuchte Vergleiche hinauskommen, aber *bewußt* unreal sind; es sind bewußte Fehler und Irrtümer, die aus der Rechnung wieder ausfallen müssen. Darin liegt auch der Hauptunterschied gegenüber den Hypothesen, die stets auf Wirklichkeit gehen und nach Verifikation verlangen; die Fiktion ist ein bloßes Hilfsgebilde, ein logisches Gerüst, welches nur ein Scheinbegreifen verschafft. Das methodische Prinzip der Hypothese ist die Wahrscheinlichkeit, das der Fiktion die Zweckmäßigkeit. Auf die Rolle der Fiktionen in den Naturwissenschaften hat A. MITTASCH hingewiesen, indem er zeigte, daß der Weg der Erkenntnis zwar über die begriffliche Abstraktion geht, im sprachlichen Ausdruck schlüpft aber die Fiktion — als Folge der unentbehrlichen menschlichen, d. h. anthropomorphen Denkweise — wieder ein. Dabei wird allerdings von den „Als-ob"-Philosophen außer acht gelassen, daß wir die Wörter nicht im etymologischen Sinne gebrauchen, sondern auf Grund von Konventionen und Definitionen, welche die ursprünglich anschauliche Natur der Begriffsbezeichnungen völlig vergessen macht; mit dem Satz: „Typhus und Paratyphus sind verwandte Krankheiten", meinen wir nicht etwa „Typhus und Paratyphus verhalten sich zueinander als ob sie Geschwister wären", sondern daß die beiden Krankheiten von *einer* Klasse von Erregern verursacht sind und auch im Verlauf große Ähnlichkeiten aufweisen. Aus ähnlichen Mißverständnissen resultiert eine maßlose Übertreibung der an sich gewiß nicht unbedeutenden Rolle der Fiktionen in der Erkenntnis, welche zu einem weitgehenden Skeptizismus führen mußte. Nach VAIHINGER ist z. B. das Atom „buchstäblich ein hypostasiertes Nichts", das Denken ist „ein regulierter Irrtum" und der Wunsch, die Welt zu begreifen, „ist nicht bloß ein unerfüllbarer, er ist auch ein törichter Wunsch". Das sind viel zu weitgehende und auch keinesfalls zwingende Konsequenzen aus dem zweifellos richtig bemerkten Umstand, daß unser Denken manchmal gezwungen ist, auf verifizierbare Hypothesen zu verzichten und zu Hilfsmitteln greifen muß, die sich, wie wir a. a. O. gezeigt haben, später oft als überflüssig erweisen. Letzte Naturerkenntnis läßt sich, darin können wir VAIHINGER durchaus zustimmen, durch Fiktionen nicht gewinnen; Fiktionen sind aber durchaus nicht letzte Erkenntnis, sondern nur Notbehelfe zur Überbrückung von Erkenntnislücken, manchmal unvermeidliche und unentbehrliche Kunstgriffe, manchmal aber „Übereilungen eines ungeduldigen Verstandes, der die Phänomene gern los sein möchte und an ihrer Stelle deswegen Bilder, Begriffe, ja oft nur Worte einschiebt" (GOETHE). Die berühmten Worte NEWTONS: „hypotheses non fingo" beziehen sich, wie vielfach nachgewiesen worden ist, bloß auf Scheinerklärungen dieser Art und nicht auf begründete, echte Hypothesen, ohne welche wissenschaftliches Arbeiten völlig unmöglich wäre.

Was die *Verifikation* von Hypothesen betrifft, so besteht sie, wie BARRY gezeigt hat, einerseits aus Prüfung auf Übereinstimmung mit unseren bisherigen Erfahrungen, anderseits aus deduktiven Folgerungen aus der Hypothese und deren Prüfung durch Beobachtung und Experiment. Dabei soll der Rat von CLAUDE BERNARD niemals aus den Augen gelassen werden: „Il vaut mieux ne rien savoir que d'avoir dans l'esprit des idées fixes appuyées sur des théories dont on cherche toujours la confirmation en négligeant tout ce qui ne s'y rapporte pas." Unser Denken muß stets von Tatsachen ausgehen und *alle* Tatsachen berücksichtigen. Keine Tatsache darf vergewaltigt oder übergangen werden, um eine Hypothese zu stützen oder zu retten, da Tatsachen sicherer Erkenntnisbesitz sind, während Hypothesen nur Mittel sind, um Tatsachen zu gewinnen; falsche Wege führen niemals zum Ziel.

Der Übergang zwischen Hypothesen und *Theorien* ist fließend. Wissenschaftliche Theorien sind nach ENRIQUES einerseits ein System von Hypothesen, anderseits ein System von möglichen oder tatsächlichen Bestätigungen. Wir können die Theorie als erklärende Hypothese eines größeren Wissensgebietes auffassen, welche sich natürlich auf mehrere Teilhypothesen stützen kann.

Da es sich bei den Theorien um Denkgebilde handelt, bei denen die Tatsachen eines Gebietes in einen mehr oder weniger umfangreichen Gedankenrahmen eingefaßt werden, konnte es nicht an positivistischen Auffassungen fehlen, nach welchen die Theorien bloß Beschreibung von Tatsachen sind, die lediglich nach gewissen Gesichtspunkten geordnet sein müssen, aber keinesfalls den Charakter von Erklärungen haben. So schreibt E. MACH, daß Theorien in der Anpassung der Gedanken aneinander bestehen; „nur eine Theorie, welche die immer komplizierteren Tatsachen der Beobachtung *einfacher* und *genauer* darstellt, als dies durch die Beobachtung eigentlich verbürgt werden kann, entspricht dem *Ideal der eindeutigen Bestimmtheit*". Nach DUHEM sind physikalische Theorien nichts anderes als ökonomische Darstellungen der Tatsachen; zwischen verschiedenen möglichen Theorien eines Problemkreises entscheidet nach V. KRAFT nicht die Verifikation, sondern die Einfachheit. Daß diese Auffassung in Relativität der Erkenntnis landen muß, ist selbstverständlich; so schreibt z. B. SANTAYANA: „A reform in science may render the old theories antiquated, like the habit of wearing togas or of going naked; but it cannot render them false, or itself true. Science yields practical assurances couched in symbolic terms, but no ultimate insight." WHITEHEAD schätzt die Lebensdauer moderner wissenschaftlicher Theorien auf 30 Jahre, und ENRIQUES stellt den allgemeinen Grundsatz auf, daß die genügend weite Ausführung der deduktiven Entwicklung von Theorien zu negativen Resultaten führt, welche der Gültigkeit der Theorie eine Grenze zieht; der Fortschritt der Wissenschaft erfolgt auf dialektischer Basis.

Diesen Ansichten gegenüber sagt HUSSERL: „Wo die Wissenschaften systematische Theorien entwickeln, da ist auch von Urteilen und Vorstellungen nie und nirgends die Rede. Der objektive Forscher *definiert* allerdings Ausdrücke, aber er weist damit nur auf die *objektive Bedeutung* seiner Ausdrücke hin." F. BARRY schreibt: „Scientific theory exists not in the world of thought alone, but in the complete world of events." Auch DUHEM gibt zu, daß physikalische Theorien nicht nur ökonomische Darstellungen, sondern auch „der Reflex einer *realen* Ordnung" sind. Aus unserer eigenen Grundhaltung der Erkenntnis gegenüber folgt, daß wir die *intentionale* Natur der Theorie nicht übersehen dürfen; wir bauen Theorien, um mit ihrer Hilfe das Wesen der Dinge, welches uns die *direkte* Erfassung nicht offenbart, zu erkennen. Ein Mensch, dem der Tast- und Muskelsinn fehlte, müßte die Stoßgesetze durch komplizierte Theorien erklären, während sie uns unmittelbar evident sind. Daß wir uns hierbei noch leichter irren können als bei der Aufstellung einfacher Hypothesen, ist selbstverständlich, da wir uns dabei gedanklich von den Tatsachen weiter entfernen müssen. W. GERLACH gibt ein Schema der Entwicklung physikalischer Theorien: entweder wird, unter engster Anlehnung an tatsächlich erfolgte Messungen, eine Formel aufgestellt oder ein theoretisches System *ohne* experimentelle Grundlage errichtet. Die *Entscheidung* über *jede* Theorie bringt das *Experiment;* seine Ergebnisse können auch eine Änderung der Grundvorstellungen herbeiführen. Auf den letzten Umstand hat besonders K. POPPER großen Wert gelegt; nach seiner Ansicht sind Theorien niemals empirisch verifizierbar, das Kriterium ihrer Richtigkeit ist vielmehr die *Falsifizierbarkeit.* „Wir wissen nicht, sondern wir raten . . ., geleitet von dem metaphysischen Glauben, daß es Gesetzmäßigkeiten gibt . . ., aber diese oft phantastisch kühnen Antizipationen der Wissenschaft werden klar und nüchtern kontrolliert durch methodische Nachprüfungen."

Besonders lehrreich für das Verständnis wissenschaftlicher Theorien ist die Entwicklung der Lichttheorie. Im letzten Drittel des 17. Jahrhunderts wurden in kurzem Abstand die Emanations- und

Wellentheorie aufgestellt, und mehr als 200 Jahre lang schien es, als seien alle Tatsachen der Optik, die Brechung, Interferenz und Polarisation des Lichtes, mit Hilfe der Wellentheorie zu erklären. Auch die elektromagnetische Lichttheorie von MAXWELL und die durch H. HERTZ erfolgte Entdeckung der elektromagnetischen Wellen schienen eine weitere Stütze dieser Anschauung zu sein, und als Träger der Lichtwellen betrachtete man den *Weltäther,* von welchem E. MACH schrieb, er sei keine Hypothese mehr, sondern „Forderung der Denkbarkeit", an welcher wir „als sicher festhalten können". Ähnlich äußerte sich auch KELVIN, der den Äther für eine inkompressible Flüssigkeit hielt, und noch 1922 F. EXNER, nach dem der Strahlungsdruck des Lichtes das Vorhandensein des Äthers beweist, der ein spröder, fester Körper von hoher Elastizität, eine „sulzartige Substanz" sei — und daß trotzdem der negative Ausfall des MICHELSON-Versuches von 1881 die Existenz des Äthers als eines ruhenden Körpers widerlegt hatte! Durch die Relativitätstheorie (EINSTEIN, 1904) ist die Ätherhypothese völlig überflüssig geworden. Im Jahre 1905 erkannte EINSTEIN, daß der lichtelektrische Effekt, dessen Gesetze auf Grund der Wellentheorie des Lichtes unverständlich waren, mittels der *Lichtquantenhypothese* befriedigend zu erklären ist; nach dieser Theorie besteht das Licht aus Photonen, die sich wie kleine körperliche Teilchen mit Lichtgeschwindigkeit durch den Raum bewegen; auf diese Weise erklärt sich auch der Strahlungsdruck, den ein Licht absorbierender Körper erfährt. Durch diese experimentell gestützte Ansicht ist die Emanationstheorie NEWTONS in neuer Gestalt wieder zu Ehren gekommen; allerdings ist die Interferenz und Lichtbrechung nur mit der *Wellentheorie* zu erklären. Man betrachtet heute *beide* Theorien als *nebeneinander* gültig, ebenso wie für die *Materie* sowohl das Wellenmodell wie auch die Korpuskulartheorie unentbehrlich sind. Es ist durchaus möglich, daß dieser Dualismus, den wir heute zum Teil noch als widerspruchsvoll empfinden, später einmal durch eine einheitliche Theorie ersetzt wird, welche alle Tatsachen befriedigend erklären kann.

Dieses Beispiel zeigt uns, wie Theorien oft, wie bereits ENRIQUES bemerkt hat, in *dialektischer Form* zu neuen Synthesen kommen; ein weiteres Beispiel, das wir nur kurz erwähnen wollen, ist die Selektionstheorie von DARWIN, welche heute von den meisten Biologen (W. ZIMMERMANN,, M. HARTMANN, W. LUDWIG usw.) in der Modifikation vertreten wird, daß als Grundlage der Selektion an Stelle der Variationen der Lebewesen die erblichen Mutationen treten; die ungleiche Eignung der Mutanten im Lebenskampf führt durch Ausmerzung der Untüchtigen zur Auslese. Diese Auffassung, eine Synthese aus der ursprünglichen Selektionstheorie und der Mutationslehre von DE VRIES, hat sich für die biologische Forschung als besonders fruchtbar erwiesen.

Das Wesen der dialektischen Methode besteht darin, daß auf Grund von Teilbeobachtungen eine Hypothese aufgestellt wird *(These);* z. B. wurde das im Harn nachgewiesene Androsteron für das männliche Geschlechtshormon gehalten. Spätere Beobachtungen ergaben *(Anthithese),* daß im Hoden eine viel wirksamere Verbindung, das Testosteron vorkommt, welches daher mit Recht als das eigentliche Geschlechtshormon betrachtet werden konnte. Später hat man nachgewiesen, daß das Testosteron zu Androsteron abgebaut und in dieser Form ausgeschieden wird *(Synthese).* Natürlich haben nicht alle Theorien eine ähnliche Entwicklung durchgemacht; manche, wie z. B. das Gesetz der Erhaltung des Stoffes von LAVOISIER, sind heute, nach 150 Jahren, noch gültig (wenigstens im Bereich der Chemie), andere, wie die Phlogistontheorie und die Ptolemäische Weltansicht, sind völlig aufgegeben worden. Wieder andere Theorien sind in ihrem Gültigkeitsbereich beschränkt worden, so z. B. die klassische Mechanik auf die Bereiche von mittlerer Größenordnung, während ihre Gesetze im atomaren und kosmischen Bereich in die Quantenphysik bzw. Relativitätstheorie übergehen *(Korrespondenzprinzip).* Wir sehen daher, daß Theorien nicht durchaus altern und sterben müssen. Ihr Schicksal läßt sich keinesfalls schematisieren. Auch das von positivistischer Seite immer wieder betonte Prinzip der Einfachheit ist *kein* Wahrheitskriterium; der Lamarckismus erklärt z. B. die Evolution viel einfacher als der Darwinismus, und doch mußte er aufgegeben werden, da eine Vererbung erworbener Eigenschaften nicht nachgewiesen werden konnte. Auch ist z. B. das Atommodell von BOHR viel einfacher als die quantenmechanischen Vorstellungen von HEISENBERG oder SCHRÖDINGER, trotzdem gilt es heute bereits als überholt. Über das Schicksal der Theorie entscheidet einzig und allein der Umstand, ob sie alle einschlägigen Tatsachen widerspruchslos zu erklären vermag; je mehr Tatsachen mit Hilfe einer Theorie erklärt worden sind, um so größer ist die Wahrscheinlichkeit, daß sie richtig sei oder wenigstens einen *richtigen Kern* enthalte; bewährte Theorien enthalten stets etwas Wahres, sie können in ihrer Geltung eingeschränkt oder modifiziert werden, gänzlich verworfen werden sie nur selten. Bei erklärenden Theorien wird oft, wie TH. HAERING bemerkt, gegen zwei Grundsätze verstoßen. Der erste ist das berühmte „Rasiermesser" von OCCAM: „entia non sunt multiplicanda praeter necessitatem"; dagegen wird gesündigt, indem völlig überflüssige, durch Tatsachen nicht gestützte Prinzipien, wie die Weltseele, das Urphänomen der Polarität usw. in der Naturphilosophie von SCHELLING, zur Erklärung herangezogen werden. Es handelt sich bei diesen Prinzipien um Systemgesetze, denen keine genügende Erfahrung zugrunde liegt und die nicht bestätigt wurden. Der entgegengesetzte Fehler liegt dann vor, wenn die Mannigfaltigkeit und die Artunterschiede der Wirklichkeit nicht berücksichtigt werden („entium varietates non timere esse minuendas") (KANT); das ist der Fall in der Naturphilosophie von SCHOPENHAUER, der alle Kräfte der leblosen und lebenden Natur auf den *Willen* zurückführt, oder bei W. OSTWALD, der alle Probleme der Natur auf den Energiesatz zurückführen wollte. Mit Hilfe der Theorien sucht der Mensch das Wesen des Seienden zu erfassen; in der Geschichte, im Werden und Vergehen der Theorien spiegelt sich das Schicksal des transzendenten Erkenntnisdranges wider. Theorien sind nicht dazu da, um uns eine künstliche Welt zu bauen, in welcher wir uns mühelos auskennen; sie sind auf das unabhängig von uns Seiende gerichtet und sind insofern wahr, als sie das Wesen des Seienden erfassen. Daß wir dabei nur selten zu endgültiger Erkenntnis gelangen, daß wir uns beinahe immer nur mit einer mehr oder weniger großen Wahrscheinlichkeit begnügen müssen, daß wir uns gelegentlich auch auf Irrwege begeben, ist die Folge der Unzulänglichkeit unserer Erkenntnismittel. Da die Zahl der Tatsachen, auf welche wir die Theorien letzten Endes aufbauen, immer größer wird, wächst auch die erreichbare Wahrscheinlichkeit; es wird, falls unsere Kultur durch keine Katastrophe vernichtet wird, die Zeit kommen, wo die Konvergenz der verschiedenen Theorien auf eine universale Synthese wenigstens von der Ferne sichtbar sein wird. Bis dahin heißt es aber, nüchterne, mühsame Einzelarbeit verrichten, sich mit Teilergebnissen begnügen und mit dem Aufbau umfassender Theorien zu warten, bis die Grundsteine gelegt sind. Naturphilosophische Theorien spekulativer Art können noch so richtig sein, sie bleiben so lange unfruchtbar, bis sie nicht durch Tatsachen gestützt werden und damit den Bereich der „Naturphilosophie" verlassen. SCHOPENHAUER hat bereits 1851 die moderne Atomtheorie vorausgesagt: „Übrigens mutmaße ich, daß alle Metalle die Verbindung zweier uns noch unbekannter absoluter Urstoffe sind und bloß durch das verhältnismäßige Quantum beider sich unterscheiden, worauf auch ihr elektrischer Gegensatz beruht ... Wenn man die Metalle in jene Bestandteile zu zersetzen vermöchte, so würde man wahrscheinlich sie auch machen können." — Obwohl in diesen Sätzen die moderne Lehre von der Zusammensetzung der Atome aus wechselnden Mengen von Elektronen und Protonen sowie die Atomzertrümmerung bereits enthalten sind, haben sie die Entwicklung der Physik nicht im mindesten beeinflußt. E. MACH hat 50 Jahre später selbst die bloße Existenz der Atome bestritten. Eine bescheidene Tatsache ist für den Fortschritt der Wissenschaft fruchtbarer und wertvoller als die glänzendste Spekulation, die sich weder auf ausreichende Argumente stützt, noch durch Erfahrung verifiziert werden kann. Fehlen die Voraussetzungen für eine Hypothese, so ist eben mit der Aufstellung der Theorie zu warten, bis das Wissensgebiet dafür reif wird. Erst mit Hilfe der Spektralanalyse, der modernen Atomphysik und der Relativitätstheorie ist es möglich geworden, die Probleme der Astrophysik in wissenschaftlicher Form in Angriff zu nehmen und die Frage der Kosmogonie von neuem aufzuwerfen, so wie das Studium der Chromosomen und der Nukleinsäuren die schwierigsten und rätselvollsten Fragen der Vererbung der Lösung nähergebracht hat. Es wird also der gewissenhafte Forscher die bereits von GOETHE verpönten, „ungeduldigen Übereilungen" vermeiden und sich von den Tatsachen nicht weiter entfernen, als es ohne Gefahr möglich ist; er wird jede Theorie gründlich prüfen, ob die zugrunde liegenden Tatsachen ausreichen, um den gedanklichen Aufbau zu stützen. Das Erfassen der Wirklichkeit erfolgt zwar durch den Geist, aber nur dadurch, daß der Geist sich an die Tatsachen haftet, diese schrittweise ergänzt und vorsichtig erklärt. Der Mensch hat den Drang nach Erkenntnis, doch nähert er sich seinem Ziel nur durch anstrengende Arbeit, auf mühsamen Umwegen und nach mannigfachen Irrungen. In diesem, aber *nur* in diesem Sinne, sind Theorien wertvolle, unentbehrliche Bestandteile der Erkenntnis.

Literaturverzeichnis

BARRY, F.: The scientific habit of thought, 1927.
BAVINK, B.: Ergebnisse und Probleme der Naturwissenschaft, 4. Aufl., 1930.
BERNARD, CL.: Introduction à l'étude de la médecine expérimentale, 1865.
BERTALANFFY, L., in: Erkenntnis, I, 1930.
BRIDGMAN, P. W.: Die Logik der heutigen Physik, 1932.
CASSIRER, E.: Zur Einsteinschen Relativitätstheorie, 1920.
DEWEY, J.: The quest for certainty, 1929.
DINGLE, H., in: Nature, 141, 1938.
DINGLER, H.: Die Methode der Physik, 1938.
DUHEM, P.: Ziel und Struktur der physikalischen Theorien, 1908.
EDDINGTON, A. S.: The nature of the physical world, 1929.
ENRIQUES, F.: The historic development of logic, 1929.
EXNER, F.: Vorlesungen über die physikalischen Grundlagen der Naturwissenschaften, 1922.
FRISCHEISEN-KÖHLER, M.: Wissenschaft und Wirklichkeit, 1912.
GEORGE, W. H.: The scientist in action, 1936.
GERLACH, W.: Naturwissenschaftliche Erkenntnis und ihre Methoden, 1937.
HAERING, TH.: Naturphilosophie der Gegenwart, 1933.
HARTMANN, M.: Allgemeine Biologie, 2. Aufl., 1933.
HEISENBERG, W.: Physik und Philosophie, 1959.
HUSSERL, E.: Logische Untersuchungen, II, 1913—1921.
JEVONS, W. S.: The principles of science, 2. Aufl., 1877.

JORDAN, P., in: Erkenntnis, IV, 1934.
KEYNES, J. M.: A treatise on probability, 1921.
KÖTSCHAU, K., und A. MEYER: Theoretische Grundlagen zum Aufbau einer biologischen Medizin, 1936.
KRAFT, W.: Die Grundformen der wissenschaftlichen Methoden, 1926.
LANGE, E.: Chem. Ztg., 89, Nr. 21, 1965.
LUDWIG, W., in: Naturwissenschaften, 1940.
MACH, E.: Erkenntnis und Irrtum, 3. Aufl., 1917.
MEHLBERG, H.: The Reach of Science, 1958.
MISES, R. v. (1): Kleines Lehrbuch des Positivismus, 1939.
MISES, R. v. (2): Wahrscheinlichkeit, Statistik und Wahrheit, 3. Aufl., 1951.
MITTASCH, A., in: Angewandte Chemie, 1937.
MÜLLER-FREIENFELS, A.: Psychologie der Wissenschaft, 1936.
PAULER, A. v.: Logik, 1929.
PEARSON, K.: The Grammar of Science, 2. ed., 1900.
PETZOLD, J.: Das Weltproblem vom Standpunkt des relativistischen Positivismus aus, 2. Aufl., 1912.
PLANCK, M.: Wege zur physikalischen Erkenntnis, 1933.
POINCARÉ, H. (1): La valeur de la science, 1920.
POINCARÉ, H. (2): La science et l'hypothèse, 1920.
POPPER, K.: Logik der Forschung, 1935.
RICKERT, H.: Kulturwissenschaft und Naturwissenschaft, 3. Aufl., 1915.
ROTHSCHUH, K. E., in: Universitas, 14, 1959.
SANTAYANA, G.: Some turns of thought in modern philosophy, 1933.
SCHELER, M.: Zur Ethik und Erkenntnislehre (Nachlaß), 1932.
SCHOPENHAUER, A.: Parerga und Paralipomena, II (Inselverlag).
STUMPF, C.: Erkenntnislehre, 1939.
TOULMIN, S.: The philosophy of science, 1952.
VAIHINGER, H.: Die Philosophie des Als ob, 7. Aufl., 1922.
VOLKMANN, P.: Erkenntnistheoretische Grundzüge der Naturwissenschaft, 2. Aufl., 1910.
WEINBERG, S.: Erkenntnistheorie, 1930.
WENZL, A.: Die philosophischen Grenzfragen der modernen Naturwissenschaft, 1956.
WEYL, H.: Philosophie der Mathematik und Naturwissenschaft, 1927.
WHITEHEAD, A. N.: Modes of thought, 1938.
WUNDT, W.: Naturwissenschaft und Psychologie, 1903.
ZIMMERMANN, W.: Vererbung erworbener Eigenschaften und Auslese, 1938.
ZNANIECKI, F.: The method of sociology, 1934.

V. Die Grundprobleme der Erkenntnistheorie

1. Historische Einleitung

Wir haben in den vorausgehenden Kapiteln die Entstehung und die formale Geltung der Erkenntnis sowie die Methodik der wissenschaftlichen Erkenntnisgewinnung besprochen. Wir sind nunmehr bei dem zentralen Problem: der materialen, tatsächlichen Geltung der Erkenntnis angelangt, bei der Frage, *was* wir überhaupt erkennen *können*, was die Grenzen unserer Erkenntnis sind, in welchem

Verhältnis der Inhalt unserer Erkenntnis zu der Wirklichkeit steht und auf welchem Wege wir zu dem Inhalt der Erkenntnis gelangen. Diese Fragen bilden das eigentliche Gebiet der Theorie der Erkenntnis, und sie haben die Denker aller Zeiten stets aufs lebhafteste beschäftigt. Aber auch das Interesse des wissenschaftlichen Forschers ist — bewußt oder unbewußt — recht oft erkenntnistheoretischen Problemen zugewandt gewesen; bewußt immer dann, wenn das bestehende Wissensgebäude durch grundlegende Änderungen erschüttert wurde — das sehen wir in unseren Tagen, wo Relativitätstheorie und Atomphysik die bisherigen Anschauungen über Raum, Zeit und Materie völlig umgestaltet haben —; unbewußt dann, wenn die Wissenschaft sich im Besitze einer sicheren erkenntnistheoretischen Basis wähnte, wie in den Zeiten von NEWTON bis HAECKEL, an welcher zu rütteln oder sie auch nur zu erörtern, ein zweckloses, unfruchtbares, die Wissenschaft um keinen Schritt vorwärtsbringendes Unternehmen zu sein schien. Die Beschäftigung mit Fragen der Erkenntnis wird als sich selbst widersprechend empfunden, da eine Erkenntnistheorie, welche die Voraussetzungen der wissenschaftlichen Erkenntnis zu untersuchen vorgibt, dieselbe wissenschaftliche Erkenntnis zur Voraussetzung hat. Alle diese Scheinargumente dienten nur dazu, den erkenntnistheoretischen Standpunkt der mechanistisch-materialistischen Weltanschauung vor jedem Zweifel zu bewahren und diese als solide Grundlage der Wissenschaften zu behalten.

Sobald aber die Grundlagen dieser Weltanschauung selbst ins Wanken gerieten, kam die Zeit erkenntnistheoretischer Besinnung und mit ihr eine Richtung, die sich in Krisenzeiten regelmäßig einzustellen pflegt; der Skeptizismus, in seiner modernen Gestalt als „Positivismus" bezeichnet. Neben dieser heute noch — insbesondere unter Physikern — sehr einflußreichen Richtung haben nur wenige erkenntnistheoretische Richtungen Einfluß auf die Naturforschung; so der Kritizismus sowohl in der realistischen Prägung von RIEHL, wie in der idealistischen der Marburger Schule, sowie der geläuterte, kritische Realismus, der dem positivistischen Ansturm zum Trotz wieder Boden fassen konnte.

Das Grundproblem der Erkenntnistheorie war seit dem Altertum die Frage: Auf welche Weise gelangen wir zur Erkenntnis und was können wir überhaupt erkennen? Bereits HERAKLIT unterscheidet die durch Sinneseindrücke gewonnene Erkenntnis, die nur Schein ist, vom „Logos", der Wesenschau, die durch Intuition zu erreichen ist; bei DEMOKRIT wird die Subjektivität und Relativität der Sinneserkenntnis noch stärker betont. Besonders scharf wird der Gegensatz zwischen dem uns unerkennbaren Wesen der Dinge und der auf unseren Sinneswahrnehmungen beruhenden Erscheinungswelt von den *Skeptikern* hervorgehoben. Eine Vertiefung der erkenntnistheoretischen Fragestellung beginnt bei GALILEI: nur Gestalt, Zahl und Bewegung sind die „realen“ Eigenschaften der Dinge, die übrigen Sinnesqualitäten sind subjektiv. Der Verstand ergänzt die Sinneswahrnehmungen und dringt zu den „wahren Ursachen“ der Dinge, den Naturgesetzen, vor. Die Ausgestaltung erkenntnistheoretischer Problematik beginnt mit LOCKE, dem Begründer des neuzeitlichen Sensualismus; er unterscheidet, wie bereits DEMOKRIT, die realen, primären Qualitäten der Körper (Ausdehnung, Gestalt, Zahl) von den nur in unserer Vorstellung existierenden, sekundären Charakters (Farbe, Ton, Wärme, Geruch). Einen Schritt weiter ging BERKELEY, der Begründer des modernen Idealismus, der auch die primären Qualitäten für subjektiv erklärte; die Außenwelt, so wie wir sie wahrnehmen, bestehe nur in unserer Vorstellung.

Wir sehen an dieser knappen Aufzählung der Etappen des erkenntnistheoretischen Denkens bis KANT, daß parallel mit der immer stärkeren Betonung des empirisch-sensualistischen Ursprungs jeder Erkenntnis auch der Zweifel an der Geltung der Sinneswahrnehmungen immer größer wurde; aus dieser Auffassung gab es nur eine *Art* von Folgerung; denn aus den Prämissen:

> Jede Erkenntnis stammt letzten Endes aus Sinneswahrnehmungen; Sinneswahrnehmungen ergeben nur Schein, nicht das Wesen der Dinge;

folgt, daß unsere Erkenntnis nur Schein ist: das wahre Wesen der Dinge bleibt uns unbekannt. Aus diesem Skeptizismus, der in der vorkritizistischen Periode mit HUME kulminierte, ist der erkenntnistheoretische Idealismus erwachsen, der aus der Not eine Tugend machte und die Existenz der Welt überhaupt in Zweifel zog; das einzig Reale ist nur der Mensch, die Welt besteht nur in seiner Vorstellung. Eine *erkenntnistheoretische* Begründung des Realismus ist vor KANT in systematischer Weise niemals in Angriff genommen worden; allenfalls können wir in der Anerkennung der primären Qualitäten als „real“ einen Versuch sehen, neben der Scheinerkenntnis der Sinne auch etwas Reales, unabhängig von den Sinneseindrücken Bestehendes zu unterscheiden.

KANT hat sich wiederholt dagegen verwahrt, als erkenntnistheoretischer Idealist angesehen zu werden. In einer Fußnote zur zweiten Auflage der Kritik der reinen Vernunft will er den Idealismus widerlegt und die objektive Realität der äußeren Anschauung bewiesen haben; daß diese eines Beweises noch bedurfte, bezeichnet er als „einen Skandal der Philosophie“. Der Standpunkt KANTS ist der *Phänomenalismus:* „Es sind uns Dinge als außer uns befindliche Gegenstände unserer Sinne gegeben, allein von dem, was sie an sich selbst sein mögen, wissen wir nichts, sondern kennen nur ihre Erscheinungen, das sind die Vorstellungen, die sie in uns wirken, indem sie unsere Sinne affizieren." Dieser Standpunkt ist nach KANT (1) das „Gegenteil des Idealismus". Allerdings gehören auch die *primären* Qualitäten der Körper, „ja, alle Eigenschaften, die die Anschauung eines Körpers ausmachen", bloß zu seiner *Erscheinung,* aber „die Existenz des Dinges, was erscheint, wird dadurch nicht aufgehoben, sondern nur gezeigt, daß wir es, wie es *an sich selbst* sei, durch Sinne gar nicht erkennen können". Daher ist die Protestation KANTS wider alle Zumutung eines Idealismus „so bündig und einleuchtend, daß sie sogar überflüssig scheinen würde". Die Anerkennung der Existenz realer „Dinge an sich" ist unvermeidlich, wenn wir einmal die Wirklichkeit der Erscheinungen annehmen; die kritische Erkenntnislehre gilt jedoch nur von den „Gegenständen einer möglichen Erfahrung", also der *Erscheinungswelt,* und es gilt die Regel, die gar keine Ausnahme leidet: daß wir von diesen reinen Verstandeswesen, den Dingen an sich, „ganz und gar nichts Bestimmtes wissen, noch wissen können". Naturwissenschaft ist nur mit Hilfe der synthetischen Grundsätze a priori möglich: „Der Verstand vermag nichts anzuschauen und die Sinne nichts zu denken. Nur daraus, daß sie sich vereinigen, kann Erkenntnis entspringen."

Dieser „Kopernikanische Gedanke", die Grundlage des kritischen Verfahrens, besteht also in der Annahme einer notwendigen Verknüpfung von a priori gegebenen Elementen, der reinen Anschauung von Raum und Zeit, der „Form der Sinnlichkeit, die in meinem Subjekt *vor* allen Eindrücken vorhergeht", und der bereits früher besprochenen *Kategorien* mit den hinzukommenden Sinneswahrnehmungen; erst durch Subsumieren der Sinneswahrnehmungen unter die reinen Verstandesbegriffe der Kategorien können objektiv gültige Urteile gefällt werden. Die Kategorientafel hat KANT als vollkommen bezeichnet, „man kann gewiß sein, es gäbe keine dergleichen Grundsätze mehr". Sie dienen dazu, „Erscheinungen zu buchstabieren, um sie als Erfahrung lesen zu können". Daher können sie auch, wie bereits betont, „niemals auf Dinge an sich selbst, sondern nur auf Erscheinungen als Gegenstände der Erfahrung bezogen werden". „Ins Innere der Natur dringt Beobachtung und Zergliederung der Erscheinungen und man kann nicht wissen, wie weit dieses mit der Zeit gehen werde", doch wird reine Naturwissenschaft „niemals auf irgend etwas mehr als bloße Erscheinungen gehen können". Wir kennen Natur nicht anders, als den Inbegriff der Erscheinungen, d. h. der Vorstellungen in uns; daher müsse die oberste

Gesetzgebung der Natur in uns selbst, d. h. in unserem Verstande liegen. In Ansehung der reinen oder allgemeinen Naturgesetze ist Natur und *mögliche* Erfahrung ganz und gar einerlei, daher kann der „anfangs befremdliche“ Satz formuliert werden: „Der Verstand schöpft seine Gesetze (a priori) nicht aus der Natur, sondern schreibt sie dieser vor“, ein Gedanke, dem SCHILLER in seinem bekannten Gedicht Ausdruck gegeben hat:

„Weil du liesest in ihr, was du selber in sie geschrieben,
Wähnst du, es fasse dein Geist ahnend die große Natur.“

In der Erkenntnistheorie von KANT sind es vor allem zwei grundlegende Prinzipien, welche für die nachfolgende Philosophie von großer Bedeutung waren: zunächst die Existenz und prinzipielle Unerkennbarkeit der Dinge an sich, die Beschränkung der Erkenntnis auf die Welt der Erscheinungen, auf die *phänomenale* Welt. Die Neukantianer Marburger Prägung betrachten das Ding an sich als Schranke der Erkenntnis, als Fiktion, und sie gelangen zu einem logischen Idealismus: „Nur das Denken selbst kann erzeugen was als Sein gelten darf (COHEN).“ Nach E. CASSIRER (2) sind die Grundbegriffe der Wissenschaft nicht passive *Abbilder* eines gegebenen Seins, sondern selbstgeschaffene *Symbole.* Auch nach H. HERTZ besteht die Methode der Wissenschaft darin, daß wir uns von den äußeren Gegenständen Symbole (Modelle) machen, die von solcher Art sind, daß ihre denknotwendigen Folgen mit denen der abgebildeten Gegenstände identisch sind. Auf eine „unmittelbare“ Erfassung und Wiedergabe des Wirklichen muß nach CASSIRER die Wissenschaft jede Hoffnung aufgeben. Im Gegensatz hierzu ist A. RIEHL der Ansicht, unsere Erkenntnis sei „eine mittelbare Erkenntnis *der Dinge selbst* durch die Erscheinungen der Dinge für unsere Sinne“. Der konsequente Ausbau des Kritizismus in realistischer Richtung erfolgte durch E. v. HARTMANN; danach ist die „transzendente Kausalität“ die Brücke zwischen den transzendenten Dingen an sich und dem Immanenten; wir erkennen diese durch die Affizierung unserer Sinne, wodurch eine *mittelbare* Erkennbarkeit der Dinge an sich zustande kommt.

Das zweite Prinzip von KANT, welches für die Entwicklung der Erkenntnislehre von großer Bedeutung war, ist die Lehre von den aprioristischen Kategorien des Denkens, wodurch wir die Natur notwendigerweise nur in bestimmten, uns a priori gegebenen Formen verstehen können. Obwohl KANT die empirische Grundlage der Naturwissenschaften stets betonte und die Bedeutung der Kategorien bloß auf die „reinen oder allgemeinen Naturgesetze“ beschränkt hat, war die Auffassung, wonach der Mensch der Natur ihre Gesetze *vorschreibt,* der Ausgangspunkt der erkenntnistheoretischen und naturphilosophischen Spekulationen des nachkantischen Idealismus. Über die Wandlungen der Kategorienlehre haben wir a. a. O. schon das Notwendigste gesagt; wir haben gesehen, daß die Kategorien sowohl psychologisch wie auch logisch und ontologisch gedeutet worden sind; die Ansicht von KANT selbst ist in dieser Frage nur insofern klar, als er die Kategorien als Voraussetzung des *Verstandes, nicht* aber als Eigenschaft der Dinge (im Sinne der späteren Auffassung von N. HARTMANN) aufgefaßt hat. Der englische Neurealist S. ALEXANDER hält die Kategorien für empirisch aufgefundene Formen aller Gegenstandsarten, während H. REICHENBACH sie für umweltbedingte Denkgewohnheiten hält, die keine objektive Geltung haben und nicht dem wahren Wesen des Seienden entsprechen. Gewisse Fortschritte der modernen Physik haben starke Zweifel an der Apriorität der Kategorien aufkommen lassen: die durch die allgemeine Relativitätstheorie postulierte Raumkrümmung schien mit der reinen Raumanschauung ebenso unvereinbar wie die Wellentheorie der Materie mit der Substanzkategorie; am heftigsten wurde die Apriorität des Kausalprinzips angegriffen. Wie wir am Beispiel der Substanzkategorie bereits gezeigt haben und in bezug auf die Kausalität noch zeigen werden, handelt es sich um Mißverständnisse, da die Kategorien *notwendige* Denk*formen* sind, die mit dem Inhalt gewisser physikalischer Anschauungen niemals in Widerspruch kommen können. In diesem Sinne ist die Bemerkung von W. HEISENBERG (1) zu verstehen, wonach die physikalischen Theorien nur dort eine von der klassischen Physik verschiedene Struktur besitzen, wo ihre Gegenstände nicht mehr Objekte einer unmittelbaren sinnlichen Erfahrung sind; die letztere ist nämlich nur mit Hilfe der Kategorien möglich. Wir glauben allerdings, daß auch für die Theorien der Atomphysik die kategoriellen Denkformen in ihrer reinen, von zeitlich bedingten Zutaten freien Gestalt unentbehrliche Hilfsmittel sind, unentbehrlich schon deshalb, weil sie, wie wir bereits betont haben und noch eingehender erörtern werden, auch die Formen des Seienden sind.

2. Die sinnliche Grundlage

Daß die Sinnesempfindungen die Voraussetzung menschlicher Erkenntnis sind, ist eine Erkenntnis von so ehrwürdigem Alter wie das Denken selber; im Altertum waren es hauptsächlich die Stoiker und Epikureer, die den Sensualismus betont haben; auch THOMAS v. AQUIN schrieb „omnis nostra cognitio a sensu (externo) initium habet“. In der Neuzeit wurde der Sensualismus von LOCKE begründet, nach dem die Erkenntnis aus Sinnesempfindungen (sensations) besteht, die durch den Geist (reflection) nachträglich geordnet werden (nihil est in intellectu, quod non antea fuerit in sensu). Den Höhepunkt erreichte der Sensualismus in CONDILLAC, nach dem die ganze Geistestätigkeit aus umgeformten Empfindungen besteht.

Wir haben soeben gesehen, daß der sinnliche Ursprung aller Kenntnisse die Kritik des Skeptizismus zur Folge hatte und daß ein weiterer Weg vom Sensualismus zum erkenntnistheoretischen Idealismus geführt hat. Versuchen wir der Reihe nach die Argumente für und gegen diese erkenntnistheoretischen Konsequenzen zu besprechen und die Bedeutung der Sinneswahrnehmungen für die Erkenntnislehre zu präzisieren, wobei wir, soweit es sich um psychologische Probleme handelt, auf das Kapitel über Empfindung und Wahrnehmung verweisen.

Ein Blick auf die Naturwissenschaften genügt, um uns zu überzeugen, daß es ohne Sinnesempfindung keine Wissenschaft gäbe; wir können auch innerhalb der Sinnesempfindungen eine deutliche Entwicklung in dem Sinne feststellen, daß an die Stelle der relativ unentwickelten und der Messung nicht zugänglichen Geruchs-, Geschmacks-, Temperatur- und Gehörsempfindungen immer mehr der Gesichtssinn tritt; wir „erkennen" ein Ding erst, wenn wir es selbst oder seine Wirkungen *sehen* können.

Die Transformation aller Empfindungen in Gesichtsempfindungen ist die Voraussetzung der Meßbarkeit; schon aus diesem Grunde ist sie in den exakten Wissenschaften unentbehrlich. Die Intensität von Geruchs-, Geschmacks-, Temperatur und Gehörsempfindungen ist nur sehr ungenauen Schätzungen zugänglich; wir könnten z. B. ein Instrument mit konstanter Schallwirkung als Vergleichsmaßstab konstruieren und unsere Gehörsempfindungen mit dem Ton dieses Instrumentes vergleichen; solche Instrumente (Audiometer) sind heute in der klinischen Diagnostik weit verbreitet, sie dienen jedoch nur zur Diagnose von Ohrenkrankheiten und haben unsere Kenntnisse über die Außenwelt nicht erweitert. Auch die künstliche Erzeugung kurzwelligen Schalles (Ultraschall) wird nur zu Homogenisierung von Geweben verwendet, neue Erkenntnisse brachte sie nicht, da Schallphänomene in der Physik nur von untergeordneter Bedeutung sind. Wir sehen in der Tat, daß in den Wissenschaften alle Sinne, mit Ausnahme der Gesichtsempfindungen, nur Hilfsdienste leisten und die durch andere Sinne gegebenen Empfindungen in Gesichtsempfindungen transformiert werden. Selbst in der medizinischen Diagnostik ist man bestrebt, die diagnostisch so wertvollen Herztöne und Atemgeräusche graphisch zu registrieren und das Tasten des Pulses durch den Sphygmographen zu ersetzen bzw.

durch Blutdruckmessung zu ergänzen; an Stelle der perkutorischen Feststellung der Herzgröße und -form, der Lungengrenze und des Luftgehaltes der Lunge erfolgt die optische Untersuchung mit Hilfe der Röntgenstrahlen. Dem Chemiker leistet zwar der Geruchsinn im Laufe seiner Arbeit gelegentlich noch gute Dienste, jedoch nur als qualitativer Wegweiser, und selbst in der qualitativen Analyse zieht es der Chemiker vor, eine Verbindung an ihren charakteristischen Reaktionen visuell zu erkennen, als sich dem Geruchsinn anzuvertrauen, obwohl eben dieser eine *direkte* Wirkung der Substanz ist. Ammoniak hat einen intensiven und charakteristischen Geruch; trotzdem wird es mit Hilfe von gewissen Reaktionen (Braunfärbung mit dem Reagens von NESSLER) nachgewiesen, und zur quantitativen Bestimmung dient nicht die Intensität des Geruches, sondern das Titrieren nach vorausgehender Destillation. Am vollkommensten ist das Verfahren der optischen Transformation in der Physik durchgeführt; wir ersetzen den Temperatursinn durch das Thermometer, den Muskelsinn durch die Waage; selbst *innerhalb* der optischen Sphäre wird dem Auge nicht voll vertraut; für genaue Bestimmungen ersetzen wir die Farbe durch die Wellenlänge, die Helligkeitsmessung erfolgt mit Hilfe des lichtelektrischen Photometers, wobei die Leistung des Auges auf Zeigerablesung auf einer Skala reduziert wird.

Die überragende Bedeutung des Gesichtssinnes geht weiter aus dem Umstand hervor, daß wir unseren Sinnen nicht zugängliche Dinge und Vorgänge erst dann „erkennen", wenn es uns gelingt, sie oder ihre Wirkungen künstlich sichtbar zu machen. Das bezieht sich vor allem auf die Elektrizität und den Magnetismus im engeren Sinne, für welche der Mensch keinen eigenen Sinn hat (die Muskel- und Nervenerregung durch den elektrischen Strom ist *keine* spezifische Empfindung, wir sprechen ja vom elektrischen „Schlag"), ferner auf den ganzen außeroptischen Bereich der elektromagnetischen Strahlung, die wir dadurch erkennen, daß sie eine sichtbare Wirkung entfaltet, ein Galvanometer bewegt, Eisen magnetisch anzieht, eine Thermosäule erwärmt, Körper zu Fluoreszenz bringt usw. Selbst Atombestandteile, Heliumkerne, Elektronen sind in der Nebelkammer von WILSON indirekt sichtbar gemacht worden. Die Bedeutung dieser Methode für die Erkenntnis wird uns noch beschäftigen; hier sei nur hervorgehoben, daß es sich stets um *künstliche Sichtbarmachung* von an sich unsichtbaren Phänomenen handelt, die wir alle erst dann entdeckt bzw. erkannt haben, als es gelungen war, sie oder ihre Wirkungen zu *sehen*. Die theoretische Annahme, ja selbst die genaueste Berechnung, daß irgendwo irgend etwas „vorliegen“ muß, gilt erst dann als erwiesen, falls der erwartete Gegenstand tatsächlich „entdeckt“, d. h. dem Gesichtssinn zugänglich gemacht wurde; das klassische Beispiel hierfür ist die Berechnung des Planeten Neptun durch LEVERRIER; bevor der Neptun nicht „entdeckt“, d. h. photographisch-optisch beobachtet wurde, galt seine Existenz nicht als Tatsache, sondern als Hypothese. Als weiteres Beispiel der Bedeutung optischer Wahrnehmungen können wir auf die vielfach entscheidenden Fortschritte hinweisen, welche die Wissenschaft mit Hilfe der optischen Instrumente, des Mikroskops und des Fernrohrs, erzielt hat; Biologie und Astronomie verdanken ihren Wissensschatz größtenteils diesen künstlichen Erweiterungen unseres Gesichtssinnes.

Es ist daher nur recht und billig, daß die grundlegende Bedeutung des Gesichtssinnes für die Erkenntnis auch bei modernen Denkern volle Anerkennung findet. „Der Sinneseindruck ist immer schlechthin gegeben“, schreibt M. PLANCK (2), „und daher unanfechtbar. Daher ist der Inhalt der Sinneseindrücke die geeignete und die einzig unangreifbare Grundlage für den Aufbau der exakten Wissenschaft“. Wäre nach CARNAP irgendein physischer Gegenstand nicht auf Sinnesqualitäten zurückführbar, so würde das besagen, daß es für ihn keine wahrnehmbaren Kennzeichen gibt. Auch nach SCHLICK sind Sinneswahrnehmungen das *einzige* Kriterium für Sätze über die Wirklichkeit. Grundlage der Begriffe ist nach CARNAP das *Erlebensgegebene;* was erlebt wird sind Totalitäten, ein beständig sich wandelnder Erkenntnisstrom. Diese unmittelbaren Erlebnisinhalte werden als *Protokollsätze* bezeichnet, die nicht absolut gültig sein müssen, korrigierbar sind. Das Kriterium ihrer Gültigkeit ist nach NEURATH die Übereinstimmung der empirischen Sätze untereinander; diese genügt jedoch nach SCHLICK nicht, da es sich nicht um mathematische Sätze, sondern um empirische Beobachtungen handelt. Sie müssen daher durch Beobachtungsaussagen *verifiziert* werden und werden dadurch zur *„Konstatierung“*. Dasselbe meint POPPER, wenn er empirische Aussagen nur dann anerkennt, wenn sie systematisch nachgeprüft werden können. In der wissenschaftlichen Praxis wird dieses Verfahren ständig angewandt (Parallelbestimmungen, Kontrollversuche usw.), und wenn JUHOS meint, daß es auch Sätze gibt, wo ein Irrtum logisch ausgeschlossen ist und die nicht verifizierbar, sondern entweder wahr oder Lüge sind, so ist zumindest das von ihm angeführte Beispiel („Ich fühle Schmerz“) meist leicht verifizierbar. Auch ist es kein glückliches Beispiel dafür, daß solche „Konstatierungen“ keine Voraussagen zulassen: der typische Schmerz des Herzinfarktes, der Gallen- oder Nierenkolik oder der Schmerz einer Bandscheibenhernie lassen sehr wohl Voraussagen zu. Es wäre sehr riskant, die Wissenschaft auf einem Fundament unverifizierbarer „Konstatierungen“ zu errichten, umsomehr, als der Übergang von der Konstatierung zu hypothetischen Sätzen, wie JUHOS meint, ein außerlogischer, irrationaler Schritt ist.

Sinnesempfindungen sind jedoch psychologische Vorgänge und als solche notgedrungen *subjektiv;* es ist z. B. bekannt, daß es Farbenblinde gibt; wenn wir daher die Farbe nur durch Sinnesempfindung erkennen können, führt dann der Sensualismus nicht zu einem Relativismus? Soll etwa eine Abstimmung darüber entscheiden, welche Farbe ein Objekt hat? Oder sollen wir mit PEARSON annehmen, daß durch den identischen Bau der Sinnesorgane bei allen Menschen ihre identische Funktion gewährleistet ist und daher die Welt allen Menschen gleich erscheint? Aber gerade die Farbenblindheit beweißt ja, daß es mit der Identität der Wahrnehmungen nicht ganz stimmt. Sollen wir etwa die Farbe als „sekundäre“ Qualität für subjektiv erklären und Ausdehnung, Gestalt und Zahl als real ansehen? Selbst in diesem Fall werden wir nicht vor Sinnestäuschungen sicher sein; Sehschärfe, Gesichtsfeld sowie Reizschwelle für Gesichtsempfindungen sind nicht bei allen Menschen gleich, jedes Lehrbuch der Physiologie und Psychologie enthält Beispiele für „physiologische“ Sinnestäuschungen, für welche erst die Gestaltpsychologie eine befriedigende Erklärung versucht hat. Es wäre übrigens gar nicht verständlich, wieso wir einen Teil unseres Wahrnehmungsinhaltes als „wirklich“, einen anderen, ihn stets begleitenden, als bloß „subjektiv“ ansehen sollen. — Die Entwicklung der Physik und der Sinnesphysiologie hat auf die aufgeworfenen Fragen eine deutliche Antwort erteilt. Es kann nicht bezweifelt werden, daß die Farben „real“ sind, da sie ganz bestimmten Wellenlängen des Lichtes entsprechen; wir wissen, daß unser Auge nur einen eng begrenzten Bereich des elektromagnetischen Spektrums zu erfassen vermag; innerhalb dieser Grenzen erlaubt die Prüfung ein *objektives* Urteil über den Farbensinn. Auch die Sehschärfe, das Gesichtsfeld und der Lichtsinn sind objektiv bestimmbar, jeder Augenarzt verfügt über das dazu erforderliche Instrumentarium. Wir sind daher jederzeit in der Lage, die Leistungsfähigkeit unserer Augen objektiv zu prüfen und können, falls erforderlich, die Gleichmäßigkeit der Empfindungen auf diese Weise gewährleisten. Natürlich werden damit die Sinnestäuschungen nicht eliminiert und was wir damit erreichen, ist zunächst nur die Standardisierung unserer Empfindungen, nicht die Realität der dahinterliegenden Welt; es wäre logisch denkbar, daß alle Menschen derselben Illusion unterworfen sind.

3. Das Problem der Realität, Erscheinung und Wirklichkeit

Es wäre logisch denkbar, daß die ganze Welt nichts wäre als ein Produkt der menschlichen Seele, eine Art von Traum, dem nichts in der Wirklichkeit entspricht. Diese Konsequenz des erkenntnistheoretischen Idealismus führt letzten Endes unweigerlich zum Solipsismus und zur „Immanenzphilosophie". Bekannt ist der Standpunkt von SCHOPENHAUER, wonach „alle Kausalität, also alle Materie, mithin die ganze Wirklichkeit, nur für den Verstand, durch den Verstand, im Verstande" ist; wirklich sein ist für W. SCHUPPE gleichbedeutend mit bewußt sein. Objekte gibt es nur in der Vorstellung; der Gedanke eines „nicht gedachten" Dinges ist ein undenkbarer Gedanke. Nach dieser Ansicht gäbe es Röntgenstrahlen erst seit ihrer Entdeckung im Jahre 1895; auch wären z. B. alle Krebsheilmittel „wirklich", die jemals Gegenstand des Bewußtseins bildeten. Einer der neueren Verfechter des Idealismus, REININGER, hält die empirische Welt für eine „geglaubte Realität", der naive Realismus beruhe auf einem Vorurteil. Die Beweise des kritischen Realismus seien gleichwertig mit den scholastischen Gottesbeweisen; „es gibt keinen Weg, der uns unmittelbar mit einem Bewußtseinstranszendenten in Berührung zu bringen vermöchte", die Freimachung vom realistischen Vorurteil bedeutet das Erwachen des philosophischen Geistes. Demgegenüber betont POPPER: Für den Idealisten heißt der Satz „Es steht eine Vase am Fensterbrett" folgendes: Falls jemand von einem bestimmten Platz in eine bestimmte Richtung schaut, so sieht er etwas, das er eine Blumenvase zu nennen gelernt hat. Die Widerlegung ist einfach: der Satz ist auch richtig, wenn niemand auf das Fensterbrett schaut, es wäre aber absurd zu schließen, daß, *so oft niemand* auf das Fensterbrett schaut, eine Blumenvase drauf steht. AYER versucht, die Frage auf linguistischer Basis zu lösen. Unsere Empfindungen sind Sinneseindrücke und keine materiellen Objekte. Wenn ein Philosoph an Stelle von „materiellem Ding" von Sinneseindruck spricht, so stellt er keine Hypothese auf, es handelt sich bloß um einen Sprachgebrauch. Ob ein Tisch als sichtbares Nutzobjekt oder als Molekularaggregat bezeichnet wird, sei nichts als Sprachkonvention. Da aber unsere Sprache etwas bezeichnen, aussagen, behaupten will, mit anderen Worten einen *intentionalen* Sinn hat, ist das Problem auf diese Weise nicht zu lösen. Das bezieht sich auch auf die Ansicht von FRANK: „Ontology is nothing but the use of our everyday language in a domain where it loses its meaning." Am schwerwiegendsten ist jedoch der Einwand, daß es dem Idealismus nicht gelingt, die Entwicklung eines für alle Menschen gleichen Weltbildes zu erklären; ein Gedankenaustausch wäre, wie H. JEFFREYS bemerkte, auf der Basis des Solipsismus unmöglich, da die Welt jeder für sich empfunden und erdacht hätte und auch der Partner nur in der Vorstellung existiert. Auch SCHLICK (1) schreibt: „Unfehlbar fällt der Immanenzphilosophie das Universum in so viele Welten auseinander, als Zentralglieder vorhanden sind, und es besteht zwischen ihnen ein pluraler Parallelismus, welcher nur eine rätselhafte Korrespondenz, keine reale Verknüpfung bedeutet." Ein scheinbarer Ausweg ergibt sich durch die Annahme der „prinzipiellen menschlichen Gleichheit" (AVENARIUS), der wir auch bei PEARSON schon begegneten. Doch sind es gerade *die Subjektivität* der Sinnesempfindungen und die Sinnestäuschungen, die zu dem Zweifel an der Realität der Außenwelt geführt haben; diese lassen sich durch kein Postulat idealistischer Natur hinwegdiskutieren, nur um die Gleichmäßigkeit der Welt zu erklären. Tatsächlich verstrickt sich jeder Idealismus in unlösbare Widersprüche; er vermag nicht zu erklären, weshalb die Wahrnehmungen um so vieles lebhafter sind als die Vorstellungen derselben Dinge; er vermag nicht zu erklären, wieso altbekannte Dinge, z. B. eine heimatliche Landschaft, selbst nach langen Wahrnehmungspausen unverändert bleiben — in unserer *Vorstellung* waren sie oft anders, doch genügt der Vergleich mit einer Photographie, um zu beweisen, daß sich nicht die Dinge geändert haben, sondern unsere Vorstellungen, unsere Erinnerungen haben geirrt. Alle diese Tatsachen, welche für die idealistische Deutung unüberwindliche Schwierigkeiten bedeuten, lassen sich zwangslos durch die Annahme einer unseren Wahrnehmungen zugrunde liegenden *realen Außenwelt* erklären.

Daß die Frage der Realität der Außenwelt überhaupt aufgeworfen werden konnte, hat, wie gesagt, KANT als einen „Skandal der Philosophie" bezeichnet, und dieses Problem wird sicher vielen Naturforschern, die ihr Leben der Erforschung dieser Außenwelt widmen, als sinnlose philosophische Haarspalterei erscheinen. Ihr Realismus beruht auf dem „gesunden Menschenverstand", welcher in der schottischen Schule (TH. REID, HAMILTON) zum Kriterium der Wirklichkeit erhoben worden ist; die Entwicklung der modernen Physik zeigte jedoch, daß diese bereits von KANT gering geschätzte Grundlage nicht ausreicht, um als Grundlage der Erkenntnis zu dienen — dazu ist dieser „gesunde" Menschenverstand viel zu sehr biologisch beschränkt. Wie oft hat sich dieser „common sense" gegen neue Gedanken, ja selbst gegen neue Tatsachen gesträubt, nur weil sie den gewohnten, „verständlichen" Lebensrahmen überschritten haben. Es war daher durchaus berechtigt, daß die philosophische Kritik auch die Frage der Realität der Außenwelt aufgeworfen hat

— viele Naturforscher haben sich zum Positivismus bekannt — und die Frage zu beantworten suchte, inwiefern unseren Wahrnehmungen etwas Reales zugrunde liegt und was wir von der Wirklichkeit zu erkennen imstande sind.

Daß es eine reale Außenwelt gibt, das beweist nicht allein die Erkenntniskritik, sondern das tägliche Leben. Bereits DILTHEY und FRISCHEISEN-KÖHLER haben darauf hingewiesen, daß der Widerstand, den die Dinge unseren Impulsen und Handlungen entgegensetzen, die Realität der Außenwelt *erleben* läßt. Später haben M. SCHELER und insbesondere N. HARTMANN das „Widerstandserlebnis" als „charakteristische Grundform der Realitätsgegebenheit" bezeichnet. „Es gibt eben nur *eine* Realität, nämlich die der einen realen Welt, in der wir leben und sterben, in der wir handeln und hoffen, fürchten, leiden, erfahren — *und* erkennen." Erkennen ist, wie wir bereits gesehen haben, das Erfassen von etwas, „das unabhängig vom Erkennen so ist, wie es ist." „Eindringen in eine Sache kann es nur geben wo es die Sache gibt, in die eingedrungen wird." Daher beweist auch schon die intentionale Natur unseres Denkens, daß es eine reale Welt gibt.

Sind weitere Beweise überhaupt notwendig? Sie sind von den Vertretern des kritischen Realismus in großer Fülle vorgebracht worden. O. KÜLPE weist hin auf die subjektiv nicht beeinflußbaren gesetzmäßigen Beziehungen in der Natur, welche genaue Prognosen für die Zukunft ermöglichen; A. MESSER erinnert daran, daß die Empfindungen von unserem Willen unabhängig sind; wir sehen die Sonne, empfinden die Kälte, ob wir wollen oder nicht. Und E. BECHER schreibt: „Die Annahme, daß die von der Naturforschung bestimmten Objekte als Gegenstände an sich existieren und in uns die Wahrnehmungsbilder hervorrufen, ist in der Tat die einzige Hypothese, die das Auftreten der Wahrnehmungsbilder bis ins einzelne zu erklären vermag." Als Schlußurteil können wir mit M. PLANCK (1) sagen: „Die Grundlage und die Vorbedingung jeder echten, fruchtbringenden Wissenschaft ist die durch reine Logik freilich nicht zu begründende, aber auch durch Logik niemals zu widerlegende metaphysische Hypothese der Existenz einer selbstständigen, von uns völlig unabhängigen Außenwelt."

Wenn wir an der Existenz einer realen Außenwelt auch nicht zweifeln — sie wurde in unserer metaphysischen Grundlegung als selbstverständlich vorausgesetzt —, so erheben sich die weiteren Fragen: Ist *alles*, was wir wahrnehmen, *real?* Wenn nicht, welche sind die Kriterien der Wirklichkeit und schließlich: ist es uns prinzipiell möglich, das *Wesen* der Wirklichkeit zu erkennen? Auf die erste Frage können wir unschwer Antwort geben: *jeder* unserer

Wahrnehmung entspricht *irgend etwas* in der Wirklichkeit. Diese letztere ist nach J. St. Mill nichts anderes als „permanente Möglichkeit der Empfindungen". Dabei gibt es keine prinzipiellen Unterschiede zwischen den verschiedenen Arten von Empfindungen: den „sekundären" Qualitäten, der Farben- und Wärmeempfindung entspricht ebenso etwas Reales wie der Empfindung der Ausdehnung und Größe — auf diesen Umstand haben insbesondere die Neurealisten in England und Amerika (Nunn, Holt, Montague) großen Wert gelegt, um den Dualismus von Locke zu widerlegen. Ganz allgemein kann man mit H. Weyl sagen, daß eine Verschiedenheit der sich uns aufdrängenden Wahrnehmungen stets in einer Verschiedenheit der reellen Bedingungen fundiert ist. Natürlich geben unsere Wahrnehmungen nicht unter allen Umständen ein gleich genaues Bild der Wirklichkeit: aus großer Ferne können wir die Gestalt der Gegenstände nur ungenau erkennen, im Dunkeln erkennen wir ihre Farbe nicht — daher ist, wie Stumpf mit Recht betont, die einzige richtige Einstellung allen Sinnesempfindungen gegenüber die *kritische:* „Die ganze Aufgabe der Physik besteht darin, in Verbindung mit Physiologie und Erkenntnistheorie uns von diesen echten Sinnestäuschungen zu befreien."

Daß die Wirklichkeit von unseren Wahrnehmungen unabhängig existiert, daß Stuhl und Schrank auch dann „real" und „wirklich" sind, wenn sie niemand sieht und benützt, ist daher nicht allein ein Postulat des gesunden Menschenverstandes, sondern auch ein philosophisch durchaus selbstverständlicher Tatbestand, den die Definition von Schlick (1) am besten wiedergibt: „Wirklich ist alles, was zu einer bestimmten Zeit seiend gedacht werden muß." Diese Wirklichkeit sucht unser Denken intentional zu erfassen und bedient sich dabei der Sinneswahrnehmungen, die jedoch, wie wir bereits feststellten, in ihrer Leistungsfähigkeit biologisch-praktisch begrenzt sind. Unsere Empfindungen sind nach Helmholtz nur *Zeichen* für die äußeren Objekte, durchaus nicht *Abbilder* von irgend welcher Ähnlichkeit. „Unsere Sinnesempfindungen sind Zeichen, welche wir *lesen gelernt* haben . . . Die feine und viel bewunderte Harmonie zwischen unseren Sinneswahrnehmungen und ihren Objekten ist im wesentlichen eine individuell erworbene Anpassung, ein Produkt der Einübung, der Erinnerung." Gegen die weitverbreitete Abbildtheorie führt Messer an, daß Gegenstand und Abbild nicht konfrontiert werden können, da die Wahrnehmung *stets* bewußtseinimmanent ist: die Photographie besteht ebenso nur in Wahrnehmung, wie das Original. Die Erkenntnis ist eine *aktive Tätigkeit:* aus den Wahrnehmungen arbeiten wir in begrifflichem Denken die „an sich" existierende Realität heraus. Auf dasselbe weist die Ansicht von LENZEN: „The scientific criterion of objectivity ultimately rests upon the possibility of occurrence of predicted perceptions to a society of observers." Übrigens ist die Abbildtheorie (und die Widerspiegelungstheorie) nicht viel mehr als ein Gleichnis; sie sagt nichts darüber aus, ob sich die *ganze* Wirklichkeit abbildet: das „Abbild" der Elektronenbahn ist ein Streifen in der WILSONschen Nebelkammer, nicht das Elektron. Die erste und wichtigste Umformung der Empfindungen ist die *Realobjektivation* (MÜLLER-FREIENFELS), womit wir unsere Empfindungen auf außer uns gegebene Objekte beziehen. Daher studiert die Naturwissenschaft als solche nicht die Sinneserscheinungen, sondern die physisch realen Dinge auf Grund der Erscheinungen (STUMPF). Wenn wir behaupten: „es gibt ein A", so meinen wir damit *mehr*, als „ich sehe ein A" (M. G. E. MOORE). Unser Nervensystem ist, wie R. KREMER mit Recht betont, verantwortlich für unsere *Empfindungen*, ist aber keine Voraussetzung der Existenz der *Objekte*.

Die Aufgabe der Kritik an unseren Sinnesempfindungen hat die Physik, wie wir gesehen haben, unabhängig von erkenntnistheoretischen Erwägungen, praktisch längst in Angriff genommen. Die Transformation der Empfindungen in Gesichtswahrnehmungen, die Reduktion der letzteren zu Zeigerablesung ist, im Grunde genommen, „kritischer" Realismus, ebenso wie die Angabe von Vergrößerungen durch das Mikroskop und die photographische Aufnahme eines Sternes dazu dient, die Wahrnehmung — und damit das wahrgenommene Objekt — von subjektiven Fehlerquellen unabhängig zu machen. Daß nicht alles Gold ist, was glänzt, hat die Chemie vor aller philosophischen Erkenntniskritik festgestellt. Unsere Wahrnehmungen zeigen uns nicht die Objekte an sich, sondern grundsätzlich nur gewisse Aspekte der Objekte, manchmal nur gewisse Wirkungen, die wir auf Objekte beziehen: im saueren, konzentrierten Harn fallen manchmal harnsaure Salze aus, wodurch der Harn rotbraun und trübe erscheint und von Laien für „blutig" gehalten wird: es ist die Aufgabe der chemischen und mikroskopischen Analyse, festzustellen, daß es sich nur scheinbar um Blut, in Wirklichkeit um eine harmlose Ausscheidung von Harnsäure handelt. Die rotbraune Trübung war zwar durchaus „wirklich", sie reicht aber nicht aus, um die Tatsache der Blutbeimischung sicherzustellen; während vor einigen Jahrhunderten die Medizin nicht in der Lage war, eine Entscheidung zu fällen, gibt es heute *sichere* Kriterien für den Blutnachweis, und mit Hilfe relativ einfacher Untersuchungsmethoden — welche jedoch die Frucht anstrengender Arbeit vieler

Generationen ist —, kann heute jeder Arzt feststellen, ob die angebliche Blutbeimischung Schein oder Wirklichkeit ist. Während früher die Anwesenheit von Blut nur an der Farbe und Trübung des Harns „erkannt“ werden konnte, sind wir heute auf Grund unserer Kenntnis vom *Wesen* des Blutes in der vorteilhaften Lage, seine Anwesenheit mit absoluter Sicherheit und ohne Möglichkeit einer Sinnestäuschung festzustellen.

Damit sind wir bei der dritten Frage eingetroffen, nach der prinzipiellen Möglichkeit der Erkenntnis des *Wesens* der Wirklichkeit. Wir haben in unserem historischen Überblick gesehen, daß diese Frage von allen philosophischen Richtungen der Vergangenheit — vielleicht mit alleiniger Ausnahme der schottischen Schule — verneint worden ist. Am prägnantesten wurde dieser Standpunkt durch den Phänomenalismus von KANT vertreten, wonach wir das Wesen der Realität, die *Dinge an sich,* niemals erkennen können; was wir durch unsere Wahrnehmungen erfassen, sind lediglich die *Erscheinungen* der Dinge, welche wir mit Hilfe der Kategorien — welche nur für die Erscheinungen, nicht für die Dinge an sich gelten — zu erkennen vermögen. Die Dinge an sich sollen daher weder der Raum- und Zeitanschauung, noch der Kausalität unterworfen sein — ein Punkt, den E. v. HARTMANN insofern berichtigte, als die Dinge an sich zweifellos die Ursache der Erscheinungen und daher unserer Wahrnehmungen sind, sie daher auch der Kausalität unterworfen sein müssen. Mit dem Phänomenalismus der Positivisten werden wir uns im nächsten Kapitel eingehend auseinandersetzen; doch begegnen wir ähnlichen Ansichten auch bei modernen Denkern, die dem Positivismus durchaus fernstehen. So sagt z. B. A. MÜLLER, daß die *phänomenologische* Welt von allen in der gleichen Weise wahrgenommen wird, sie ist allen in der gleichen Weise gegeben, Naturforschern, Idealisten und Realisten. Die von uns *unabhängige Außenwelt* sei dagegen prinzipiell *unerfahrbar*. Ebenso schreibt E. BECHER: „Das innere Wesen der Naturgegenstände an sich bleibt dem Naturforscher, der diese aus ihren Wirkungen, zuletzt aus den Sinneswahrnehmungsbildern bestimmt, gänzlich unbekannt.“ Besondere Schwierigkeiten erwachsen bei der Frage der *Realität von Elementarpartikeln.* Nach HEISENBERG ist es geradezu sinnlos, ihnen eine objektive Realität zuzubilligen, da wir nur die mathematische Beschreibung ihres Verhaltens kennen. Die Elektronenbahnen sind nicht *Wirklichkeit,* sondern *Potenz,* jeder Art von Kraftfeld entspricht im Sinne der potentiellen Wirklichkeit eine bestimmte Sorte von Elementarteilchen (dem elektromagnetischen Feld die Photonen, der Atomkraft die Mesonen). Nach MEHLBERG ist die reelle Existenz der Atome „equivalent to the empirical and literal verificability of those statements of the atomic theory, which refer to the properties under consideration". In negativer Form meint FRANK dasselbe: „Speaking exactly, a particle itself without the description of the whole experimental setup is not a physical reality." Zweifellos ist das Problem der Realität der *nur indirekt* erkennbaren Elementarpartikeln komplizierter als die Realität einer wahrgenommenen Blumenvase. Dieselben Schwierigkeiten ergaben sich auch in der Medizin. Man wußte z. B. seit mehreren Jahrzehnten, daß es Geschwülste des Nebennierenmarkes gibt, die Katecholamine sezernieren und dadurch plötzliche Blutdruckerhöhungen bewirken. Lange Zeit hindurch konnte die Diagnose nur auf *indirektem* Weg gestellt werden: die Injektion von Adrenalinantagonisten setzte den Blutdruck herab usw. Trotzdem gelang es, viele Fälle dieser Krankheit zu erkennen und durch Entfernung der Geschwülste zu heilen. Heute können wir die erhöhte Sekretion der Katecholamine durch Bestimmung im Blut und Harn feststellen, womit der *direkte* Beweis für das Vorliegen der Krankheit erbracht worden ist. Obwohl ein ähnlicher direkter Nachweis von Elementarpartikeln in der Mikrophysik noch lange nicht zu erbringen sein wird, ist die Beweiskraft *indirekter* Beobachtungen keinesfalls gering zu schätzen, auch ihnen liegen durchaus *reelle* Phänomene zugrunde.

Gegenüber dem prinzipiellen Agnostizismus hat M. SCHLICK (1) zu bedenken gegeben, daß jedem Bestimmungsstück der „Erscheinungen" irgend etwas an den Dingen an sich korrespondieren, eindeutig zugeordnet sein muß. Die empirische Wissenschaft liefert uns, wie wir soeben an dem Beispiel der Blutprobe gesehen haben, Erkenntnis des *Wesens* der Objekte. Gibt man das zu, so sind wir damit zugleich im Besitze der Erkenntnis des Wesens der Dinge an sich. Nach KÜLPE ist der Phänomenalismus ein dogmatisches Vorurteil, wonach Denken das Reale *verhüllt;* wahr ist vielmehr, daß unser Denken ein recht anpassungsfähiges Werkzeug ist. In diesem Sinne schreibt R. KREMER: „Toute la vie consciente suppose que la connaissance est faite pour les objets, que l'organisme conscient est adapté au milieu de la manière que lui est propre, c'est-à-dire de façon à pouvoir le connaître." Auch die Kausalität hält KREMER für eine Seinsform: „La causalité de la chose sur nos organes du sens est d'ordre ontologique, transcendant, et non d'ordre phénoménal, empirique." Wie wir früher im Anschluß an LIEBERT und KÜLPE bereits betont haben, sind die Kategorien Denk- und Seinsformen zugleich. Nach PLANCK (2) ist das Ziel der Wissenschaft die Schaffung des *endgültig realen* Weltbildes; die Welt der Erfahrung, die phänomenologische Welt bleibt immer nur eine Annäherung, woraus eine beständig wirksame, niemals auszugleichende Spannung in der Wissenschaft resultiert.

Die Spannung, die PLANCK meint, hat ihren Grund nicht in einer prinzipiellen Unerkennbarkeit der Wirklichkeit — welche nach den Phänomenalisten als ein mystisches, verschleiertes Bild von Sais zu betrachten wäre —, sondern in dem transzendenten Wissensdrang des Menschen, der auch diejenigen Aspekte der Welt, die ihn biologisch nichts angehen, erkennen will, zu diesem Zwecke aber nur über Erkenntnismittel verfügt, welche im wesentlichen auf die biologische Sphäre beschränkt sind. Die Welt ist ihrem Wesen nach biologisch indifferent — sie wäre im großen und ganzen ohne jedes Leben so wie sie ist —, unsere Sinne sind biologisch bedingt, sie haben sich an die speziellen Lebensumstände des Menschen angepaßt, sie zeigen in erster Reihe biologisch Wichtiges an. Nicht als ob irgendein Postulat bestünde, wonach der Mensch das Wirkliche nicht erkennen *darf* — für diese Annahme fehlt jeder vernünftige Grund —, aber die Sinnesorgane des Menschen sind nun einmal nicht für die Erkenntnis der Wirklichkeit an sich, sondern nur für die *relative* Wirklichkeit der menschlichen Lebenssphäre geschaffen. Von den Möglichkeiten der Erkenntniswege stehen uns *direkt* nur diejenigen offen, welche für die Lebenserhaltung nützlich sind — und diese Auswahl hat auf die Bedürfnisse der transzendenten Erkenntnis keine Rücksicht genommen. Wir betonen nochmals: die Beschränkung ist vom biologischen Standpunkt aus *zweckmäßig,* vom Erkenntnisstandpunkt aus rein *zufällig.* Kein metaphysisches Postulat hat die Sehempfindung auf einen schmalen Abschnitt des elektromagnetischen Spektrums beschränkt, sondern die biologische Zweckmäßigkeit — wiewohl es für die physikalische Erkenntnis sehr wertvoll wäre, wenn unser Auge auch kurz- und langwelligere Strahlungen empfinden könnte, da wir in diesem Fall sehr vieles direkt sehen könnten, was wir heute durch mühevolle Versuche indirekt erschließen müssen. Anderseits ist es zweifellos, daß unsere Sinnesempfindungen die Wirklichkeit wiedergeben — wenn auch nur einen kleinen Teil der Wirklichkeit und wenn das Bild auch stellenweise durch Sinnestäuschungen verzerrt ist. Unsere Wahrnehmungen beruhen, wie G. E. MOORE sagte, wohl auf *Erscheinungen,* aber nicht auf *Schein.* Die Aufgabe der Wissenschaft besteht darin, die Sinnestäuschungen zu korrigieren, die Leistungsfähigkeit der Sinnesorgane zu erhöhen und das uns sinnlich direkt Unzugängliche auf indirektem Wege der Erkenntnis zu erschließen. „Wir glauben, die einheitliche physische Struktur der Natur an ihren Umrissen zu erkennen — aber nur, wie von einem noch fliegendem Flugzeug, nicht wie ein Wanderer.“ (HEISENBERG)

4. Empirismus und Rationalismus

Neben der Frage der Realität unserer Erkenntnisse ist es vor allem die Frage nach dem *Ursprung* der Erkenntnis, welche die Denker aller Zeiten beschäftigt hat. Je nach dem, ob dieser mehr im Geistigen oder in den Erfahrungen gesucht worden ist, unterscheidet man Rationalisten und Empiristen: zu den ersten werden u. a. Descartes und Leibniz, zu den letzteren die bereits erwähnten Sensualisten, ferner die Materialisten und Positivisten verschiedenster Schattierung gerechnet. Der Kritizismus von Kant wird als vermittelnder Standpunkt betrachtet, doch haben weder Descartes und Leibniz die Bedeutung der Erfahrung gänzlich geleugnet noch Locke die ordnende Rolle des Verstandes übersehen; reine Empiristen sind neben den heute völlig überholten extremen Sensualisten und Vulgärmaterialisten nur mehr wenige Vertreter des Positivismus.

Es handelt sich also bei den Auseinandersetzungen nur um die Frage, ob in unserer Erkenntnis Erfahrung oder Vernunft *überwiegt.* In diesem Sinne gibt es noch heute in allen Lagern verschiedene Ansichten. Wir haben bereits früher Planck und Carnap, also einen Realisten und Positivisten, als entschiedene *Empiristen* kennengelernt; ihre Reihe können wir beliebig verlängern. So schreibt der Positivist Ph. Frank (1): „Das Gebäude der Wissenschaft muß aus den Erlebnissen selbst und nur aus ihnen aufgebaut werden." Der Physiker Bridgman, einer der Begründer des „Operationalismus", schreibt: „Die Einstellung des Physikers muß eine rein empirische sein. Er erkennt keine Grundsätze a priori an, die die Möglichkeit neuer Erfahrung bestimmen oder einschränken." Nach Neurath ist jede wissenschaftliche Aussage „eine Aussage über eine gesetzmäßige Ordnung empirischer Tatbestände". Auch H. Hahn hält die Rückkehr zu einem rein empiristischen Standpunkt für notwendig, da es über Tatsächliches kein Wissen a priori gäbe. Tatsachen können wir nur durch Beobachtung erfassen, nicht durch Denken „verstehen".

Diesen empiristischen Stimmen gegenüber fehlt es aber auch an Ansichten nicht, welche die entscheidende Rolle der Vernunft betonen und die Erfahrung bloß als Rohmaterial der Erkenntnis ansehen. Bereits A. v. Humboldt bezeichnete die Wissenschaft als den „Geist, zugewandt zu der Natur"; sie fängt erst an, wo der Geist sich des Stoffes bemächtigt, wo versucht wird, die Masse der Erfahrungen einer Vernunfterkenntnis zu unterwerfen. G. Zamboni schreibt im selben Sinne: „Quando rifletto a quello che effettivamente e attualmente vedo, sento e tocco, e a quello che attualmente vi aggiungio col mio pensiero, è spaventevole la sproporzione." Nach Whitehead ist der Sensualismus keine geeignete Grundlage für die Erkenntnistheorie: „Traffic-signals are not the reason for the traffic", die Erkenntnis wird durch menschliches Interesse und *Wertung* der Empfindungen geleitet. R. Garrigou-Lagrange bemerkte: „Notre intelligence matériellement dépend des sens, mais formellement elle les juge." MAX WEBER betont, daß den Arbeitsgebieten der Wissenschaften nicht die „sachlichen" Zusammenhänge der „Dinge", sondern die *gedanklichen* Zusammenhänge der *Probleme* zugrunde liegen; die Leistung der Wissenschaft besteht darin, „die empirische Wirklichkeit in gültiger Weise denkend zu ordnen". Nach A. RIEHL ist das Denken die Voraussetzung aller Erfahrung; der Positivist K. POPPER schreibt: „Von unseren Erlebnissen kommen wir nie zu Wissenschaft. Nur die Idee, der kühne Gedanke ist es, mit dem wir die Natur einzufangen versuchen." Selbst bei Physikern finden wir stark rationalistische Auffassungen; nach JEANS (1) scheint die Tatsache, daß das mathematische Bild auf die Natur paßt, „ein Zeichen dafür zu sein, daß der Wirklichkeit Züge von geistiger Art anhaften", und EINSTEIN schreibt: „Reason gives the structure to the system (der theoretischen Physik); the data of experience and their mutual relations are to correspond exactly to consequences in the theory", und als Konsequenz: „In a certain sense, therefore, I hold it to be true that pure thought is competent to comprehend the real, as the ancients dreamed." Eine etwas gemäßigtere Auffassung begegnet uns von philosophischer Seite. Obwohl, nach E. BECHER, das empirisch-induktive Verfahren die allgemeine Methode aller Naturwissenschaft ist, hat sie auch aprioristische Elemente wie das Erinnerungsvertrauen als Voraussetzung, ferner die Gesetzmäßigkeitsvoraussetzung und die Kausalität; daher kann man nicht von einer *rein* empirischen Methode sprechen. A. MÜLLER geht auch davon aus, daß alle Erkenntnis an Erfahrung anknüpft, doch muß es nicht *sinnliche* Erfahrung sein; Erkenntnisrelationen sind auch intuitiv zu „erschauen", z. B. Ähnlichkeiten und Axiome. Erfahrung ist erst gedankliche Verarbeitung der einfachen Erlebnisurteile. Nach STUMPF ist der reine Empirismus eine Täuschung, da es drei a priori geltende Beziehungen gibt: die Notwendigkeit, die Wahrscheinlichkeit und das Folgerungsaxiom, welche den Zusammenhang zwischen Prämissen und Schlußsatz herstellt. Auch nach WENZL bedeutet der Empirismus für den Physiker keinen Verzicht auf Hypothesen, sondern nur die Begründung auf die Erfahrung. Eine bloße Sammlung von Sinnesdaten läßt alle Fragen offen, um derentwillen wir eigentlich die Beobachtungen und Versuche machen. Was der Astronom als „pure fact" sieht, ist, nach NORTHROPE, die Schönheit des Sonnenabganges: „The astronomer's sun is not an empirically immediate pure fact, but a highly complicated theoretical interference from pure fact." Der radikalste Rationalismus ist allerdings der von POINCARÉ, DUHEM, LE ROY vertretene *Konventionalismus,* der behauptet, daß *Naturgesetze* nicht *gefunden,* sondern für unsere praktischen Zwecke *erfunden* werden.

In Wirklichkeit haben sich die Gegensätze zwischen Rationalismus und Empirismus weitgehend gemildert und wir können mit MORRIS übereinstimmen: Ursprünglich haben sich Mathematik und die empirischen Wissenschaften unabhängig voneinander entwickelt, sie vereinten sich später zur „observational-hypothetical-deductive-experimental"-Methode, bei welcher sowohl rationelle wie empirische Faktoren unentbehrlich sind.

Daß die Erfahrung der Ursprung und das unentbehrliche Rohmaterial der Erkenntnis ist, wird von niemandem bestritten; daß der wichtigste und grundlegende Faktor der Erfahrung die Sinneswahrnehmungen sind, ist nach dem früher gesagten selbstverständlich. Sie sind es jedoch nicht allein; auch andere Grundfähigkeiten des Seelenlebens tragen mit dazu bei, den Schatz unserer Erfahrung zu bereichern. So ist z. B. Erfahrung ohne Gedächtnis gar nicht denkbar: Das Erlebnis einer Naturgesetzlichkeit setzt voraus, daß wir uns an ähnliche bzw. wesensverwandte Ereignisse der Vergangenheit erinnern können. Ebenso ist die Assoziation ein integrierender Faktor der Erfahrung, da wir sonst auf die Aufdeckung kausaler Zusammenhänge verzichten müßten. Zur „Erfahrung" gehört also der ganze Apparat der Denkpsychologie, welcher sich der Sinnesempfindungen bemächtigt und sie „verarbeitet" — ein Gehirnkranker, z. B. ein Paralytiker, mag sehr wohl Sinnesempfindungen besitzen, er wird diese doch nicht zu „Erfahrung" verarbeiten können, da seine Denkprozesse nicht funktionieren. Anderseits wird ein geistig Gesunder auch nach der Erblindung die ihm mitgeteilten Erfahrungen anderer „verstehen", selber jedoch nicht mehr in der Lage sein, neue Erfahrungen über die Außenwelt zu sammeln. Die Bedeutung der Sinneswahrnehmung innerhalb der Erfahrung ist sehr verschieden: während sie in den Naturwissenschaften dominiert — die Erkennung einer Pflanze, die chemische Analyse einer Verbindung bestehen sozusagen nur in geordneten, planmäßigen Sinneswahrnehmungen —, beschränkt sich die Rolle der Sinneswahrnehmung in der *psychologischen* Analyse auf die Kenntnisnahme von Aussagen der Versuchspersonen, wobei die Form eben dieser Wahrnehmungen meist eine nur untergeordnete Bedeutung besitzt und alles auf die Deutung ankommt.

Neben dem geistigen Inhalt der Erfahrung, welche von der Individualität des Menschen abhängt und daher eine subjektive Färbung trägt, gibt es auch, wie wir gesehen haben, gewisse a priori feststehende Formen, ohne welche keine Erfahrung möglich und gültig ist, nämlich die Raum- und Zeitanschauung und die Kategorien. Bei allem, was wir sehen, hören und tasten, empfinden wir die räumlichen Beziehungen mit; es gibt keine Wahrnehmung ohne Raumvorstellung. Dasselbe gilt für die Zeit: Alles, was wir empfinden oder auch nur vorstellen, bezieht sich entweder auf die Gegenwart, auf Vergangenheit oder Zukunft: „zeitlose" Wahrnehmungen gibt es nicht, bloß Gedankengebilde sind zeitlos. Was wir „jetzt" nennen, ist nach C. STUMPF der Zeitcharakter unseres innerlich wahrgenommenen psychischen Gesamtzustandes. Keinesfalls sind jedoch Raum und Zeit bloß *Formen* unserer Anschauung, wie KANT lehrte, und noch weniger sind es lediglich „modes of perception" (PEARSON), welche in der physiologischen Konstitution des Menschen wurzeln (MACH). Wie bereits SCHOPENHAUER sagte, ist zwar der Raum in meinem Kopf, aber empirisch ist mein Kopf im Raum. Nach H. WEYL ist der Raum die Seinsform der materiellen Dinge und die Zeit ist nach C. STUMPF die gemeinsame Seinsform der körperlichen *und* geistigen Welt. Nach A. Müller ist der Raum Gegenstand der Welt, die Dinge sind vom Raum abhängig; auch die Zeit ist eine physikalische Realität, alle Dinge, auch der Raum, stehen unter der Zeit. Nach O. L. Reiser ist der Raum „the possibility of motion of matter", die Zeit ist, nach R. S. Lacape, die Empfindung der Entropie des lebenden Systems. Daß die *Denkform* des Raumes und der Zeit keineswegs mit dem Raum und mit der Zeit in physikalischem Sinne identisch sein müssen, ist selbstverständlich; was die Kategorie besagt, ist nur soviel, daß es a priori einen Raum und eine Zeit gibt, nicht aber, *wie* diese physikalisch beschaffen sind. Mit Recht betont Eddington: „We can no more settle the laws of space by intuition than we can settle the laws of heredity." Es ist daher durchaus richtig, daß unser *anschaulicher* Raum keinesfalls a priori der physikalischen Wirklichkeit aufgezwungen werden kann, und dem Physiker erscheint, im Gegensatz zu J. Maritain, der euklidische Raum heute keinesfalls mehr als „ens geometricum reale". Wir können höchstens mit P. W. Bridgman zugeben, der physikalische Raum unserer Maßstäbe sei euklidisch, und mit H. May, daß die Trennung von Raum und Euklidität nur mathematisch möglich ist. Die allgemeinste physikalische Definition des Raumes, welche C. Stumpf gegeben hat, lautet: Der physikalische Raum ist ein mehrdimensionales Kontinuum, das die Anwendung geometrischer Begriffe auf die Wirklichkeit ermöglicht. Keinesfalls hat etwa die Relativitätstheorie den Kategorienbegriff umgestürzt; auch nach der allgemeinen Relativitätstheorie sind Raum und Zeit *verschieden*, und das ist, wie J. Jeans (2) bemerkt, „precisely what the plain man has believed throughout". Der Charakter der allgemeinen Relativitätstheorie besteht eben darin, wie March betont, daß die Physik geometrisiert wird. Wir betonen nochmals: nicht deshalb sehen wir die Dinge räumlich, weil wir dazu physiologisch disponiert sind, sondern weil die Dinge *tatsächlich* im Raum sind, so wie wir hinter den Erscheinungen deshalb eine Substanz vermuten, weil jede Erscheinung tatsächlich einen Träger hat, und wir können *nur* deshalb kausal denken, weil in der Natur *tatsächlich* Gesetzmäßigkeit herrscht. Die Denknotwendigkeit bezieht sich, daß kann nicht genug betont werden, nur auf das *Prinzip* der Verursachung und der Räumlichkeit; welcher Art die Gesetzmäßigkeit bzw. die Natur des Raumes in konkreten Fällen ist, das kann der Mensch durchaus nicht immer „erschauen", das muß er oft auf Grund schwieriger Beobachtungen und Versuche erschließen. Die Apriorität bedeutet also soviel, daß das Denken des Menschen sich nach den allgemeinsten Prinzipien des Seienden richtet, daß es diese Prinzipien allen seinen Wahrnehmungen zugrunde legt. Da er jedoch das *Wesen* der Dinge *nicht direkt* wahrnehmen kann, ist die Anwendung dieser Prinzipien auf die Wahrnehmungen mit einer Unsicherheit behaftet, welche erst mit der fortschreitenden Kenntnis der Dinge verringert wird. Daß eine Krankheit einen Grund haben muß, steht ebenso a priori fest, als daß jede Infektion einen Träger haben muß: welcher der Grund der Krankheit und welcher der Erreger ist, folgt nicht a priori, sondern ist bloß nach schwierigen Untersuchungen festzustellen, wobei im Laufe der wissenschaftlichen Arbeit Fehler und Irrtümer sich oft einstellen können. Daß die Krankheit jedoch eine Ursache hat, ist eine ontologisch feststehende Tatsache, welche von unserem Denken a priori antizipiert werden muß und an deren Authentizität auch der Umstand nichts ändert, daß wir die konkrete Ursache erst durch Erfahrung, also a posteriori, erkennen können. In diesem Sinne ist auch völlig irrelevant, ob genetisch der Mensch das kategorielle Denken durch Erfahrung erlernt hat oder nicht; das Problem ist das nämliche wie bei den mathematischen Axiomen, welche a priori gelten, obschon der Mensch sie erst „lernen" muß.

Eine gewisse Aktualität gewann das Problem des Rationalismus neuerdings durch die großen Fortschritte der theoretischen Physik, in welcher, wie wir gesehen haben, manche Forscher einen Beweis dafür sehen wollen, daß „der Wirklichkeit Züge von geistiger Art anhaften". Neben diesen überschwenglichen Auffassungen begegnen wir bei Vertretern der theoretischen Physik auch bescheideneren Zielsetzungen; so schreibt z. B. DIRAC: „The only object of theoretical physics is to calculate results that can be compared with experiments." Viele Quantenphysiker neigen, wie wir sehen werden, dem Positivismus zu. Wir haben bereits früher die Frage der Anwendung der Mathematik auf die Erfahrungswirklichkeit besprochen und dabei hingewiesen, daß die Übereinstimmung auf einem gemeinsamen Axiomensystem beruht und an sich nichts Rätselvolles bedeutet. Die Aufgabe des Intellektes beschränkt sich daher auf die Aufsuchung des passenden Axiomensystems, eine freilich durchaus nicht immer einfache Aufgabe, aus welchem — mit Hilfe des Folgerungsaxioms, welches die Kausalität des Geistes ist — die Gesetze des Gebietes deduktiv erschlossen werden können. Das setzt aber eine empirische Kenntnis des betreffenden Gebietes voraus. Falls die mathematische Behandlung zu neuen Ergebnissen führt, so müssen diese empirisch verifiziert werden, sofern sie als gesicherte physikalische Erkenntnis gelten sollen. Die ursprünglich allein mathematisch begründete Relativitätstheorie ist in dem Maße anerkannt worden, als für sie empirische Bestätigungen (Lichtablenkung durch die Sonne, Perihelbewegung des Merkur, Rotverschiebung durch die Schwerkraft) gefunden werden konnten.

Somit kommen wir mit Kant zur Einsicht, daß der Verstand a priori nur die *Form* einer *möglichen* Erfahrung antizipieren kann, zum Aufbau der Ontologie jedoch die Erfahrung unentbehrlich ist. Wie wir bereits öfter betont haben, ist der menschliche Geist prinzipiell durchaus fähig, die Wirklichkeit zu begreifen, da der Mensch selber ein Teil der Wirklichkeit ist; da seine Hilfsmittel jedoch nach praktisch-biologischen Gesichtspunkten entwickelt sind, ist ihm die direkte Einsicht in das Wesen der Dinge meist versagt und er ist dazu verurteilt, die fehlende Einsicht durch mühevolle empirische Arbeit, oft auf Umwegen über die Wirkungen direkt nicht wahrnehmbarer Dinge zu ersetzen. Die *Leitung* in diesem Ringen um Erkenntnis hat zweifellos der *Verstand:* er vergleicht, urteilt, schließt, stellt Hypothesen und Theorien auf, er ordnet und klassifiziert Phänomene; er ist jedoch stets auf Erkenntnis der *Wirklichkeit* gerichtet, auf die von uns unabhängig bestehende Wirklichkeit, die wir nicht erschaffen, sondern nur erkennen, und zwar letztlich nur durch *Erfahrung* erkennen können. Es gilt keine Hypothese, die nicht bestätigt werden kann, es gilt keine Theorie, die mit den empirischen Tatsachen in Widerspruch steht.

„Ein selbstgewählter Grund stützt keine Wahrheit fest,
Als die man, statt zu sehen, sich selber träumen läßt.“
(Lessing)

Unser Denken geht von Erfahrungen aus und ist auf Erfahrungen gerichtet — seine Aufgabe besteht darin, das uns nicht direkt Gegebene erfahrbar zu machen, uns das Wesen der Dinge näher zu bringen. Ob dieses Ziel prinzipiell erreichbar ist oder nicht, bleibt noch zu erörtern.

5. Der moderne Agnostizismus

Unter der Bezeichnung „Positivismus“ faßt man eine Reihe sehr verschiedener erkenntnistheoretischer Richtungen zusammen, welche eigentlich nur das eine gemeinsam haben, daß sie „metaphysikfeindlich“ sind, indem sie vorgeben, nur die Beobachtungstatsachen anzuerkennen und deren transzendente Deutung von sich weisen. Die Richtung, welche philosophisch in erster Linie auf dem Skeptizismus von Hume beruht, bezieht ihren Namen und ihre Grundrichtung von A. Comte, der in 1830 mit der Veröffentlichung der „Cours de philosophie positive“ begonnen hat; nach Comte besteht unsere Erkenntnis nur aus Relationen, Gleichartigkeits- und Sukzessionsverhältnissen, aus welchen wir die wichtigste Leistung der Wissenschaft, die Naturgesetze, konstruieren. Beobachtungstatsachen sind nur Rohmaterial der Erkenntnis; erst die Gesetze ermöglichen Voraussagen: voir pour prévoir. Auf einen absoluten Abschluß muß die Erkenntnis verzichten.

Es ist erstaunlich, wie sich diese Grundrichtung mit allen philosophischen Strömungen der letzten 100 Jahre verknüpfen konnte, wie sie alle Ergebnisse der Naturwissenschaften zu ihren Gunsten zu interpretieren verstanden hat. WHITEHEAD sagt mit Recht: „At present the scientific world is suffering from a bad attack of muddle-headed positivism, which arbitrarily applies its doctrine and arbitrarily escapes from it.“ Die scheinbare Exaktheit ihrer Ergebnisse hat stets viele Naturforscher verführt, diese mit der wissenschaftlichen Praxis in ständigem Widerspruche stehende Anschauung als richtig anzusehen: Physiker vom Range eines MACH, KIRCHHOFF, EDDINGTON und P. JORDAN haben sich zu ihr bekannt bzw. bekennen sich noch heute als Positivisten. Auch die Philosophen unter den Positivisten sind nach wie vor sehr einflußreich: in England wurde der Positivismus durch J. ST. MILL begründet, mit stark empiristischem Einschlag, in Deutschland erfolgte eine positivistische Systembildung durch E. LAAS, doch vermochte erst der Kreis um E. MACH einen größeren Einfluß zu gewinnen. Unter den späteren Positivisten erwähnen wir K. PEARSON und B. RUSSELL in England, VAIHINGER und R. v. MISES in Deutschland, während der „Wiener Kreis“ (CARNAP, WITTGENSTEIN, FRANK) einen radikalen Positivismus mit dem Logizismus zu verbinden trachtete.

Wir müssen es uns versagen, alle Schattierungen positivistischer Philosophie einzeln zu schildern; auf einzelne positivistische Auffassungen haben wir im Zusammenhang mit einigen Problemen der Erkenntnis ohnedies schon hingewiesen. Was uns hier interessiert, ist vielmehr das Gemeinsame und Charakteristische dieser erkenntnistheoretischen Richtung, welche nunmehr seit 100 Jahren das wissenschaftliche Denken beeinflußt.

Der Ausgangspunkt für den Positivisten ist die *Sinnesempfindung,* welche jedoch nicht als subjektives Korrelat einer transzendenten Wirklichkeit, nicht als Wirkung einer realen Substanz auf die Sinnesorgane des Erkenntnis suchenden Menschen gedeutet, sondern als letzte Gegebenheit aufgefaßt wird. Eine jede *Deutung,* sei es in realistischem Sinne als Realobjektivation, sei es als erkenntnistheoretischer Idealismus, wonach die Welt nur aus Vorstellung besteht, wird als sinnlos und metaphysisch abgelehnt. So schreibt H. CORNELIUS: „Das Wissen von einem *Dinge* ist im Gegensatz zum Wissen von dem unmittelbar *Erlebten* stets das Wissen von einer *Theorie.*“ E. MACH (1) erklärt: *Dinge, Körper und Materie bestehen nur aus Empfindungen* — unabhängig vom Ich sind sie jedoch zugleich physikalische Objekte; nicht der Stoff, nur der Standpunkt der Beurteilung sind verschieden. Nach GEORGE ist die Annahme der Realität „an emotional attitude“ und keine „observable property of the thing which is called real“; andere Positivisten, wie z. B. EDDINGTON, sind zwar im Prinzip Realisten („in the scientific world there is a moon which appeared on the scene before the astronomer“), doch neigen sie einem Phänomenalismus zu („we may follow the influences of the physical world up to the door of the mind, they ring the door-bell and depart ... Scientific investigation does not lead to knowledge of the intrinsic nature of things“). Aufgabe der Wissenschaft sei lediglich die *Beschreibung* der Empfindungen bzw. Beobachtungen, wobei nach MACH (2) außer der Anpassung der Gedanken an die Tatsachen auch noch auf die Anpassung der Gedanken aneinander geachtet werden muß. Die Beschreibung soll „einfachst und vollständig“ sein, sie soll dem Prinzip der Denkökonomie entsprechen; das Ideal wird erreicht, „wenn es gelungen ist, die geringste Zahl einfachster, unabhängiger Urteile zu finden, aus welchen sich alle übrigen als logische Folgen ergeben“. Der Übergang von der scheinbaren zur wirklichen Welt bedeutet nach PH. FRANK (2) den Übergang von einer mangelhaften zu einer besseren Ordnung der Erlebnisse. Das Erfassen des *Wesens* der Dinge bildet keine Aufgabe der Wissenschaft: „research workers as such are not concerned with what things might conceivably be, they concern themselves solely with what can be observed“ (GEORGE) — nach JEANS (1) ist der Gegenstand der Wissenschaft unsere *Beobachtung* von der Natur und nicht diese Natur selbst. „Eine andere Erklärung als vollständige und einfachste Beschreibung gibt es nicht.“ (J. PETZOLD.) In gewissem Sinne hat der Positivismus manche Berührungspunkte mit dem Phänomenalismus der Marburger Schule, mit dem er auch die besondere Hervorhebung der Rolle der Relationserkenntnis teilt.

Über die positivistische Auffassung der Naturgesetze wird später noch zu berichten sein; in dieser Hinsicht ist die Verwandtschaft mit HUME am augenfälligsten, wie wir auch „der Zurückführung der schaffenden Grundursachen der Naturerscheinungen auf eine größere Einfachheit“ bereits bei diesem Denker begegnen. Nach positivistischer Aufassung ist das Naturgesetz keine Erklärung, sondern nur Beschreibung der Naturvorgänge; so heißt es z. B. bei PEARSON: „Law in the scientific sense only describes in mental shorthand the sequences of our perceptions ... Such laws simply *describe*, they never *explain* the routine of our perceptions ... Science for the past is description, for the future a belief; it is not, and has never been, an explanation, if by this world is meant that science shows the *necessity* of any sequence of perception." Die Ansicht, daß auch physikalische Theorien keine Erklärungen, sondern nur denkökonomische Beschreibungen sind (DUHEM), kann uns bei dieser Einstellung nicht überraschen. Einen charakteristischen Versuch, die Quantenphysik mit dem Positivismus zu verknüpfen, sehen wir bei deren Vertreter P. JORDAN; danach hat die heutige Physik auf das Eindringen in den Wesenskern der Naturvorgänge Verzicht geleistet; die eigentliche physikalische Wirklichkeit ist nichts anderes als die Gesamtheit der Beobachtungsresultate selbst. Positivismus und Quantentheorie seien *untrennbar;* schon aus dem Grunde, da nach ihr die Dinge vom Beobachter nicht mehr unabhängig sind: es darf daher nicht nach den tieferliegenden Gründen der Erscheinungen gefragt werden. Die moderne Physik sei keine Wesenserkenntnis der Natur, nur Sammlung, Ordnung und Beschreibung der Beobachtungstatsachen. Der Materialismus sei durch den Positivismus liquidiert worden, nachdem er bereits durch die Wellentheorie der Materie den Todesstoß erhalten hat. Es muß jedoch betont werden, daß viele große Physiker, wie EINSTEIN, SCHRÖDINGER und DE BROGLIE diesen positivistischen Schlußfolgerungen widersprochen haben.

Wir haben eben erwähnt, daß der Positivismus neben den Sinneswahrnehmungen nur die *Relationserkenntnis* als Erkenntnisweg anerkennt, wobei die Beziehungen und Verhältnisse zwischen den Empfindungen teils psychologisch, teils logisch als Denkformen oder Kategorien aufgefaßt werden. Außer COMTE hat sich besonders CLAUDE BERNARD deutlich in diesem Sinne ausgesprochen: „L'essence des choses devant nous reste toujours ignorée, nous ne pouvons connaitre que les relations de ces choses, et les phénomènes ne sont que des résultats de ces relations." Auch POINCARÉ schreibt: „Les relations entre les sensations peuvent seules avoir une valeur objective." DE BON schreibt im selben Sinne: „Les rapports des choses et non les choses sont les seules réalités accessibles et mesurables." Auch bei den Neukantianern findet sich dieser Gedanke wieder; so z. B. bei CASSIRER (1): „Wahrhaft invariant sind niemals irgend welche Dinge, sondern immer nur gewisse Grundbeziehungen und funktionelle Abhängigkeiten, die wir in der symbolischen Sprache unserer Mathematik und Physik in bestimmten Gleichungen festhalten." Auch realistisch eingestellte Denker stimmen diesem Grundsatz zu; so schreibt E. BECHER: „Die Naturwissenschaften bestimmen nur Beziehungen . . . ihr inneres Wesen bleibt dem Naturforscher gänzlich unbekannt." Eine starke Betonung der Relationserkenntnis findet sich u. a. auch bei W. OSTWALD, E. MACH, VAIHINGER und J. PETZOLD sowie bei WHITEHEAD und EDDINGTON. Der letztgenannte Autor schreibt z. B.: „The mind-stuff is the aggregation of relations and relata which form the building material for the physical world.“ Zu einem System der Erkenntnis wurden die Relationen durch R. CARNAP in seinem Werke *„Der logische Aufbau der Welt“* ausgebaut. Es gibt nach CARNAP zwei Arten von Beschreibungen: die *Eigenschafts*beschreibung, welche individuelle Angaben (z. B. rot, dünn) benützt, und die *Beziehungs*beschreibung, welche auf relativen Angaben (z. B. Verwandtschaftsbeziehungen) beruht. Das Ziel jeder wissenschaftlichen Theorie ist, ihrem Inhalt nach zu einer reinen Beziehungsbeschreibung zu werden. Jeder Gegenstandsname, der in einer wissenschaftlichen Angabe vorkommt, kann grundsätzlich durch eine strukturelle Kennzeichnung des Gegenstandes ersetzt werden. „Die Wissenschaft will vom Objektiven sprechen, alles jedoch, was nicht zur Struktur, sondern zum Materiellen gehört, ist letzten Endes subjektiv.“ Das „Konstitutionssystem“, welches mit Hilfe der Logistik errichtet werden soll, ergibt eine „einheitliche Ordnung der Begriffe, aus der heraus die Frage der einzelnen Probleme schärfer gefaßt und damit einer Lösung nähergebracht wird“. Während jedoch CARNAP die Relationen für logische Konstruktionen hält, die lediglich innerhalb der Wahrnehmungswelt anwendbar sind — „reale“ Beziehungen gäbe es nicht —, betont SCHLICK (1), daß die Beziehungen unserem Denkakt vorausgehen; die Relationen sind also nicht Denkformen, sondern müssen als *Formen des Gegebenen* angesehen werden. Daher hält auch SCHLICK, daß die Beziehungen unserem Denkakt vorausgehen; die Relationen sind also nicht Denkformen, sondern müssen als *Formen des Gegebenen* angesehen werden. Daher hält auch SCHLICK den logischen Positivismus und den Realismus nicht für Gegensätze.

Versuchen wir, uns über die Bedeutung der Relationserkenntnis an Hand eines Beispieles klar zu werden. Wir betrachten, wie es der Chemiker täglich tut, ein Glasrohr, welches einen gelblichen festen Körper enthält, von dem wir wissen, daß er Phosphor ist. Das Glasrohr taucht in ein Wasserbad, in welchem sich ein Thermometer befindet. Wir beobachten, wie das Quecksilber steigt und der Phosphor zu schmelzen beginnt, sobald die Temperatur 44^0 erreicht. Wir sagen: der Schmelzpunkt des Phosphors ist 44^0 — diese alltägliche, einfach scheinende Feststellung ist in Wirklichkeit ein recht komplexer Vorgang: er besteht aus einer zweckdienlichen Versuchsanordnung (geheiztes Wasserbad mit Glasrohr) sowie aus einer Skalenablesung (Thermometer) und einer Formwahrnehmung (Übergang von der festen in die flüssige Formart). Der ganze Vorgang läßt sich positivistisch folgendermaßen beschreiben: So oft ich ein Ding, welches ich auf Grund seiner Erscheinungen „Phosphor“ nenne, im Wasserbad erwärmt habe, konnte ich beobachten, daß es stets bei 44° schmilzt — ich kann daher auch für die Zukunft erwarten, daß der Schmelzpunkt 44° betragen wird. Weder die Beobachtung des Phosphors an sich noch die Art des Thermometers allein hat uns eine Erkenntnis irgend welcher Art gebracht; erst die geistige Verknüpfung der beiden Beobachtungen, der Relation zwischen dem Schmelzen des Phosphors und der gleichzeitig beobachteten Temperatur des Mediums, ergibt ein verwertbares Wissen — ein *Gesetz* —, ein Wissen von *Erscheinungen*, deren *reale* Natur uns nicht interessiert, sei es, daß wir sie ohnedies nie erkennen können, sei es, daß sie „Metaphysik" ist. Die Realität ist für den Positivisten bloß die *Beziehung* zwischen den beiden Wahrnehmungen, der Temperatur und des Flüssigwerdens. Was wir sonst noch vom Phosphor wissen, sind ebenfalls nur Relationen — Atomgewicht, Spektrum usw. —; was wir *direkt* wahrnehmen können — etwa die Farbe, die Form usw., ist wertlose, subjektive Eigenschaftsbeschreibung. Das „Wesen" des Phosphors ist die Summe der Verhältnisse, welche wahrgenommen werden können — das „Wesen" der Temperatur ist die Ausdehnung des Quecksilbers im Thermometer, die Beschleunigung der Brownschen Bewegung und was sonst noch im Verhältnis zur Wärme *beobachtet* werden kann. Es ist eine Art von Neubelebung der Lockeschen Qualitäten, mit dem Unterschied, daß als primäre Qualitäten nur die Relationen gelten. Selbst diese aber bieten keine Gewähr für die „Realität der Dinge".

Gewiß ist die Relationserkenntnis im gewissen Sinne „indirekte" Erkenntnis — wir erkennen mit Hilfe der beobachtbaren Relationen nicht die Wärme an sich, sondern ihre Wirkungen —; wie jedoch Schlick (1) bemerkt hat, wird dadurch nur die Schlußkette um ein Glied verlängert, aber im Prinzip wird nicht das geringste geändert, die Dignität des Beweises bleibt dieselbe. Die Realität indirekt gewonnener Erkenntnis kann daher keinesfalls grundsätzlich in Zweifel gezogen werden; wir betonen das besonders mit Rücksicht auf gewisse positivistische Auslegungen der Atomlehre. Wir sind heute imstande, die Ruhemasse eines jeden Atoms zu bestimmen, und W. Westphal betont, daß der Aufbau aller Stoffe aus Atomen „eine unumstößliche physikalische Tatsache" ist. Wir kennen heute die Bestandteile, aus welchen die Atome aufgebaut sind und sind sogar in der Lage, diese bzw. ihre Bahnen indirekt *sichtbar* zu machen; wir kennen auch die Kräfte, welche diese Bestandteile zusammenhalten und das Atom gestalten. Wenn daher von Jordan betont wird, das Atom sei heute aller sinnlichen Qualitäten entkleidet und nur durch mathematische Formeln charakterisierbar, so ist das noch kein Beweis dafür, daß es nur ein „Hilfsbegriff zur Ordnung experimenteller Tatsachen" sei; diese Ansicht erinnert an die Auffassung von

C. Pearson, wonach die Atome „intellectual conceptions" sind, „by aid of which physicists classify phenomena", und an E. Mach, der sie bloß für Gedankensymbole gehalten hat. Damit sind wir nicht mehr weit von Vaihinger entfernt, der die Atome „buchstäblich für ein hypostasiertes Nichts" hält. Gewiß hat Heisenberg recht, wenn er betont, daß alle Qualitäten der Atome der modernen Physik *abgeleitet* sind und daß die Atomphysik nicht vom Wesen und Bau der Atome handelt, sondern von den *Vorgängen,* die wir beim Beobachten der Atome wahrnehmen. Auch C. F. v. Weizsäcker betont, daß wir auf die Atome nur aus Meßresultaten zurückschließen können; nach Eddington ist das physikalische Atom „like everything else in physics, a schedule of pointer readings". Worauf es aber in der Erkenntnis ankommt, ist eben die *Interpretation,* die *Deutung* dieser Meßresultate und Beobachtungen; findet eine solche, wie es der Positivismus fordert, nicht statt, dann wird der ganze Prozeß der Wissenschaft sinnlos. Gewiß ist jede indirekt gewonnene Erkenntnis hypothetisch — sie wird im Falle der Atome durch eine Fülle von Tatsachen und Beobachtungen mit einer an Sicherheit grenzenden Wahrscheinlichkeit begründet. Sie ist jedoch genau so real wie der von Leverrier berechnete Planet Neptun, der zwar hypothetisch, aber durchaus „real" war, und später auch „entdeckt" werden konnte. Die „Wirkung" eines Gegenstandes folgt aus seinem Wesen, ist ein Teil seines Wesens, und wir mißachten den Sinn der Erkenntnis, falls wir die intentionale Natur unseres Denkens verkennend, die Frage nach dem „warum" der Erscheinungen als sinnlos und metaphysisch ablehnen. Wir haben bereits früher darauf hingewiesen, daß die Beschreibung *nicht* das Endziel der Wissenschaft bilden kann. Wir begnügen uns niemals mit dem Phänomen, wir suchen nach dem Grund, dem *Wesen* der Dinge. Die mechanische Wärmetheorie ist nicht aus der Beschreibung der Phänomene entstanden — sie war ursprünglich eine naturphilosophische, also „metaphysische" Annahme, welche später durch *Deutung* von Beobachtungen erhärtet wurde; die früher besprochene, in der Wissenschaft so fruchtbare hypothetisch-deduktive Methode kann keinesfalls als „ökonomische Beschreibung" bezeichnet werden. Als solche könnte man am ehesten noch die rein induktiven Verfahren auffassen, doch ist auch bei diesen, wie wir gesehen haben, die „metaphysische" Annahme der Gleichmäßigkeit der Natur nicht zu vermeiden.

Der Positivismus entstand als Reaktion auf die irreale Naturphilosphie des nachkantischen Idealismus, und als solche hat sie, wie auch Max Hartmann betont hat, eine gewisse Berechtigung gehabt. Sie hat energisch darauf hingewiesen, daß nur „positive" Erkenntnis, d. h. solche, die auf Beobachtbares zurückgeht, für die

Wissenschaft von Wert ist — sie schoß aber über das Ziel hinaus, indem sie die Deutung der Beobachtungen und die Intentionalität der Denkprozesse verkannt und dementsprechend das Wesen der Dinge für prinzipiell unerkennbar erklärt hat. Deshalb hat BAVINK durchaus recht, wenn er den Positivismus die Erkenntnistheorie der „voreiligen, aus Enttäuschung geborenen Resignation" nennt, der zu früh auf Probleme verzichten muß, die an ihrer Stelle noch durchaus sinnvoll und, wie die Erfahrung lehrt, auch lösbar sind. Nach H. BERGMANN scheiterte der Positivismus gerade an der modernen Physik; es wurde klar, welche überragende Rolle in ihr die *Deutung* der Tatsachen spielt. Nach M. SCHLICK (1) müßte der Positivismus konsequenterweise nicht bloß die Wirklichkeit der Atome, sondern auch die Rückseite des Mondes und das Erdinnere leugnen, die pedantisch strenge Durchführung seines Programmes würde einen Verzicht auf Erkenntnis überhaupt bedeuten. Und A. MÜLLER betont gegenüber dem Positivismus, die Welt sei keine Wahrnehmungswelt, sondern eine *wahrgenommene* Welt; sie ist *nicht* die Summe unserer Empfindungen, sondern der Inbegriff der Dinge.

Wenn wir die Stellung des Positivismus in der Geistesgeschichte definieren wollen, so können wir ihn als einen Versuch auffassen, einen prinzipiellen Agnostizismus, eine skeptische Auffassung der Erkenntnismöglichkeiten mit einer Anerkennung der *tatsächlichen* Ergebnisse der Wissenschaft zu vereinbaren. Eine absolute, radikale Skepsis nach Art der Antike war in Anbetracht der Fülle „positiver" wissenschaftlicher Erkenntnis nicht recht aufrechtzuerhalten — man entschloß sich daher, das, was an der Wissenschaft „positiv", d. h. durch Wahrnehmungen feststellbar war, anzuerkennen, jedoch alles, was Deutung, Hypothese, Objektivation ist, als sinnlose Metaphysik abzulehnen. Diese Kombination von Agnostizismus und betonter Exaktheit unterscheidet sich vom Kantischen Phänomenalismus dadurch, daß der Positivismus auch die apriorischen Kategorien des Kritizismus ablehnt und alle Erkenntnisvorgänge empirisch-psychologisch deutet. Gewiß wird auf diese Weise die Stellungnahme zu den Problemen des Realismus, Idealismus und Materialsmus vermieden — die Probleme bleiben jedoch nach wie vor bestehen und verlangen Beantwortung. Wie sehr das auch bei Positivisten der Fall ist, beweist die Lehre MACHS von den „Elementen", die physikalische Objekte und zugleich Empfindungen sind, was, im Grunde genommen, monistische Metaphysik ist.

Noch schwieriger ist es aber, für die positivistische Erkenntnislehre einen *Sinn* zu finden. Wenn wir davon ausgehen, daß wir das Wesen der Dinge niemals erkennen können, ja daß es sinnlos ist, danach überhaupt zu fragen, so fällt jede Berechtigung für einen transzendenten Wissensdrang fort und man verstrickt sich unfehlbar in einen Biologismus, dessen Unhaltbarkeit wir bereits dargelegt haben. Eine unvermeidliche Folge ist die Entwertung der *Leistung* der Wissenschaft: Naturgesetze sind nichts als denkökonomische Beschreibungen der Erscheinungen, was aber „dahintersteckt", ob die Tatsachen, die wir feststellen, auch „wirklich" sind und ob die beobachteten Relationen eine reale Grundlage haben — das sind sinnlose Fragen, die den positivistischen Forscher nichts angehen. Er hat sich vor der Illusion zu hüten, daß er jemals etwas „begreifen" kann, er muß die intentionale Natur seines Denkens für Illusion halten und stets vor Augen halten, daß er nicht die Dinge zu erfassen, sondern nur seine Wahrnehmungen zu beschreiben hat. Nach all dem, was wir bis jetzt ausgeführt haben, handelt es sich bei dem Positivismus um eine Lehre, die den tatsächlichen Erkenntnisvorgängen in keiner Weise gerecht wird; nach positivistischer Auffassung kann man wohl gewisse Aspekte der *bisher gewonnenen* Erkenntnis deuten oder „beschreiben", nicht aber das *Fortschreiten* der Wissenschaft erklären. Für den Positivismus ist das Auftauchen *neuer* Wahrnehmungen, die zu neuer Erkenntnis führen, im Grunde genommen unerklärbar; er nimmt sie einfach hin, als Tatsachen, nach deren Sinn zu fragen an sich schon sinnlos ist — und die Aufgabe der Wissenschaft besteht nur darin, diese rätselhaften neuen Tatsachen mit den altbekannten in Einklang zu bringen und sie einfachst zu beschreiben. Warum sich der Mensch die Aufgabe überflüssigerweise kompliziert, warum er die Sünde gegen das Gesetz der „Denkökonomie" begeht, bequeme, einfache Beschreibungen durch das Auffinden neuer Tatsachen umzustoßen, durch Tatsachen, die biologisch völlig nutzlos sind — wie z. B. die Ersetzung des philosophischen Atombegriffes durch den chemischen, dieses letzten durch das Atommodell von RUTHERFORD und BOHR und dieses durch die Quantenmechanik —, darauf bleibt uns der Positivismus die Antwort schuldig. Er hat jede Metaphysik aus der Erkenntnislehre eliminieren wollen — das Ergebnis war, daß sich die Metaphysik in einer unzulänglichen Form wieder eingeschlichen hat, die wichtigsten Probleme der Erkenntnis aber unbeantwortet geblieben sind.

6. Der Weg zum Ding an sich

Im Gegensatz zu dem positivistischen Agnostizismus und zum Phänomenalismus stehen wir auf dem Standpunkt, daß unsere Erkenntnis das Wissen um die reale Welt ist und daß der Mensch im Prinzip wohl fähig ist, das Innerste der Dinge zu erkennen — allerdings unter unendlichen Schwierigkeiten, oft auf beschwerlichen

Umwegen und ständig behindert durch die biologisch bedingte Unvollkommenheit seiner Sinne und seines Denkapparates. Diese physiologischen Hinderungsgründe lassen die vollkommene Erkenntnis des Seienden in unerreichbarer Ferne erscheinen, sie erzeugen die ständige Spannung zwischen dem transzendenten Wissensdrang und den Grenzen, welche das jeweilige technisch-methodische Können unserer Erkenntnis zieht — Grenzen, welche bloß durch metaphysische Spekulation überschritten werden können, bis neue methodische Entdeckungen den Weg zum Fortschritt der Wissenschaft freimachen. Dieser Fortschritt besteht manchmal in der überraschenden Bestätigung naturphilosophischer Spekulationen — man denke an die Atomtheorie, an die Wärmelehre —, oft, ja viel öfter handelt es sich um gänzlich neue, von niemandem geahnte Erkenntnisse — wer hat die Röntgenstrahlen voraussehen können? —, als Beweis für die These, daß in der Wissenschaft der Geist zwar unentbehrlich, ohne Empirie jedoch hilflos ist, da ihm die tatsächliche Grundlage fehlt, an die er sich klammern — das Objekt, auf welches sich der Geist *intentionaliter* richten kann. Der Fortschitt in der Wissenschaft ist daher im höchsten Maße von methodischen Möglichkeiten abhängig, und von diesem Standpunkt aus ist es möglich, gewisse Etappen wissenschaftlicher Erkenntnis zu unterscheiden. Etappen, die von den einfachen, anthropomorph gedeuteten Wahrnehmungen bis zur abstrakten, indirekt gewonnenen Erkenntnis reichen, wobei die *Tendenz* der Entwicklung deutlich nach dem „Wesen" der Dinge gerichtet ist, nach der lückenlosen Erfassung des Seienden, des Dinges an sich, im Gegensatz zu der bloßen „Erscheinung".

A. Die erste Etappe ist die Erforschung der *phänomenalen* Welt, der Welt, wie sie unseren Sinnen *erscheint;* sie ist prinzipiell an die Leistung unserer Sinnesorgane gebunden, darum biologisch begrenzt; sie ist daher die Welt der „Erscheinung", wenn auch durchaus kein „Schein". Sie umfaßt einen Ausschnitt aus der Welt, der uns infolge seiner Dimensionen direkt angeht, für deren Erkenntnis wir aus praktischen Gründen eingerichtet sind. Es ist eine Folge der biologischen Denkbeschränkung, daß die wissenschaftliche Weltanschauung ursprünglich anthropozentrisch, daher auch geozentrisch gerichtet war und daß wir uns von dieser Tendenz nur durch Überwindung zahlreicher Hindernisse befreien konnten. Diese Emanzipation hat schon sehr frühzeitig begonnen; so hatte die Kopernikanische Weltansicht im dritten Jahrhundert vor Christus bereits in Aristarchos von Samos einen Vorläufer.

Die Aufgabe, welche die Wissenschaft dieser ersten Etappe zu lösen hatte, war durchaus nicht einfach: handelte es sich doch um die Beschreibung, Klassifizierung und Erklärung aller dem Menschen direkt zugänglichen Phänomene. Zeitlich reicht diese Etappe ungefähr bis zur Renaissance, doch ist ihre Aufgabe selbst heute noch nicht vollständig gelöst, da es immer noch unerforschte Teile der Erde gibt, immer noch neue Pflanzen- und Tiergattungen beschrieben werden. Wir müssen ferner bedenken, daß methodisch-technische Schwierigkeiten auch bei der Erforschung der phänomenalen Welt auftreten; die Schiffahrtstechnik der Antike reichte für die Entdeckung Amerikas nicht aus, viel weniger wäre sie zur Erforschung der Polargebiete fähig gewesen, und die Erforschung der Flora und Fauna der Tiefsee hat eine hochentwickelte Tauch- und Hebetechnik zur Voraussetzung. Die Grenzen sind gegen die nächste Etappe weder zeitlich noch sachlich scharf zu ziehen.

Die Erforschung der phänomenalen Erkenntnisschichte hat auch an die gedanklichen Leistungen des Menschen hohe Anforderungen gestellt, da die Aufgabe nicht allein in der Beschreibung, sondern auch in der *Erklärung* der den Sinnen zugänglichen Phänomene bestand — eine Aufgabe, die aus prinzipiellen Gründen in dieser Etappe nur unvollständig gelöst werden konnte. Dennoch wurde auf diesem Gebiet viel Bemerkenswertes bereits in der Antike vollbracht: man denke z. B. an ARCHIMEDES, der im dritten Jahrhundert v. Chr. die Statik begründete. Insbesondere hat der Ausbau der Geometrie bei den Griechen die spätere Entwicklung der physikalischen Wissenschaften begünstigt.

B. Entscheidende Fortschritte in der Erklärung der Naturphänomene hat erst die *analytische* bzw. *experimentelle* Etappe der Wissenschaft machen können. Auch hierbei gibt es keine scharfen zeitlichen Grenzen: das Zergliedern ist eine angeborene Tendenz des Menschen, und bereits der antike Fleischhauer hat praktische Anatomie betrieben; der Ackerbau ist angewandte Pflanzenphysiologie, das Eisengießen, die Töpferei angewandte experimentelle Chemie, die bereits in prähistorischen Zeiten geübt worden sind. Bereits im dritten Jahrhundert v. Chr. hat man in Griechenland *wissenschaftliche* Anatomie betrieben, sogar über Vivisektionen wird aus dieser Zeit berichtet. Die eigentliche Periode der analytisch-experimentellen Methode beginnt allerdings erst in der Renaissance, um seither in allen Wissenschaften herrschend zu werden.

Der Sinn dieser Methode ist folgender: die phänomenale Schichte, so wie sie der Mensch vorfindet, eignet sich in erster Reihe zu einer intuitiven Erfassung, zur „Wesensschau" der wahrgenommenen Dinge, welche zweifellos die Orientierung des Menschen auf der Welt erleichtert, die Welt gewissermaßen „familiär" macht; der Mensch hat Lebendiges vom Toten unterschieden, ohne das Wesen des Lebens zu begreifen. Die wahrgenommenen Dinge sind anderseits so stark miteinander verflochten, die Phänomene so selten isoliert, daß eine Erkenntnis des Wesens der Erscheinungen auf Grund der stets komplexen Wahrnehmungen allein ganz unmöglich ist. Denken wir bloß an die Chemie, an die Seltenheit der rein vorkommenden Elemente, um einzusehen, daß wir mit der phänomenalen Methode niemals vorwärtskommen könnten. Um daher das *Wesen* der Dinge zu erkennen, müssen wir sie zergliedern bzw., falls es sich um Vorgänge handelt, ihre Bedingungen einzeln untersuchen — darin besteht die analytische oder experimentelle Methode. Mit diesen Methoden hat die Wissenschaft den ersten Schritt zur Erkenntnis des *Wesens* der Dinge getan — die größten Fortschritte wurden freilich erst möglich, als die analytisch-experimentellen Methoden nicht mehr auf die *direkten* Sinneswahrnehmungen beschränkt waren. Eine gewisse Erweiterung der technischen Hilfsmittel hat allerdings die experimentelle Methode schon früh mit sich gebracht: das Barometer wurde von TORRICELLI bereits 1643 erfunden. Doch erfolgte die Begründung der Kinetik durch GALILEI noch mit recht einfachen Hilfsmitteln, und das *Prinzip* der analytisch-experimentellen Methoden setzt keineswegs eine komplizierte instrumentelle Technik voraus. Am besten wird dieser Umstand durch die biologische Analyse demonstriert, welche sich anfangs allein auf die vergleichende Anatomie gestützt hat. Dieser technisch recht simplen Methode verdanken wir die Systematik des Pflanzen- und Tierreiches durch LINNÉ und CUVIER, und mit ähnlichen einfachen Methoden erfolgte die Entdeckung des Blutkreislaufes durch HARVEY.

Der Sinn der analytisch-experimentellen Methode ist, wie wir bereits sahen, die Zergliederung der komplexen Dinge, um ihre Bausteine zu erkennen und die Isolierung von Entstehungsbedingungen der Vorgänge. Ohne die analytische Methode würden wir den Delphin für einen Fisch und die Fledermaus für einen Vogel halten; erst die Anatomie läßt beide als Säugetiere erkennen. Ohne den Fallversuch im Vakuum sind die Gesetze der Schwerkraft nicht zu erkennen gewesen; die Hemmung durch die Luftreibung hat die gleiche Beschleunigung für *alle Körper* am gleichen Ort nicht zu erkennen gestattet. — So groß die Fortschritte auch waren, welche die Wissenschaft mit Hilfe dieser Methoden in der Richtung der Wesenserkenntnis gemacht hat, sie blieb auch weiter im Prinzip auf die phänomenale Welt beschränkt, sie war bloß eine Erweiterung, wenn auch äußerst fruchtbare Erweiterung der phänomenalen Etappe. Ein weiterer wesentlicher Fortschritt war nur durch die Sprengung jener Grenzen möglich, welche die Leistungsfähigkeit der Sinnesorgane der wissenschaftlichen Erkenntnis gesetzt hat.

C. Der erste, entscheidende Schritt in dieser Richtung war die *Erweiterung der Leistungsfähigkeit des Auges* durch Fernrohr und Mikroskop. Durch das Fernrohr war die Entwicklung der Astronomie und dadurch die Ausgestaltung unseres physikalischen Weltbildes möglich geworden; das Mikroskop ermöglichte die Analyse der Bausteine des Lebens und hat damit die Entwicklung der Biologie mächtig gefördert. Durch diese Entdeckungen hat der Mensch sein ihm biologisch zugewiesenes Gebiet überschritten und ein für ihn transzendentes Gebiet betreten, auf welchem er die Erklärung zahlreicher Tatsachen der phänomenalen Welt finden konnte: bereits 1679 hat LEEUWENHOEK die Spermatozoen im Mikroskop entdeckt und damit den Mechanismus der Befruchtung erklärt, der bis dahin trotz gründlicher anatomischer Untersuchungen nicht verstanden werden konnte.

Die instrumentelle Erweiterung des Gesichtssinnes ist einer der wichtigsten Faktoren der naturwissenschaftlichen Methodik; ihre Möglichkeiten sind noch durchaus nicht erschöpft. Der Vergrößerung durch das Fernrohr sind prinzipiell keine Grenzen gezogen, es werden auch Fernrohre mit stets größeren Hohlspiegelobjektiven gebaut. Die Auflösungsfähigkeit des Mikroskops ist durch die Wellenlänge des sichtbaren Lichtes beschränkt; Strukturen in der Größe von etwa 0,5 μ sind bei guten Immersionssystemen noch erkennbar. Feinere Strukturen kann man durch Mikroskopieren mit kurzwelligem, ultraviolettem Licht auf photographischen Platten aufdecken, Beugungsbilder kleiner Objekte sind bei Dunkelfeldbeleuchtung *direkt* sichtbar. Darüber hinaus sind mit Hilfe der Ablenkung kurzwelliger Elektronenwellen *Elektronenmikroskope* konstruiert worden, welche Vergrößerungen bis 1:500 000 ermöglichen und daher bereits Makromoleküle erkennen lassen.

Zu derselben Etappe gehört die wissenschaftliche Methode, welche wir bereits früher erwähnten und die wir als *Transformation* von Sinneseindrücken in Gesichtswahrnehmungen bezeichnet haben. Die älteste Methode dieser Art ist die Waage; sie ist die optische Transformation des Muskelsinnes und dient, wie alle Methoden dieser Art, zur genauen Messung derjenigen Qualitäten, die wir sonst nur ungenau schätzen können. Ein weiteres Hilfsmittel dieser Art, welches den Tast- und Muskelsinn ersetzt, ist das Aräometer zur Bestimmung des spezifischen Gewichtes von Flüssigkeiten, ferner das Thermometer, dessen erste brauchbare Einteilung von FAHRENHEIT (1714) stammt. Moderne Mikrowaagen ermöglichen die Wägung von $^1/_{1000}$ mg; mit Hilfe der Strahlungspyrometer können wir Temperaturen von mehreren tausend Graden messen. Auch die chemische Analyse beruht auf der optischen Transformation von Sinneseindrücken: wir vermögen zwar Saures und Laugiges zu schmecken,

Ammoniak und Salzsäure zu riechen — für genaue Messung müssen wir jedoch zur Titration bzw. zur Bestimmung der Wasserstoff-Ionenkonzentration greifen —, also Farbenumschlag bzw. Galvanometerstellung mit Skalenablesung kombinieren. Da die Messung von Gesichtsempfindungen, welche auf dem Vergleich zweier Helligkeiten beruht, großen subjektiven Fehlern unterliegt, sind auch hierzu Instrumente konstruiert worden, welche die Messung auf Feststellung der Trübungs- bzw. Farbengleichheit und nachfolgender Skalenablesung reduziert haben (Photometer, Nephelometer); um die bei der Feststellung der Farben- bzw. Trübungsgleichheit vorkommenden subjektiven Fehler auch noch zu eliminieren, hat man das Auge durch Photozellen ersetzt und die Rolle des Auges auf die Zeigerablesung des Galvanometers beschränkt. Durch alle diese optischen Transformationen, deren Ideal in der Zurückführung aller Empfindungen auf Skalenablesungen besteht, hat die Wissenschaft die bereits wesentlich erweiterte phänomenale Welt weitgehend meßbar gemacht und dadurch den Bereich der analytisch-experimentellen Methode auf neue Gebiete erstreckt. Moderne Apparate machen übrigens auch die Skalenablesung schon überflüssig: die Ergebnisse werden automatisch registriert oder in Zahlen angegeben. Durch die Messung ist erst die mathematische Behandlung der physikalischen Vorgänge möglich geworden; erst mit Hilfe der Messung wurde die Erkenntnis und Formulierung der Naturgesetze ermöglicht. Daß die biologische Analyse, die Gewebelehre, die Pathologie und Bakteriologie letzten Endes auf dem Mikroskop beruhen, ist zu bekannt, um auseinandergesetzt zu werden. Daß die optische Transformation die Empfindungsbereiche der Sinne auch prinzipiell erweitern kann, beweist die Erzeugung vom akustisch nicht mehr wahrnehmbaren kurzwelligen *Ultraschall*, der mit Hilfe von Lichtbeugung optisch gemessen werden kann; seine physikalischen Eigenschaften und Wirkungen haben für die Chemie und Biologie interessante Ergebnisse gezeitigt.

Wenn wir die bisher geschilderten drei Etappen der Wissenschaftsentwicklung — welche, wie öfter betont, nicht streng mit der historischen Entwicklung zusammenhängen —, überblicken, so ergibt sich eine fortschreitende Erweiterung unseres Wahrnehmungsbereiches sowohl nach dem Umfange wie nach der Genauigkeit. Wir haben die uns biologisch gegebene phänomenale Welt nach oben und nach unten überschritten, wir haben gelernt, alles, was in dieser Welt erfaßbar ist, zu analysieren und zu messen, und wir haben mit Hilfe dieser Methoden vieles erklären können, was früher rätselhaft erschien. Wir bleiben aber prinzipiell immer noch innerhalb der unseren Sinnen zugänglichen Welt, wenn wir ihre Grenzen nach oben und nach unten auch erheblich erweitert haben. Es wäre auf Grund dieser Etappe der Wissenschaftsentwicklung der Zweifel durchaus berechtigt, ob wir das Wesen der Dinge mit Hilfe unserer Empfindungen allein erkennen können, ob alles Seiende den Sinnen zugänglich ist. Heute wissen wir, daß das durchaus nicht der Fall ist und daß viele „sichtbare" Phänomene nur durch Zurückführung auf an sich unsichtbare Vorgänge erklärt werden können.

D. Die erkenntnistheoretisch entscheidend wichtigste Etappe der Wissenschaft ist die *künstliche Sichtbarmachung* von Dingen oder deren Wirkungen, die unseren Sinnen — auch dem instrumentell erweiterten Gesichtssinn — *direkt* nicht zugänglich sind. Durch den Nachweis, daß es solche Dinge gibt, haben wir zunächst die Grenzen der Leistungsfähigkeit unserer Sinne kennengelernt — anderseits aber auch erkannt, daß es dem menschlichen Geist gelingt, diese Grenzen zu überschreiten und auf indirektem Wege die Erkenntnisse zu gewinnen, welche *direkt* zu gewinnen die biologische Beschränkung der Sinnesorgane nicht gestattet.

Die ersten wissenschaftlichen Versuche über Elektrizität stammen aus dem 17. Jahrhundert; 1785 wurde bereits von Coulomb das Gesetz gefunden, welches in formaler Gleichheit mit dem Gravitationsgesetz die Grundlage der elektrostatischen Maßeinheit wurde. Der Weg von der primitiven Drehwaage, mit welcher Coulomb die Größe der anziehenden oder abstoßenden elektrischen Kraft gemessen hat, bis zu den modernen Nadel- und Saitengalvanometern zeigt die ungeheuren Fortschritte, welche in der Sichtbarmachung bzw. Messung elektrischer Ladungen bzw. Ströme in anderthalb Jahrhunderten gemacht worden sind.

Zu der künstlichen Sichtbarmachung nicht direkt wahrnehmbarer Phänomene gehört ferner die bereits von Newton beobachtete Dispersion des Lichtes durch Prismen, aus welcher die Spektralanalyse erwachsen ist, ferner die Entdeckung der Polarisation, welche die Transversalität der Lichtwellen bewiesen hat und in der Chemie zum Nachweis und zur Bestimmung von Verbindungen mit asymmetrischen Kohlenstoffatomen Verwendung findet.

Einer der wichtigsten Fortschritte auf dem Gebiet der Sichtbarmachung von Teilchenstrahlungen aller Art war die Nebelkammer von Wilson, welche auf der Kondensation von Wasserdampf durch ionisierte Luft beruht; die längs der Strahlungsbahnen erfolgte Nebelbildung kann man sehen und photographisch festhalten. Diese sinnreiche Vorrichtung hat sich als unentbehrliches Gerät in vielen Zweigen der Mikrophysik erwiesen und verspricht auch in der Zukunft noch wichtige Erkenntnisse zu ermöglichen.

Die künstliche Sichtbarmachung direkt nicht wahrnehmbarer Phänomene war nicht allein auf die Physik beschränkt. Im Grunde beruht die ganze Chemie auf diesem Prinzip, da wir chemische Verbindungen an ihren sichtbaren *Wirkungen* erkennen: Farbreaktionen, Niederschläge bilden die Kriterien der qualitativen Analyse; die Spektralanalyse ist nach dem vorhin Gesagten ebenfalls eine künstliche Sichtbarmachung, sie ist allerdings eine *direkte* Wirkung der Elemente bzw. Verbindungen. Ganz besondere Bedeutung gewann die Anwendung der ultravioletten und der infraroten Spektrophotometrie in der Analyse vor allem der organischen Verbindungen. Daß auch die Biologie dieses Prinzip oft verwendet, dafür nur wenige Beispiele: Histologische Schnitte, mikroskopische Präparate werden erst nach vorausgehender Färbung, also nach künstlicher Sichtbarmachung, für die mikroskopische Untersuchung geeignet. Die Serologie hat das Vorhandensein von Antikörpern durch sinnvolle indirekte Methoden (Nachweis der Komplementbindung durch Hemmung der Hämolyse bei der Reaktion von WASSERMANN) nachgewiesen, der durch Schilddrüsenkrankheiten veränderte Stoffwechsel kann gasanalytisch berechnet werden. Unsere Kenntnisse des intermediären Stoffwechsels sind durch die Anwendung radioaktiver Isotopen geradezu revolutioniert worden; durch „Markierung" einer Verbindung mit radioaktiven Isotopen ist es möglich geworden, das Schicksal der Verbindung im Organismus zu verfolgen und daraus auf die biochemischen Vorgänge zu schließen, was durch die chemische Analyse allein unmöglich war. Die vollständige Aufzählung aller Methoden, welche die Wissenschaft zur indirekten Sichtbarmachung verwendet, ist so groß, daß wir mit Recht von einer technologischen Revolution sprechen; für die Erkenntnistheorie ist allein die Tatsache von Bedeutung, daß es Dinge und Vorgänge gibt, von welchen unsere Sinne direkt keine Kunde geben, die wir aber auf Umwegen dennoch erkennen können.

Diese Tatsache ist für alle Probleme der Erkenntnistheorie von entscheidender Bedeutung. Zunächst weist sie dem Sensualismus gewisse Grenzen zu, indem die Wahrnehmung zwar weiter die Grundlage der Erfahrung bleibt, jedoch keinesfalls die „simple" Wahrnehmung der Sinne, sondern oft erst die experimentell herbeigeführte *indirekte* Wahrnehmung, welche der menschliche Geist — intentional — deutet. Empirie und Rationalismus sind daher untrennbar verflochten und keine der beiden Tätigkeiten kann entbehrt werden. Auch für das Problem der Realität ist die Möglichkeit der indirekten Sichtbarmachung von ausschlaggebender Bedeutung: sie beweist die Existenz von Dingen, die *nicht* bewußtseinsimmanent sind, daher in keinem anderen Sinne als im realistischen gedeutet werden können. Diese Erkenntnis schließt auch die Widerlegung der positivistischen Anschauung in sich, indem wir auf eine *Deutung* der indirekt sichtbar gemachten Phänomene niemals verzichten können, ohne damit gleichzeitig auf jeden Sinn der Wissenschaft zu verzichten. Die einfache Beschreibung der Gasanalyse, der gefundenen Sauerstoff- und Kohlendioxydwerte wäre völlig nutz- und sinnlos, wenn wir den Sauerstoffverbrauch nicht als Funktion der Schilddrüsentätigkeit betrachten könnten. Noch entscheidender ist die Rolle der Deutung bei der Bestimmung der Filtrationsgröße der Nieren, welche darauf beruht, daß gewisse im Blut vorhandene bzw. in das Blut gebrachte Substanzen von der Niere filtriert, von den Kanälchen der Niere aber weder reabsorbiert, noch sezerniert werden. Falls wir die Konzentration dieser Substanzen im Blut und Harn bestimmen und die Harnmenge in der Zeiteinheit kennen, so läßt sich aus den erhaltenen Werten die Filtrationsgröße der Niere berechnen. Die einzelnen Werte (z. B. die Kreatininkonzentration im Harn) „bedeuten" an sich so gut wie garnichts; erst die *Deutung* der aus ihnen berechneten sogenannten Clearancewerte als Maß der Filtration verleiht ihnen Erkenntniswert. Es ist keine indirekte Erkenntnis ohne *Deutung* möglich — die Deutung wird jedoch vom Positivismus als „Metaphysik" angesehen und prinzipiell nicht zugelassen. Daraus allein ergibt sich schon die Unzulänglichkeit der positivistischen Erkenntnislehre.

Am entscheidendsten fällt die indirekte Methode für das Problem des Phänomenalismus ins Gewicht. Wir sind mit Hilfe der künstlichen Sichtbarmachung imstande, Dinge zu erkennen, die überhaupt keine „Erscheinungen" sind — wenigstens keine *spontanen* Erscheinungen. Wenn es aber prinzipiell möglich ist, Dinge — wenn auch indirekt — zu erkennen, die *hinter* den „spontanen" Erscheinungen stehen, wenn wir mit Hilfe dieser letzteren die spontanen Erscheinungen zu erklären vermögen, so wird damit der Gegensatz: Erscheinung — Ding an sich aufgehoben und die Möglichkeit zugegeben, daß wir auch das *Wesen* der Dinge erkennen können. Gewiß ist die Bahn eines Elektrons in der Nebelkammer auch nur eine „Erscheinung" und keinesfalls das Elektron selbst; während aber die „Erscheinung" eines Tisches über das „Wesen" der Materie nichts aussagt, können wir mit dem, was wir von den Elektronen wissen, viele Eigenschaften der Materie erklären. Die von Painter entdeckten Riesenchromosomen in den Speicheldrüsen von Drosophilenlarven sind gewiß auch nur „Erscheinung", sie ermöglichen jedoch eine genaue Lokalisation der Gene und sind daher für die Vererbungslehre von größter Bedeutung, indem sie viele „Erscheinungen" der Vererbung zu erklären vermögen. Die *spontane* Erscheinung mag himmelweit vom „Wesen“ des Dinges abliegen — die künstlich herbeigeführte „Erscheinung“ ist jedoch, da wir ihre Entstehungsbedingungen kennen, eben dadurch schon wesensnäher, weshalb wir auch mit ihrer Hilfe viele spontane Erscheinungen zu erklären vermögen. Wenn daher EINSTEIN und INFELD die wissenschaftliche Erkenntnis am Beispiel eines Mannes erörtern, der nur das *Zifferblatt* einer geschlossenen Uhr sehen kann und sich daraus über den Mechanismus des Uhrwerkes ein Bild machen muß, ohne daß er jemals in der Lage wäre, seine Auffassung mit der Wirklichkeit zu vergleichen; so ist dem entgegenzuhalten, daß die Wissenschaft mit Hilfe der Methode der indirekten Sichtbarmachung sehr wohl in der Lage ist, einen Blick in den — unseren Sinnen direkt nicht zugänglichen — Mechanismus zu werfen. Ein prinzipieller Agnostizismus nach Art des Phänomenalismus ist daher durch die Entwicklung der Wissenschaft selber widerlegt; es ist aber ebenso gewagt, gewisse konkrete Probleme als unlösbar zu betrachten und damit der Naturerkenntnis unüberschreitbare Grenzen ziehen zu wollen. So hat nach E. DU BOIS-REYMOND auch der fiktive Geist von LAPLACE seine Grenzen in folgenden unlösbaren Problemen: 1. Das philosophisch unbegreifliche unteilbare Atom; 2. Der Anfang der Bewegung und die Art der Verteilung der Materie, und 3. das Bewußtsein. — Auf die erste Frage hat die Atomphysik und Quantenmechanik eine Antwort erteilt, die zweite Frage kann auf Grund der allgemeinen Relativitätstheorie zumindest hypothetisch beantwortet werden. So ehrlich und korrekt es unter Umständen ist, aufrichtig unser „ignoramus“ zu bekennen, so gewagt ist es, aus unserer heutigen Ignoranz auf ein allgemeines „ignorabimus“ zu schließen. Der transzendente Wissensdrang hat mit unzähligen Schwierigkeiten zu kämpfen, er stößt jedoch nirgends auf Schranken, welche für alle Zeiten unüberschreitbar sind.

Der stärkste Beweis dafür, daß die Wissenschaft heute, nach knapp fünf Jahrhunderten experimenteller Forschung, das *Wesen* vieler Naturphänomene, wenn nicht restlos erklären, so doch annähernd ahnen kann, wird von der Wissenschaft selber erbracht. Wir denken dabei an gewisse Seinsgebiete, die — trotz ihrer direkten Unzugänglichkeit — mit Hilfe indirekter Methoden vollständig oder nahezu vollständig erfaßt worden sind. So hat man auf Grund der elektromagnetischen Lichttheorie von MAXWELL, welche im elektrischen Bereich von H. HERTZ bestätigt worden ist, allmählich das gesamte elektromagnetische Spektrum kennengelernt, von den kürzesten Gammastrahlen bis zu den 1000 km langen elektrischen Wellen; es ist gelungen, allen bis jetzt bekannten Strahlungsarten im Rahmen dieses Spektrums ihren Platz zuzuweisen. Ähnlich abgeschlossen liegt die Systematik der Materie vor, seit der Aufstellung des periodischen Systems der Elemente durch MENDELEJEFF und L. MEYER, besonders aber nach der Feststellung der Ordnungszahl der Elemente auf Grund der Röntgenspektren durch MOSELEY; viele bis dahin unbekannte Elemente sind auf Grund ihrer aus der Stellung im System folgenden Eigenschaften entdeckt worden. Wir wissen auch, *weshalb* jedes Element an seiner Stelle steht, wir kennen seine Zusammensetzung und sind über die Stärke der Kraft orientiert, welche ihre Bestandteile zusammenhält. Wenn wir daher auch noch sehr weit davon entfernt sind, das Wesen der Strahlung oder der Materie restlos zu erfassen, so ist es auch keineswegs Überhebung, wenn wir behaupten, *auf dem Wege* zur vollständigen Erfassung der Strahlung und der Materie zu sein. Wenn auf vielen anderen Wissensgebieten der Fortschritt noch keineswegs so einleuchtend ist, so ist z. B. in der Biologie manches Teilgebiet so weitgehend erforscht, daß die meisten beobachteten Tatsachen erklärt werden können. Die Probleme der Biologie sind ungleich komplizierter als die der Physik und Chemie, deshalb ist ein Abschluß auch noch in ferner Sicht; das *Wesen* des Lebens, so weit entfernt wir heute noch von seiner Erklärung auch sein mögen, ist dennoch nicht prinzipiell unerforschbar, die Molekularbiologie wird uns vielleicht in absehbarer Zeit der Lösung des Problems erheblich näherbringen.

Wenn daher der Forscher im Laufe seiner erfolgreichen Arbeit die Überzeugung gewinnt, daß er auf dem Wege ist, das Wesen dieser realen Welt zu erfassen, so mag er im einzelnen irren, er mag gelegentlich das Opfer einer Illusion sein, in bezug auf die Zielsetzung und auf die Entwicklungstendenz der Wissenschaft ist er durchaus im Recht. Die Wissenschaft ist keine bloße Beschreibung, keine Erforschung von „Erscheinungen", hinter welchen ein ewig und prinzipiell unerforschbares Ding an sich verborgen ist — sie ist die unendlich mühevolle, schrittweise Erfassung des Seienden, ein ständiges Fortschreiten in der Richtung des Dinges an sich. Mit dem bloßen Schein begnügt sich der transzendente Wissensdrang des Menschen niemals; er will den Dingen stets auf den Grund gehen, er will die Erscheinungen *verstehen.* In seinem restlosen Streben, stets behindert durch die Unvollkommenheit seiner Sinnesorgane und seines Intellektes, hat der Mensch einen großen Teil des Weges in dieser Richtung bereits zurückgelegt; wenn das Ziel auch niemals ganz erreicht wird, wenn die Fiktion des LAPLACEschen Geistes auch stets nur ein unerreichbarer Grenzfall bleiben wird, wenn an Stelle der Gewißheit der Erkenntnis in vielen Fällen immer nur Wahrscheinlichkeit erreicht werden kann, so ist der Weg doch richtig gewählt und das Ziel, welchem zugestrebt wird, ist kein Irrlicht, sondern echte, reale Erkenntnis. Wenn daher EDDINGTON behauptet „scientific investigation does not lead to knowledge of the intrinsic nature of things", so können wir auf das bisher Erreichte hinweisen und müssen die Frage aufwerfen, ob etwa die mechanische Wärmetheorie die „intrinsic nature" der Wärme erklärt oder nicht — ob etwa der absolute Nullpunkt der Temperatur bloß Erscheinung oder Wirklichkeit ist —, etwa im Sinne der agnostischen Bemerkung von SCHLICK, wonach das Wirkliche uns „nimmermehr durch Erkenntnis irgendwelcher Art gegeben werden" kann. Wenn wir jedoch annehmen, wozu wir auf Grund unseres physikalischen Wissens durchaus berechtigt sind, daß Wärme Molekularbewegung ist und daß bei 273^0 die freie Bewegungsenergie der Molekel verschwunden ist, so haben wir die „intrinsic nature" und das „Wirkliche" der Wärme erkannt. Wenn daher der verdiente Physiologe J. S. HALDANE behauptet, „we are in no science seeking for ultimate reality, but for a practically useful way of interpreting or perceiving our experiences ... The world of physical realism has become no more than an appearance which is continually fading away in the light of wider experience", so können wir nur wiederholen, daß der absolute Nullpunkt keine praktisch-nützliche Fiktion ist, sondern eine Tatsache, und die physikalische Realität schwindet keinesfalls dahin; wenn wir einerseits die Wellennatur der Bausteine der Materie erkannt haben, so haben wir andererseits die ungeheuer hohe Bindungsenergie der Atomkerne kennengelernt, eine Energie, welche ausreicht, die Strahlung der Sterne für viele Milliarden Jahre zu ermöglichen und welche die Wärmetönung chemischer Prozesse um das Millionenfache übertrifft. Vom energetischen Standpunkt aus sind daher die Atome viel „realer" als die Moleküle der Chemie, deren Realität die *klassische* Physik keinesfalls gefährdet hat.

Die Realität des Seienden kann keine physikalische Theorie hinwegdiskutieren — das kann nur eine falsche Interpretation von Teilergebnissen tun, die Betrachtung der provisorischen Endprodukte der jeweiligen Analyse. Für den Materialsmus und Mechanismus bestand die Welt aus Atomen — diese sind als „reale" und materiale Teilchen aufgefaßt worden; es wäre aber eine aus losen materialen Atomen bestehende Welt nicht viel „realer" als eine Welt, die aus Elementarbestandteilen aufgebaut ist, welche auch die Eigenschaften von „Wellen" besitzen. Und daran ändert auch der Umstand nicht, daß die Physiker zu immer größeren Abstraktionen gelangen; so schreibt z. B. HEISENBERG: „Für die Atomphysik ist das ‚Ding an sich' ... schließlich eine mathematische Struktur." Die „reale" Welt ist *mehr* als die letzten Bestandteile der — durchwegs notwendigen — physikalischen Analyse, wie ja auch der Mensch mehr ist als

Zellen und Chromosomen — und Chloroform mehr als Kohlenstoff-, Wasserstoff- und Chloratome. Analyse bedeutet keine Verflüchtigung des Gegenstandes, sondern Isolierung der Bausteine, was zur Erkenntnis des Wesens der Dinge ebenso erforderlich ist wie die Untersuchung des *Zusammenhanges* der Bestandteile *im* Ding und die daraus sich ergebenden Eigenschaften *für das* Ding. Der Agnostizismus vieler Positivisten, welcher sich auf die moderne Atomphysik stützt, ist daher durchaus unberechtigt, auch wenn er sich auf die Autorität verdienter Physiker beruft. Auch die Quantenphysik ist eine Etappe in der Erkenntnis der realen Welt, eine Etappe, welche uns der Erkenntnis des Wesens physikalischer Vorgänge näherbringt. Wenn zu einem bestimmten Zeitpunkt die analytische Forschung in einem Wissenszweig überwiegt, so spricht man von „Atomisierung" des Gebietes und man sucht die Zusammengehörigkeit der Elemente, die „Ganzheit" der in Frage stehenden Dinge zu begründen. Die Analyse ist jedoch dadurch nicht überflüssig geworden — erst auf ihrer Grundlage ist eine Synthese des Wissensgebietes möglich, die Synthese, welche uns dem Wesen der Dinge wieder um einen Schritt näherbringt. Die Atomphysik wird uns einmal erklären können, weshalb das Trichlormethan die Eigenschaften des Chloroforms besitzt — damit wird sie das Chloroform nicht „verflüchtigen", sondern das *Wesen* des Chloroforms erklären. An Stelle des „Phänomens" Chloroform wird dann jene Kenntnis treten, die uns die „Erscheinung" Chloroform *erklärt* — das „Chloroform an sich" im Sinne von KANT. So ist auch die moderne Physik, wie jede Wissenschaft, ein Streben nach Erkenntnis des *Wesens* der Dinge, nach Erkenntnis der Dinge an sich.

Literaturverzeichnis

AYER, A. J.: The foundations of empirical knowledge, 1940.
BAVINK, B.: Erg. und Probl. der Naturwissenschaften, 4. Aufl., 1930.
BECHER, E.: Metaphysik und Naturwissenschaft, 1926.
BERGMANN, H.: Der Kampf um das Kausalgesetz, 1929.
BERNARD, CL.: Introduction à l'étude de la médecine expérimentale, 1865.
BOIS-REYMOND, E. DU: Über die Grenzen des Naturerkennens, 6. Aufl., 1884.
BRIDGMAN, P. W.: Die Logik der heutigen Physik, 1932.
CARNAP, R.: Der logische Aufbau der Welt, 1928.
CASSIRER, E. (1): Zur Einsteinschen Relativitätstheorie, 1920.
CASSIRER, E. (2): Philosophie der symbol. Formen, I, 1923.
CORNELIUS, H., in: Erkenntnis, II, 1931.
DE BON, G.: La vie des vérités, 1920.
DUHEM, P.: Ziel und Struktur der physikalischen Theorien, 1908.
EDDINGTON, A. S.: The nature of the physical world, 1929.
EINSTEIN, A., in: Philosophy of science, I, 1934.
EINSTEIN, A., und L. INFELD: Physik als Abenteuer der Erkenntnis, 1938.

FRANK, PH. (1): Erkenntnis, I (50).
FRANK, PH. (2): Das Kausalgesetz und seine Grenzen, 1932.
FRANK, PH. (3): Encycl. of Unif. sci., II, 1955.
FRISCHEISEN-KÖHLER, M.: Wissenschaft und Wirklichkeit, 1912.
GARRIGOU-LAGRANGE, R.: Le réalisme du principe de finalité, 1932.
GEORGE, W. H.: The scientist in action, 1936.
HAHN, H.: Logik, Mathematik und Naturerkennen, 1933.
HALDANE, F. S.: The philosophical basis of biology, 1931.
HARTMANN, E. v.: Kritische Grundlegung des transzendentalen Realismus, 3. Aufl., 1885.
HARTMANN, M.: Allgemeine Biologie, 2. Aufl., 1933.
HARTMANN, NIC.: Zum Problem der Realitätsgegebenheit, 1931.
HEISENBERG, W. (1): Wandlungen in den Grundlagen der Naturwissenschaft, 1935.
HEISENBERG, W. (2), in: Erkenntnis, II, 1931.
HEISENBERG, W. (3): Das Naturbild der heutigen Physik, 1955.
HEISENBERG, W. (4): Physik und Philosophie, 1959.
HEISENBERG, W. (5), in: Umschau, 63, 1963.
HELMHOLTZ, H. v.: Natur und Naturwissenschaft (Verlag Langer).
HUMBOLDT, A. v.: Kosmos, I, 1845.
HUME, D.: Untersuchungen über den menschlichen Verstand (Verlag Kröner).
JEANS, F. (1): Die neuen Grundlagen der Naturerkenntnis (New background of science), 1934.
JEANS, F. (2), in: Scientific progress, 1935.
JEFFREYS, H., in: Nature, 141 (1938).
JORDAN, P.: Die Physik des 20. Jahrhunderts, 1936.
JUHOS, B.: Die Erkenntnis und ihre Leistung, 1950.
KANT, I. (1): Prolegomena (Phil. Bibl., 6. Aufl.).
KANT, I. (2): Kritik der reinen Vernunft, 2. Aufl. (Verlag Kröner).
KREMER, R.: La théorie de la connaissance chez les néo-réalistes anglais, 1928.
KÜLPE, O.: Einleitung in die Philosophie, 11. Aufl., 1923.
LECAPE, R. S.: À la recherche du temps vécu, 1935.
LENZEN, V. J., in: Encycl. of Unif. sci., I, 1955.
MACH, E. (1): Analyse der Empfindungen, 5. Aufl., 1906.
MACH, E. (2): Erkenntnis und Irrtum, 3. Aufl., 1917.
MARCH, A.: Das neue Denken der modernen Physik, 1957.
MARITAIN, J.: Les degrés du savoir, 3. Aufl., 1940.
MAY, E., in: Die Bedeutung der modernen Physik für die Theorie der Erkenntnis, 1937.
MEHLBERG, H.: The reach of science, 1958.
MESSER, A. (1): Einführung in die Erkenntnistheorie, 3. Aufl., 1927.
MESSER, A. (2): Die Philosophie der Gegenwart, 7. Aufl., 1931.
MORRIS, C. W., in: Encycl. of Unif. sci., I, 1955.
MÜLLER, A.: Einleitung in die Philosophie, 2. Aufl., 1931.
MÜLLER-FREIENFELS, R.: Psychologie der Wissenschaft, 1936.
NEURATH, O.: Empirische Soziologie, 1931.
NORTHROPE, F. SC.: The Logic of the Sciences and the Humanities, 1947.
OSTWALD, W.: Die Pyramide der Wissenschaften, 1929
PEARSON, K.: The Grammar of Science, 2. ed., 1900.
PETZOLD, J.: Das Weltproblem, 2. Aufl., 1912.

Planck, M. (1): Wege zur physikalischen Erkenntnis, 1933.
Planck, M. (2), in: Naturwissenschaften, 1942.
Poincaré, H.: La valeur de la science, 1920.
Popper, K.: Logik der Forschung, 1935.
Reichenbach, H., in: Erkenntnis, I, 1930.
Reininger, R.: Metaphysik und Wirklichkeit, 2. Aufl., 1947.
Reiser, O. L.: Philosophy of Sciences, I (1934).
Riehl, A.: Einführung in die Philosophie der Gegenwart, 4. Aufl., 1913.
Schlick, M. (1): Allgemeine Erkenntnislehre, 2. Aufl., 1925.
Schlick, M. (2), in: Erkenntnis, III, 1932.
Schopenhauer, A.: Die Welt als Wille und Vorstellung (Verlag Kröner).
Stumpf, C.: Erkenntnislehre, 1939.
Vaihinger, H.: Die Philosophie des Als ob, 7. Aufl., 1922.
Weber, M.: Ges. Aufsätze zur Wissenschaftslehre, 1922.
Weizsäcker, C. F. v., in: Naturwissenschaften, 1941.
Wenzl, A.: Die philosophischen Grenzfragen der modernen Naturwissenschaft, 1956.
Westphal, W.: Physik, 7. Aufl., 1941.
Weyl, H.: Philosophie der Mathematik und Naturwissenschaft, 1927.
Whitehead, A. N. (1): Modes of thought, 1938.
Whitehead, A. N. (2): Nature and Life, 1934.
Zamboni, G.: Introduzione al corso di gnoseologia pura, 1924.

VI. Naturphilosophische Grenzfragen

Wir haben bei der Besprechung der kategorialen Denkformen bereits ein Thema gestreift, welches sowohl für die Erkenntnislehre wie für die Naturlehre von größtem Interesse ist. Unser Denken unterliegt gewissen a priori geltenden Prinzipien, ohne welche eine geordnete logische Denktätigkeit unmöglich ist; die wichtigsten sind die Kausalität, die Substanz, die Finalität sowie die Raum- und Zeitanschauung. Die Fragen „warum", „wozu", „wo", „wann" und „was" sind die Grundlagen jeder wissenschaftlichen Arbeit — wie auch das praktische Leben ohne diese Kategorien nicht möglich wäre. Sind diese Denkformen bloß subjektive Eigenschaften des menschlichen Geistes, gewissermaßen farbige Brillengläser, durch welche wir die Welt sehen, verlegen wir durch diese Kategorien Eigenschaften in die Natur, die sie eigentlich gar nicht besitzt? Schon der Umstand, daß sich diese Kategorien im praktischen Leben bewähren, ja, daß praktisches Leben ohne den Ursachen-, Zweck-, Ding-, Raum- und Zeitbegriff gar nicht möglich wäre, spricht gegen diese Annahme. Es gibt sogar eine Ansicht, wonach die Kategorien nicht a priori gegeben, sondern durch die Umwelt dem Menschen aufgezwungen sind; wir haben den Standpunkt vertreten, daß sie sowohl Seins- wie Denkformen sind; sie gelten so gut für den Geist wie für die Natur.

Die Besprechung dieser Fragen läßt sich daher nicht einseitig vom erkenntnistheoretischen Standpunkt aus durchführen; wir müssen wissen, worauf die Kausalität in der Natur beruht, um zu verstehen, was die Kausalität für den menschlichen Geist bedeutet. Erst durch den Vergleich der logischen mit der naturwissenschaftlichen Kausalität können wir erkennen, wie weit die beiden übereinstimmen und worin sie voneinander abweichen. Diese Betrachtung hat für die Naturphilosophie großes Interesse, da der Zweifel an der realen Existenz kausaler bzw. zweckdienlicher Verknüpfungen die Grundlagen der Naturforschung erschüttern würde. Eine Trennung tatsächlicher Seinsrelationen von subjektiven Gesichtspunkten der Naturbetrachtung gehört daher zu den vornehmsten Aufgaben der Naturphilosophie und sie wird sowohl von der Physik wie von der Biologie energisch in Angriff genommen. Wir können uns daher im folgenden auf eine reiche Fülle naturwissenschaftlicher Feststellungen und Stellungnahmen berufen, wenn wir die wichtigsten Grenzfragen der Erkenntnislehre besprechen.

1. Kausalität und Determinismus

Dem Problem der Kausalität hat HEYDE ein lesenswertes Buch gewidmet. Er schildert die Geschichte des Kausalbegriffes und zitiert in diesem Zusammenhange die Aussagen von THOMAS VON AQUIN: „omne quod movetur, *ab alio* movetur“ und „omnis effectus habet causam“. Er zählt sodann die Leitgedanken der philosophischen Kritik an der Kausalität auf: die Kausalbeziehung sei unwirklich, da nicht direkt wahrnehmbar (SEXTUS EMPIRICUS), sie sei unmöglich wegen der Ungleichheit der Kausalglieder (MALEBRANCHE), die Ursachen seien unbekannt (COMTE, MACH), post hoc nec propter hoc (HUME), sie sei unnötig (KIRCHHOFF), sei nur Funktionalität (MACH) oder Konditionalität (VERWORN). Es ist zweckmäßig, die Besprechung mit HUME zu beginnen. Nach HUME ist die Kausalität nicht a priori gegeben, sie wird stets empirisch erschlossen; wir können keine Ursache oder Wirkung ohne Hilfe der Beobachtung und Erfahrung erkennen. Kausalität ist ein Prinzip der Assoziation: „Von Ursachen, die *ähnlich* erscheinen, erwarten wir ähnliche Wirkungen. Dies ist der Inbegriff alles unseren erfahrungsmäßigen Schließens.“ Dabei besteht Kausalität bloß aus Sukzession: „Ursache ist ein Gegenstand, auf den ein anderer folgt und dessen Erscheinungen den Gedanken stets auf diesen anderen hinleitet.“ Es ist, wie wir sehen, der erste Versuch einer psychologischen Analyse des Kausalbegriffes; die Frage, *weshalb* ein Gegenstand stets auf den anderen folgt, wird dabei gar nicht berührt. Auch GOETHE äußert sich in ähnlichem

Sinne: „Das Zurückführen der Wirkung auf die Ursache ist bloß ein historisches Verfahren, z. B. die Wirkung, daß ein Mensch getötet, auf die Ursache der losgefeuerten Büchse." In der Kritik der HUMEschen Auffassung betont HEYDE mit vollem Recht, daß die Feststellung einer bloßen *Zeitfolge* zweier Zustände zum vollen Verständnis der *Kausalfolge* nie und nimmer ausreicht, da ja Nachfolgen *auf* etwas keinesfalls schon so viel bedeutet wie Erfolgen *aus* etwas. Kausalität ist *Wirksamkeit* und enthält *mehr* als Sukzession; sie bedeutet Bedingungsein für eine Veränderung, daher sei das *Nacheinander* nicht mehr aus der Kausalität wegdenkbar. Diese letztere Ansicht wird allerdings nicht allgemein geteilt: WENZL betont, daß alles Kausalgeschehen als *Wechselwirkung* zu verstehen sei und MARCH betont, jedes Ereignis sei mit der ganzen Vergangenheit der Welt kausal verknüpft. In Wirklichkeit hat nicht allein die Veränderung, sondern auch die Aufrechterhaltung eines Gleichgewichtszustandes seine kausalen Bedingungen. Der Grundumsatz eines gesunden Menschen bleibt konstant, weil seine Schilddrüse weder zuviel noch zuwenig Hormon bildet; sein Elektrolytgleichgewicht ist die Folge komplizierter Regulationen. Nicht allein der komplexe Organismus, auch anorganische Gleichgewichte werden „verursacht", so der mittlere Wasserstand eines Flusses, die unveränderte Zusammensetzung der Luft und dergleichen mehr. Die Wechselwirkung kausal zusammenhängender Vorgänge geht eindeutig aus dem sogenannten „feed-back-Mechanismus" hervor, dessen Bedeutung für die biologischen Regulationen sehr groß ist: jede Änderung der Zusammensetzung des Blutes bewirkt automatisch eine Erhöhung der regulierenden Hormonfunktionen; falls letztere über das notwendige Maß hinausgeht, wird automatisch die Hormonproduktion gebremst.

Geht nach HUME unser kausales Denken letzten Endes auf Gewöhnung zurück, so ist Kausalität nach KANT eine a priori geltende Kategorie, eine notwendige Denkform, ohne welche geordnete Denktätigkeit unmöglich wäre, kausale Verknüpfungen beziehen sich jedoch bloß auf die *Erscheinungen,* über die Kausalbeziehung der Dinge an sich können wir nichts erfahren.

Während aber die Kausalität für HUME bloß ein psychologisches Phänomen und empirischer Natur ist, hält sie KANT für ein notwendiges, a priori geltendes Prinzip, welches teils logischen, teils immer noch psychologischen Charakter trägt. Gemeinsam ist beiden Auffassungen die Abwesenheit jeder ontologischen Begründung. Diese Richtung ist bis heute bei vielen Denkern, insbesondere der positivistischen Richtung vorherrschend. So ist nach P. VOLKMANN die Kausalität eine überholte anthropomorphe Vorstellung; sie sei zu ersetzen durch „die Gesetzlichkeit der für die Naturwissenschaften in Betracht kommenden Erscheinungen". Da diese letzteren offenbar auch nur eine Form der Kausalität sind, wird das Problem nur verschoben, nicht gelöst. Auch nicht durch die monistische Deutung von SCHOPENHAUER, wonach der Verstand nichts als das subjektive Korrelat der Kausalität sei; diese zu erkennen sei seine einzige Funktion. Andererseits sei alle Kausalität nur für den Verstand, durch den Verstand, im Verstand. Wie soll der Verstand die Kausalität „erkennen", wo diese doch nur „im Verstande" ist? Daß die Kausalität die Grundlage unseres Wissens ist, hat CLAUDE BERNARD stark unterstrichen: „Toute la connaissance humaine se borne à remonter des effets observés à leur cause."

Obwohl der Positivismus, seinem antimetaphysischen Prinzip gemäß, ebenfalls auf ontologische Grundlegung der Kausalität verzichtet und auf der von HUME gesetzten Grundlinie bleibt, verdanken wir ihm dennoch einige wertvolle logisch-psychologische Formulierungen. J. ST. MILL bleibt noch ganz in HUMEschen Gedankengängen, wenn er die Kausalität als „uniform antecedence" definiert, die induktiv erschlossen werden muß. Doch hat er mit der Regel, wonach kausale Verknüpfungen nur dann angenommen werden können, wenn die Variation der Ursache auch die Variation (z. B. Verdoppelung) der Folge nach sich zieht, ein wertvolles methodisches Prinzip geschaffen und die kausale Formulierung von Naturgesetzen eingeleitet. Noch weiter ist darin E. MACH gegangen, der den Kausalbegriff durch den physikalisch präziseren *Funktionsbegriff* ersetzt hat; dieser läßt insbesondere auch eine einwandfreie mathematische Formulierung von Naturgesetzen zu. Noch weiter geht B. RUSSELL, für den der alte Kausalbegriff auf die Beobachtungstatsache beschränkt wird, wonach sich Ereignisse auf Grund ihrer Korrelationen zu Gruppen zusammenfassen lassen. Am radikalsten hat sich CARNAP ausgesprochen; Kausalität bedeutet nur „funktionelle Abhängigkeit bestimmter Art", welcher jedoch keine Realität unterlegt werden darf. „Die Begriffe ‚Ursache' und ‚Wirkung' haben nur innerhalb der Wahrnehmungswelt eine Bedeutung." — Dieser letztere Ausspruch gibt übrigens die Ansicht von KANT wieder, welche durch die Marburger Schule in der Richtung des logischen Idealismus ausgebaut worden ist. Im scharfen Gegensatz hiezu steht die Auffassung von A. MESSER (1), wonach der Inhalt des Kausalgedankens — zumindest im Psychischen — auf die gesetzmäßige Aufeinanderfolge beschränkt werden muß. In seiner Erkenntnislehre bestreitet MESSER (2) den Charakter der Apriorität des Kausalsatzes und hält ihn — im Gegensatz zu den Axiomen der Mathematik und Logik — bloß für ein *Postulat.* Damit ist, nach 200 Jahren, die Fragestellung HUMES wieder zu Ehren gekommen.

Auf anderer Basis versuchte BRENTANO die Kausalität zu erklären. Bei jedem Werden sei das Werdende mit einem Vorstehenden wie Wirkung mit Ursache verknüpft, mit anderen Worten, ein Vorstehendes determiniert das, was wird. Die Ursache beginnt daher erst dann Ursache zu sein, wenn die Wirkung beginnt, und ist es nur, so lange etwas gewirkt ist. Jeder Versuch, das Kausalgesetz als aus den Begriffen Einleuchtendes darzutun, sei bis jetzt gescheitert; es ist lediglich empirisch beweisbar, etwa in der Art, wie wir auf psychischem Gebiet die Verursachung sicher feststellen können, z. B. die Verursachung einer Konklusion durch die Prämissen. Ist aber die psychische Kausalität logisch-empirischer Art, erfolgt die Erkenntnis der Kausalität aus der logischen Analyse des Schlusses, etwa in der Form, daß der Satz: alle Säugetiere atmen mit der Lunge, als Ursache den zweiten Satz: auch Nilpferde haben Lungenatmung, zur Folge hat? Man wird an die Bemerkung von FRISCHEISEN-KÖHLER erinnert, wonach jede Erklärung der Kausalitätsvorstellung selbst schon das Kausalprinzip benützen muß, daher ein circulus vitiosus besteht. Die Phänomenologie sucht diesen Zirkel zu umgehen, indem sie den Kausalsatz als unmittelbar einsichtig, als „erschaute Relation" (SCHELER) auffaßt. Wie wir sehen werden, ist diese Auffassung für viele hierher gehörende Erkenntnisprozesse durchaus richtig.

Zunächst haben wir uns noch mit Erklärungsversuchen zu beschäftigen, die vom Denkerlebnis heraus, rational, die Kausalität begreifen lassen wollen. Nach WUNDT ist das Kausalprinzip die Anwendung des „Prinzips des Erkenntnisgrundes" auf Erfahrungsinhalte; dieses logische Prinzip ist nichts anderes als die Forderung, einen gegebenen Inhalt nach Gründen und Folgen zu ordnen. Es handelt sich dabei, wie WUNDT ausdrücklich betont, *nicht* um ein Naturgesetz, sondern um eine Denkform, eine methodische Regel. Eine mehr voluntaristische Ansicht hat C. STUMPF vertreten, indem er annahm, daß die tiefsten und letzten Wurzeln des Kausalbegriffes die unmittelbaren inneren Wirkungen unserer Willensakte sind. Mit Recht betont jedoch H. WEYL, daß wir alle kausalen Prämissen unserer Taten immer erst unmittelbar *nach* der Tat kennen können.

Alle bis jetzt besprochenen Ansichten haben das Gemeinsame, daß sie die Kausalität allein als Funktion des Verstandes auffassen, wobei die Frage, ob der kausalen Betrachtungsweise irgend etwas Reales in der Welt entspricht, entweder verneint oder offen gelassen wird. Diese Einseitigkeit bewirkt auch, daß keine der bisher erwähnten Auffassungen befriedigen kann; das eigentliche Problem der Kausalität ist ja eben die Frage, ob es in Wirklichkeit kausale Verknüpfungen gibt, worin diese bestehen und wie weit wir sie erkennen können. Durch reines Nachdenken allein ist Wesen und Gültigkeit des Kausalgesetzes, wie PLANCK betont, in endgültiger Weise nicht zu entscheiden. Die *ontologische* Fragestellung ist daher gerade bei diesem Problem nicht zu umgehen und wir wenden uns nunmehr zu der Besprechung derjenigen Ansichten zu, welche von dieser Fragestellung ausgehen oder sie zumindest stillschweigend voraussetzen.

Wir müssen historisch auf E. v. HARTMANN zurückgehen, dessen Lehre von der transzendenten Kausalität die Grundlage seines erkenntnistheoretischen Standpunktes darstellt. Diese „transzendente Kausalität" ist eine *reale* Eigenschaft der Dinge an sich, der Daseinszustand der letzteren ist ein „durch und durch kausal bedingter, d. h. notwendiger". Diese transzendente Kausalität ist der einzige Punkt, wo das Transzendente „mit dem Endpunkte seines Funktionierens in den Bewußtseinsinhalt gleichsam hineinragt und das Gebiet des Immanenten berührt". Die immanente Kausalität, welche zwischen den Objekten des Bewußtseins besteht, ist dagegen bloß eine Sukzession, eine „nachbildliche Verknüpfung von Objekten, welche diejenige transzendente Kausalität für das Bewußtsein *repräsentiert,* die zwischen den von den Objekten repräsentierten Dingen an sich realiter obwaltet und durch Affizierung der Sinne von Seiten der Dinge an sich in den verschiedenen Phasen ihrer Aktionen sich im Bewußtsein abspiegelt". Ähnlich, nur leichter faßbar ist die Ansicht von R. KREMER: „Pour la connaissance humaine, ce qui met l'âme au contact avec les choses; ce qui imprime en elle la première participation actuelle à leur forme, c'est la causalité, l'action des choses sur les sens ... La causalité de la chose sur nos organes du sens, est-il besoin de le dire? est d'ordre ontologique, transcendant, et non d'ordre phénoménal, empirique." Deutlich formuliert C. STUMPF, daß die Kausalität nicht nur ein subjektives regulatives Prinzip, sondern eine *objektive Eigenschaft* der Materie, also ein konstitutives Prinzip ist. Es besagt, daß jedem physikalischen Geschehen ein anderes vorausgeht, das mit ihm in gesetzmäßiger Beziehung steht; dieses Kausalgesetz ist induktiv erhärtet. Auch WHITEHEAD betont, daß im Gegensatz zur Ansicht von HUME die Kausalität *mehr* ist als bloße Sukzession; denselben Gedanken gibt auch J. GEYSER wieder: Wir haben eine *Wahrnehmung* von Kausalität: „Sie besteht in dem Erlebnis, daß in uns ein gewisses erstes Sein oder Geschehen ein gewisses zweites Geschehen und Sein zur Folge hat, nach sich zieht, herbeiführt. Es wird also nicht bloß, wie in der äußeren Erfahrung, die zeitliche Folge des zweiten Geschehens auf das erste, sondern auch sein Zusammenhängen mit diesem, sein Entstehen infolge desselben unmittelbar erlebt."

Von anderen Definitionen der Kausalität erwähnen wir noch die von A. MÜLLER: Kausale Verknüpfung liegt vor, wenn zwei Vorgänge zeitlich so zusammentreffen, daß sie von da an anders ablaufen und die Veränderung ganz bestimmt ist. Da nach der modernen Physik auch Veränderungen ohne Ursache vorkommen, müßte nach MÜLLER das Kausalprinzip eigentlich: „Keine Ursache ohne Veränderung" lauten; auch betont MÜLLER, daß die Kausalität keine Antwort auf die Frage erteilen kann, warum *überhaupt* etwas geschieht. W. ROUX, der Begründer der Entwicklungsmechanik, gibt eine recht einfache Definition: „Zwei Erscheinungen, die immer zusammen vorkommen, stehen in ursächlichem Zusammenhang." Die Definition ist falsch: normale Blutzucker- und Blutelektrolytwerte kommen bei Gesunden immer zusammen vor, sie stehen aber in keinem ursächlichen Zusammenhang. Nach BAVINK handelt es sich bei kausalen Urteilen „stets um Aussagen über Koexistenz oder Sukzessionen von Erscheinungen oder

Erscheinungsgruppen, die als nicht zufällig, sondern notwendig vorgestellt werden". Nach E. v. ASTER ist die Voraussetzung des Kausalsatzes die Determination aller Naturvorgänge durch bestimmte Bedingungen. Nach E. MAY sind Ursache und Wirkung in der Physik nur als notwendiges Nacheinander von meßbaren Zuständen feststellbar, also post hoc ohne propter hoc; diese „mechanische Kausalität" sei stets umkehrbar und keineswegs identisch mit der Möglichkeit der Vorausberechnung, wie PLANCK und H. BERGMANN vermuten. Wahrgenommen wird nach MAY zwar nur die zeitliche Sukzession, mit der Wahrnehmung wird jedoch die ursächliche Verknüpfung erschaut. „Das Denken weiß, daß es nicht mit absoluter Notwendigkeit gezwungen ist, kausal zu denken, es weiß aber zugleich, daß es sich selbst aufgibt, wenn es nicht die absolute Denknotwendigkeit postuliert." — Erwähnen wir noch die Ansicht von F. EXNER, wonach das Kausalgesetz nur die Tatsache ausdrückt, daß die Naturvorgänge nicht zufällig, sondern gesetzmäßig verlaufen; die kausale Erklärung ist dementsprechend nach K. POPPER die deduktive Ableitung eines Satzes aus Gesetzen und Randbedingungen. Nach BRIDGMAN besagt der Satz vom lückenlosen Kausalzusammenhang, daß Unterschiede im Verhalten von Systemen nicht isoliert auftreten, sondern immer im Verein mit anderen Unterschieden. Der Kausalbegriff sei stets relativ, da das Gesamtsystem, in dem die Ereignisse stattfinden, in ihn eingeht: der Glockenschlag hat z. B. nur dann einen Ton zur Folge, wenn Luft vorhanden ist. Nach A. MITTASCH haben wir zwischen Erhaltungs- und Anstoßkausalität zu unterscheiden; die erste beruht auf dem Satz „causa aequat effectum" ihr Paradigma ist der Energiesatz bzw. die aus ihm ableitbaren Folgerungen. Die zweite erklärt nach dem Grundsatz „Kleine Ursache große Wirkungen" Vorgänge, wie die Katalyse, die Reizerscheinungen, das Auslösen einer Explosion und dergleichen. Obwohl zwischen beiden Formen kein prinzipieller Unterschied besteht — genauer gesehen, löst die Zündung nur gewiß chemische Prozesse und nicht die physikalischen Folgen der Explosion aus —, ist ihre Unterscheidung aus praktischen Gründen oft nützlich. Ebenso zweckmäßig ist die Einteilung der Kausalität in zwei Stufen nach JUHOS. Die *erste* Stufe besteht, wenn mit Hilfe eines Gesetzes Ereignisse der *gleichen Art* vorausgesetzt werden können, wie wir sie zur Gewinnung des betreffenden Gesetzes benützt haben (auf „A" folgt stets „B"). Falls sich eine Ereignisfolge in *impliziter* Form, als *Variable* beschreiben läßt (bei Erwärmung von x Grad von Wasser erfolgt eine Volumänderung $f\ [x]$ als ständige Funktion von x) so liegt Kausalität der *zweiten* Stufe vor; diese ist die strengste Form des Determinismus und nur im Makrobereich der Physik anwendbar.

Der quantenphysikalischen Diskussion über den Kausalbegriff verdanken wir zwei Monographien über diesen Gegenstand, mit deren Schilderung wir die lange Literaturübersicht beschließen. Nach H. BERGMANN ist das Kausalgesetz keine Behauptung, sondern (wie schon MESSER und später MAY behaupteten) bloß ein Werkzeug, ein Postulat; seine kategorielle Natur kann weder bewiesen noch widerlegt werden. Seine Aufgabe besteht in der Zeitbestimmung und der Voraussage: Ursache und Wirkung unterscheidet nur die zeitliche Stellung. Im Gegensatz hiezu ist die Kausalität nach H. REICHENBACH unsymmetrisch, die Ursache ist von der Wirkung auch *ohne* Zeitrelation unterscheidbar. Nicht die Zeitfolge bedingt das Kausalverhältnis, sondern dieses bestimmt die Zeitfolge (A heißt später als B, wenn A die Folge von B ist). Auch nach E. MEYERSON ist der *logische* Inhalt des Kausalzusammenhanges wichtiger als der zeitliche. Nach PH. FRANK, dem wir die zweite Monographie über das Kausalgesetz verdanken, „läßt sich aus unseren Erlebnissen kein Beweis oder auch nur Wahrscheinlichkeitsbeweis für oder gegen die Gültigkeit des Kausalsatzes in der Natur herleiten". Auch statistische Mittelwerte können im Sinne von BOLTZMANN Ausdruck kausaler Bestimmtheit sein. Die Voraussicht der Zukunft, die wir durch die Kausalität erhalten, ist nur pauschaler Natur und läßt sich nicht beliebig verfeinern.

Die Fortschritte der Atomphysik haben, wie bereits erwähnt, zu einer erneuten Diskussion des Kausalbegriffes Veranlassung gegeben. Elektronen und Protonen, so hat man gesagt, sind nicht unterscheidbar, sie haben keine Identität. Eine Messung ist grundsätzlich nur mit einem Eingriff möglich, der den jeweiligen Zustand des Elektrons stört; Ort und Impuls des Elektrons sind, wie die *Unschärferelation* von HEISENBERG zeigt, komplementär, nicht gleichzeitig scharf zu bestimmen, daher ist eine kausale Verknüpfung zwischen zwei Zuständen eines Elementarteilchens nicht herstellbar. Der Begriff der Komplementarität ist nach JORDAN (1) das philosophisch bedeutsamste Ergebnis der Quantenphysik. Die Beobachtung in der Astronomie, sagt JORDAN (2) an einer anderen Stelle, ist ein Zurkenntnisnehmen eines sowieso vorhandenen Tatbestandes, während sie in der Quantenphysik einen *Eingriff* in das Beobachtete darstellt; aus diesem Grunde allein sei bereits die Rückführung statistischer Gesetzmäßigkeiten in der Atomphysik auf kausale Gesetze ausgeschlossen. Nach HEISENBERG können wir die Gegenwart in allen Bestimmungsstufen prinzipiell *nicht* kennenlernen, daher können wir auch die Zukunft nicht berechnen. Durch die Quantenmechanik wird die Ungültigkeit des Kausalgesetzes definitiv festgestellt; eine deterministische Wendung ist ausgeschlossen: „Die Quantenmechanik läßt nirgends Raum für eine Ergänzung ihrer Aussagen." Da sich die Elementarpartikeln nahezu mit Lichtgeschwindigkeit bewegen, ist bei ihrer Wechselwirkung auch die Relativitätstheorie zu berücksichtigen, wodurch der Zeitfaktor nicht eindeutig bestimmt werden kann; das bedeutet neue Schwierigkeiten für das Kausalitätsprinzip. Nach AYER ist die Unschärferelation eine Folge davon, daß Elementarpartikel keinen „Ausgangsstatus" wie in der klassischen Physik besitzen, daher auch nicht mit den Begriffen der klassischen Physik beschreibbar sind. Auch MARCH betont, daß ein Elementarpartikel keine „Substanz" besitzt und die Unschärferelation letzten Endes auf der Nicht-Analysierbarkeit der Elementarprozesse beruht. Etwas vorsichtiger drückt sich EDDINGTON (2) aus: „It is impossible to trap modern physics into predicting anything with perfect determinism, because it deals with probabilities from the onset." Einige Jahre vorher schreibt er: „It is quite true that the quantum laws for individuals are not incompatible with causality; they merely ignore it." Und JEANS bemerkt: Determinismus einerseits, Darstellbarkeit in Raum und Zeit anderseits seien wie Mann und Frau im Wetterhäuschen. Aus all dem folgert A. WENZL: „Wir müssen zugeben, daß es möglich ist, daß ein Spielraum von Freiheit in den elementaren Naturvorgängen herrscht."

Diese indeterministischen Konsequenzen der Atomphysik sind nicht unwidersprochen geblieben. H. BERGMANN hat bereits darauf hingewiesen, daß die Quantenmechanik keineswegs die Ungültigkeit, höchstens die *Unanwendbarkeit* des Kausalgesetzes im Bereich der Mikrophysik erwiesen hat. Auch die Wahrscheinlichkeit beruht, wie schon L. BRUNSCHVICG sagte, auf Determinismus. Eine auch für die Quantenphysik anwendbare Definition der Kausalität gibt M. BORN: Wenn man den Zustand eines Systems soweit empirisch bestimmt, als es auf Grund der Naturgesetze überhaupt möglich ist, so ist der weitere Ablauf der Vorgänge des Systems in dem Maße determiniert, als jeder spätere Zustand seinerseits empirisch bestimmbar ist. Wie R. v. MISES sagte, ist die Form des Kausalgesetzes wandelbar und wird sich dem unterordnen, was die Physik verlangt. M. PLANCK erklärte 1923, daß die Quantentheorie schließlich zu einer genaueren Formulierung des Kausalgesetzes kommen wird. Ähnlich wie EDDINGTON und BERGMANN unterscheidet auch PLANCK zwischen Gültigkeit und Durchführbarkeit des Kausalgesetzes und betont dabei: „das letzte Ziel einer jeden Wissenschaft besteht in der vollständigen Durchführung der kausalen Betrachtungsweise". In der Quantenphysik seien eben die *Materiewellen* determiniert. 1932 schreibt PLANCK allerdings: „In seiner Anwendung auf die Welt der Atome hat das Kausalgesetz endgültig versagt ... Die Erwartung, daß es je gelingen könnte, den Begriff der Kausalität in aller Schärfe zu formulieren und sodann auf diese Definition eine Untersuchung der Gültigkeit des Kausalgesetzes in der Natur zu gründen, mußte in früherer Zeit als naiv, kann aber heute nur als töricht bezeichnet werden." Dennoch herrscht im Weltbild der Quantenphysik, wie PLANCK wieder später feststellt, der Determinismus ebenso streng wie in dem der klassischen Physik, nur sind die benützten Symbole andere. Die Gültigkeit statistischer Gesetzmäßigkeiten sei mit dem Walten einer strengen Kausalität sehr wohl verträglich: „Gerade die Wechselwirkungen zwischen dem Messungsvorgang und dem realen Vorgang sind es ja, welche uns die Ungenauigkeitsbeziehung wenigstens bis zu einem gewissen Grad kausal verständlich macht." Auch EINSTEIN glaubte noch an die Möglichkeit eines Modells der Wirklichkeit, d. h. einer Theorie, die die *Dinge selbst* und nicht nur die Wahrscheinlichkeit ihres Auftretens darstellt. March definiert die quantenmechanische Kausalität: Von einem statistisch charakterisierten Anfangszustand kann auf die im gleichen Sinn verstandenen zukünftigen Zustände des Systems geschlossen werden. Auch Heyde betont, daß der Umstand, wonach gewisse subatomare Geschehnisse *ohne ersichtliche Ursache* auftreten, noch nicht bedeutet, daß sie *akausal* sind; Unvorhersagbarkeit bedeutet nicht Ursachlosigkeit, nur sind die Ursachen noch nicht ermittelt. Auch E. May betont, daß die Quantenmechanik an der Determiniertheit der Naturvorgänge festhalten muß, obwohl sie empirisch dieselbe nicht bestimmen kann. Nach Stumpf gibt es drei Möglichkeiten, um den Kausalbegriff in der modernen Physik zu retten. 1. Die Annahme, daß es Kausalität nur im Makrophysikalischen gibt — ein logisch unhaltbarer Standpunkt; 2. daß es keine Kausalität gibt, nur Wahrscheinlichkeit — sie führt zu großen Einschränkungen in der Erklärung von Naturvorgängen; 3. die Kausalität zurecht besteht — ihr Nachweis scheitert an der Unmöglichkeit genauerer Beobachtung aller Faktoren.

Was insbesondere die Unschärferelation betrifft, so meint Popper, daß die Quantenmechanik keinesfalls erschüttert wäre, wenn genauere Messungen gelingen sollten, als es die Unbestimmtheitsrelation erlaubt. Die moderne indeterministische Metaphysik sei keinesfalls klarer, dafür aber unfruchtbarer als der Determinismus. Das „imaginäre Mikroskop" Heisenbergs sei ein schlechtes Beispiel, da die gleichzeitige Messung von Ort und Impuls eines Elektrons nicht *analog* bzw. symmetrisch ist; zur Messung des Ortes wäre Licht von hoher, zur Messung des Impulses Licht von niedriger Frequenz erforderlich. Auch Frank betont, die Unschärferelation bedeute nur soviel, daß es unmöglich ist, eine Versuchsordnung zur Bestimmung der Lage und eine andere zur Bestimmung des Impulses eines Partikels *gleichzeitig* durchzuführen. Nach Dirac werden die fundamentalen Größen einer künftigen Epoche der Physik die Lichtgeschwindigkeit und die Elektronenladung sein, die Plancksche Konstante wird eine abgeleitete Bedeutung haben, die Unschärferelation wird die künftigen Wandlungen der Physik nicht überdauern. H. Dingler betont mit Recht, daß die indeterministischen Folgerungen aus den Heisenbergschen Gleichungen unberechtigt sind, da, wie auch wir eingehend auseinandergesetzt haben, viele physikalische Erkenntnisse nicht durch direkte Beobachtung, sondern *indirekt* gewonnen werden.

Während die Kausalität im engeren Sinne nur die notwendige Relation zwischen zwei oder mehreren Dingen umfaßt, verstehen wir unter *Determinismus* die lückenlose kausale Verknüpfung des gesamten Alls, welches, der Natur der Kausalität entsprechend ebenso für die Zukunft wie für die Vergangenheit gilt. Es folgt aus dem Begriff des Determinismus, daß er, falls die Bedingungen eines Vorganges bekannt sind, seinen künftigen Ablauf berechnen läßt; sind alle Bedingungen der Welt zu einem bestimmten Zeitpunkt, wie es LAPLACE für seinen fiktiven Geist forderte, bekannt, so kann man aus ihnen Vergangenheit und Zukunft der Welt erschließen. Diese Bedingungen waren zur Zeit der klassischen Physik lediglich *mechanischer* Natur; noch E. DU BOIS-REYMOND bezeichnete Naturerkennen als „Auflösen der Naturvorgänge in Mechanik der Atome". Dennoch hat er dem LAPLACEschen Geist bestimmte unüberschreitbare Grenzen zugewiesen, Grenzen, von welchen heute nur noch das Rätsel des Bewußtseins übriggeblieben ist. Den *Mechanismus* hat bereits GOETHE als anthropomorphe Vorstellung erkannt: „Die nächsten faßbaren Ursachen sind greiflich und eben deshalb am begreiflichsten; weshalb wir uns gern als mechanisch denken, was höherer Art ist." Nach BRIDGMAN sind mechanische Modelle nur als Arbeitshypothesen brauchbar. Der Physiker müsse gegen das Verlangen nach mechanistischer Erklärung (welche bei englischen Physikern, z. B. MAXWELL, KELVIN, besonders beliebt war) ständig ankämpfen. Durch die Entwicklung der Physik ist die oben erwähnte Aufgabe des LAPLACEschen Dämons wesentlich komplizierter geworden; er müßte außer den jeweiligen mechanischen Bedingungen auch noch den Zustand des elektromagnetischen Feldes kennen, es müßte ihm, wie PH. FRANK bemerkte, der Zustand des ganzen Raumes bekannt sein, um die Zukunft voraussagen zu können. Auf Grund der Unschärferelation wäre seine Aufgabe weiter erschwert, da er auf die genaue Kenntnis von Lage und Impuls der Elementarteilchen keinesfalls verzichten könnte; allerdings handelt es sich hierbei, wie wir gesehen haben, keinesfalls um prinzipielle, sondern um technisch-methodische Schwierigkeiten, welche ein fiktiver Geist leicht überwinden könnte. Es ist also, wie wir in Übereinstimmung mit den angeführten Autoren feststellen können, die Aufgabe des LAPLACEschen Geistes durch die Fortschritte der Atomphysik zwar wesentlich erschwert worden — er hat es nicht mehr mit Atomen, sondern *neben* den Atomen auch mit Elementarpartikeln zu tun, mit einer Materie, die gleichzeitig Wellencharakter besitzt — sie ist aber *im Prinzip* immer noch lösbar geblieben und wir können am Determinismus trotz Quantenmechanik weiter festhalten. Dasselbe gilt, wie W. ZIMMERMANN betont, auch für die *Biologie;* auch *spontane* Mutationen müssen z. B. eine *Ursache* haben. „Die Organismen sind ebenso streng kausal determiniert wie unbelebte sichtbare Systeme."

Gegen den Versuch von P. JORDAN (2), die Geltung der Unsicherheitsrelation auch auf die Biologie auszudehnen, hat M. HARTMANN Stellung genommen. Nach wie vor gilt in allen Wissenschaften das Prinzip von CL. BERNARD: „Le principe absolu des sciences expérimentales est un *déterminisme nécessaire* et conscient dans les conditions des phénomènes."

Auf eine weitere Eigentümlichkeit des Kausalbegriffes hatten bereits GOETHE, MILL und H. HERTZ aufmerksam gemacht; es handelt sich um die Tatsache, daß in einem Kausalverhältnis oft nicht *eine einzige Ursache* wirksam ist, sondern die Wirkung die Folge *mehrerer* Bedingungen ist. Zum *„Konditionalismus"* wurde diese Erkenntnis durch M. VERWORN ausgebaut. Jeder Vorgang, sagt VERWORN, ist durch die Summe seiner sämtlichen Bedingungen eindeutig bestimmt. „Der Vorgang oder Zustand ist in Wirklichkeit nichts weiter als der gesamte Komplex seiner Bedingungen." Jedes Ding ist selbst ein Bedingtes und zugleich wieder eine Bedingung für andere. Im Prinzip ähnlich ist die Ansicht von W. ROUX: „Gleiche Ursachenkombinationen ergeben zu allen Zeiten und an allen Orten der Welt dieselben Wirkungen." Diese Wirkung ist nicht durch ein Gesetz bestimmt oder bewirkt, sondern sie ergibt sich ganz von selber aus den gleichen Eigenschaften der Faktoren und aus ihrer gleichen Anordnung. Unter Bedingungen versteht ROUX, abweichend von VERWORN, die Faktoren erst *gedachten,* also eventuell zukünftigen Geschehens; sobald die Bedingungen alle erfüllt sind, findet das Geschehen statt und die bisherigen „Bedingungen" sind jetzt „Ursachen" bzw. Faktoren des Geschehens. Der Konditionalismus wurde später besonders von KÖTSCHAU und MEYER betont; nach ihnen führt der konsequent durchgeführte Konditionalismus zur Aufgabe des klassischen Kausalprinzips. Auch die statistische Kausalität der modernen Physik „scheint wesentlich auf einen physikalischen Konditionalismus hinauszulaufen". Im Bereich der Biologie gäbe es einen unendlichen Komplex von Bedingungen, die ausgeschaltet werden müssen, um die „Ursache" zu finden. Das geschieht entweder durch Einengung der mitwirkenden Bedingungen (z. B. durch die Untersuchung isolierter Organe) oder durch starke Heraushebung der uns interessierenden Variablen — bei diesen Kunstgriffen wird jedoch die Natur stets vergewaltigt. „Ursachen" finden wir in der Natur im allgemeinen nur unter abnormalen, künstlich gesetzten Bedingungen.

Nach diesen knappen Schilderungen der weitverzweigten Literatur über Kausalität wollen wir versuchen, auf die bereits früher präzisierten Fragen zu antworten. Diese Fragen waren: 1. Gibt es in Wirklichkeit kausale Verknüpfungen? 2. Worin bestehen diese? 3. Woran können wir sie erkennen?

Wenn wir unter Kausalität diejenige Relation verstehen, welche darin besteht, daß irgendein Zustand oder Vorgang einen anderen notwendigerweise zur Folge hat, *Ursache* dieses anderen ist, so lehrt die tägliche Erfahrung, daß es diese Relation in der Natur *realiter* gibt. Ein ruhender Körper gerät in Bewegung, wenn eine Kraft auf ihn wirkt — wir können den Kraftbegriff nach dem Vorgang von H. HERTZ als überflüssig betrachten und ihn durch den Energiebegriff oder durch andere Begriffe ersetzen, jedenfalls gibt es für die Bewegung stets eine Ursache, gleichviel wie sie genannt wird.

Ohne Ursache würde sich der Körper niemals bewegt haben. Und was für die Bewegung gilt, ist auch gültig für Schallerscheinungen und Temperaturvorgänge. Kein Körper wird wärmer ohne „Ursache", das gilt auch für den ganzen Bereich der elektromagnetischen Strahlen, soweit wir diese bis jetzt kennen. Ebenso läßt sich die kausale Verknüpfung auch in der Biologie einwandfrei nachweisen. Zahlreiche physikalisch-chemische Vorgänge, die mit dem Leben verknüpft sind, erweisen sich als mechanisch „verursacht" — die Blutzirkulation z. B. durch die Pumparbeit des Herzens. Die Darreichung verschiedener Gifte, z. B. von Strychnin oder von Morphium, hat bei allen Tieren ganz bestimmte Erscheinungen zur „Folge". Alles das ist kein zufälliges „Nacheinander" kontingenter, unabhängiger Vorgänge: es ist kein Zufall, daß sich der Tennisball *nach* dem Anschlag bewegt, daß wir *nach* dem Blasen einer Trompete den Schall hören, daß es *nach* Anzünden der Lampe hell wird, daß das Wasser an der Flamme zum Sieden gerät und daß der Hund nach der Morphiuminjektion einschläft. Kausalverhältnisse gibt es also in der ganzen Natur, sie sind *wirklich,* ihre Existenz ist ein integrierender Bestandteil alles Seienden.

Worin besteht diese Relation, was ist das *Wesen* der Kausalität? Damit, daß wir ihre Existenz anerkennen, ihre Äußerungen beschreiben, ist sie noch nicht erklärt und unser Wissensdurst nicht gelöscht. Offenbar ist die Kausalrelation eine andere Art von Verhältnis, wie z. B. die raumzeitlichen Relationen. Wenn wir feststellen: Der Mond ist hinter dem Berg eben sichtbar — so sind Mond und Berg voneinander völlig unabhängig, haben nichts miteinander gemein als die optische Perspektive eines Menschen. Ebenso wenn wir sagen: Zwei Stunden nach Sonnenaufgang ist Fritz geboren. Im Gegensatz zu diesen raumzeitlichen Relationen handelt es sich beim Kausalverhältnis um eine Verknüpfung von Vorgängen, welche *nach* der Verknüpfung nicht mehr kontingent oder zumindest nicht mehr in *jeder* Hinsicht voneinander unabhängig sind. Gewiß bleiben Ball und Schläger, Flamme und Wasser, Hund und Morphium weiter verschiedene Dinge — *etwas* am physikalischen System wird jedoch *beiden gemeinsam:* so die kinetische Energie des Schlägers, welche zum Teil auf den Ball übertragen wird, die Wärmeenergie der Flamme, welche die Bewegung der Wassermoleküle beschleunigt und das in den Hirnzellen eine näher noch nicht bekannte chemisch-physikalische Wirkung entfaltende Morphium, bei welcher es zum Teil chemisch verändert und verbraucht wird — Morphium *neben* dem Hund ist nicht dasselbe wie Morphium im Hund. Bei mancher Kausalrelation ist Ursache und Folge eigentlich identisch; so ist die Blutzirkulation zwar die *Folge* der Herzarbeit, diese ist aber isoliert, ohne „Folge" gar nicht denkbar, die Kausalrelation ist bloß eine Analyse von Ding und Funktion, eine künstliche Abstraktion zweier Seiten desselben Vorganges.

Wir können also ganz allgemein sagen: Kausalrelationen in der Natur beruhen auf physikalischer Wechselwirkung zweier bzw. mehrerer Vorgänge bzw. Zustände. Da es zahlreiche Arten von Wechselwirkungen gibt, gibt es auch zahlreiche Arten von Kausalbeziehungen. Kleine Ursachen können große Wirkungen haben und deshalb den Charakter der einseitigen Gerichtetheit tragen — andere Vorgänge sind völlig umkehrbar, z. B. die Stoßprozesse im Billardspiel. Bei manchen Prozessen ist die Gegenseitigkeit der Wechselwirkung — z. B. zwischen Hund und Morphium — noch kaum faßbar, bei anderen ist die Wechselwirkung nichts anderes als die Funktion der „Ursache".

Das Kausalverhältnis ist also keinesfalls eine bloß ordnende Funktion des Geistes, keine Gewohnheit auf Grund unserer Erfahrungen (worauf beruhen denn unsere Erfahrungen, wenn nicht auf den Eindrücken des Seienden?), sondern eine physikalische Wechselwirkung, die in jedem einzelnen Fall der wissenschaftlichen Analyse prinzipiell zugänglich ist. Die Analyse von Kausalrelationen ist die Analyse der physikalischen Wechselwirkungen in der Natur — da es in der Natur nur wenige isolierte, völlig kontingente Vorgänge gibt, ist die Kausalanalyse die wichtigste Aufgabe der Naturwissenschaft.

Woran *erkennen* wir das Bestehen einer Kausalrelation? An sich können wir, darin hatte HUME ganz recht, nichts als ein Nach- bzw. Nebeneinander feststellen, nicht anders als bei raumzeitlichen oder Größerelationen. Daß es aber Kausalrelationen gibt, das *wissen* wir auf Grund unserer täglichen und stündlichen Erfahrung, da wir selber sowohl Ursache von Vorgängen sind, als auch die Folgen äußerer Krafteinwirkungen zu spüren bekommen. Diese uns selbst betreffenden Kausalverknüpfungen erfassen wir *intuitiv* und ebenso „erschauen" wir die Kausalrelation bei allen uns verständlichen, geläufigen Prozessen. Wir *wissen,* daß der Ball nicht *nach* dem Schlag hochspringt, sondern *infolge* des Schlages.

Erfassen können wir die Kausalrelation jedoch nur dann, wenn wir Ursache und Wirkung bereits *kennen* — eine unbekannte Ursache läßt sich ebensowenig *intuitiv* erschließen als die unbekannten Folgen eines Vorganges. Was jedoch der Geist in jedem Fall mitbringt, ist das *Suchen* nach dem Kausalverhältnis, das *Wissen* um die Kausalrelation, die ewige Frage: warum? und was nun? Sie beruht keinesfalls auf Erfahrung allein; auch die Tiere haben Erfahrungen und doch kümmern sie sich nur instinktiv um die Dinge ihrer Umgebung, und was außerhalb ihres Lebensraumes fällt, interessiert sie so gut wie gar nicht. Die Erfahrung allein würde den Menschen, um ein einfaches Beispiel zu wählen, nur soviel lehren, daß eine gewisse Art von Bewölkung, Blitz und Donner, Wind und Regen oft, sogar regelmäßig beisammen vorkommen; *warum* das Gewitter stattfindet, *was* der Blitz ist, das ergibt die Erfahrung allein niemals. Die Voraussetzung, daß darnach geforscht wird, ist die a priori gegebene Denkform, die Kategorie der Kausalität, welche besagt, daß das Gewitter eine Ursache haben muß — und der transzendente Wissensdrang des Menschen, der nicht ruht, bis er die Ursache gefunden hat. Wir können diese kategoriale Form als Ahnung des ontologischen Sachverhaltens auffassen — eadem sunt principia essendi et cognoscendi —, in diesem Sinne sagten wir früher, jede Kategorie sei Denk- und Seinsform zugleich.

Wissensdrang und Kategorie bewirken, daß der Mensch stets nach dem Grund der Dinge fragt — sie gewähren jedoch keine *Gewißheit,* daß stets die *richtige* Ursache oder Folge gefunden wird. So wie der einstige Bauer beim Anblick des ersten Automobils zunächst danach suchte, wo das Pferd darin versteckt sei, so suchen wir zunächst nach Ursachen, die uns aus früheren Erfahrungen bereits geläufig sind, die wir „verstehen". Auf primitiven Kulturstufen ist keine andere Verursachung verständlich als die anthropomorphe; hinter den Kräften und Vorgängen der Natur wird das Wirken von Geistern vermutet; auch unsere Wissenschaft emanzipiert sich nur langsam von Vorstellungen, die letzten Endes noch auf dem Animismus beruhen; die geheimnisvolle „Schwerkraft" scheint uns viel verständlicher zu sein als die Raumkrümmung der Relativitätstheorie. Wir bringen auch für die Kausalforschung nur den Antrieb mit, die *Mittel* zur Kausalerkenntnis sind beschränkt. Der Antrieb sorgt jedoch dafür, daß immer wieder geforscht wird — die Kategorie der Kausalität bewirkt, daß wir die richtige Grundlinie einhalten —, und die Wissenschaft schreitet mit unendlicher Mühe, nach Überwindung zahlreicher Schwierigkeiten vorwärts.

Wir suchen also immer und überall nach kausalen Verknüpfungen; dabei ergibt sich als neues Problem die Frage, ob die Welt auch tatsächlich durchgängig kausal verknüpft sei, ob wir nicht kausale Beziehungen in Verhältnisse hineintragen, die in Wirklichkeit voneinander völlig unabhängig, kontingent sind. Ein zusammenhängendes Weltbild, ein grundsätzliches Verständnis der Vergangenheit und eine Voraussagemöglichkeit künftiger Ereignisse ist natürlich nur in einer Welt des Determinismus möglich; ist aber die Welt tatsächlich determiniert? Daß der Determinismus seine Grenzen hat, wissen wir ebenfalls aus eigener Erfahrung: unser Wille ist grundsätzlich frei, der menschliche *Geist* ist, wie wir in der Einleitung gezeigt haben, grundsätzlich nicht an die Gesetze der Biologie gebunden. Ist es in der übrigen Natur nicht ähnlich, gibt es in der Natur keine kontingenten Dinge, welche eine Voraussicht künftiger Ereignisse grundsätzlich verhindern?

Bis vor wenigen Jahrzehnten schien es, daß dieses Problem endgültig gelöst sei; die Entwicklung der Wissenschaft war die glänzendste Bestätigung des lückenlosen Determinismus. Das Gesetz der Erhaltung der Materie und das Energieprinzip haben, im Verein mit einem mechanistisch gedachten Atomismus, die gegenseitigen Beziehungen aller Vorgänge der Welt anscheinend restlos bestimmt und die Fiktion des LAPLACEschen Geistes schien ein, wenn auch *praktisch* niemals erreichbarer, im *Prinzip* jedoch nicht unzugänglicher Grenzfall der Wissenschaft.

Seit den Fortschritten der Mikrophysik ist die Frage des Determinismus von neuem gestellt worden; wir haben die sich an die Quantenmechanik knüpfenden Ansichten über die Durchführbarkeit des Kausalsatzes bereits geschildert. Zu den dort angeführten Argumenten möchten wir hier hinzufügen, daß das Problem zwar neu gestellt ist, die Voraussetzungen jedoch keinesfalls neu sind: dasselbe, was für die Atom*bestandteile* gilt, die Unmöglichkeit ihrer Identifizierung, ihrer direkten Orts- und Impulsbestimmung, gilt auch für die Atome und Moleküle der sogenannten klassischen Physik; bereits BOLTZMANN und MAXWELL haben die Gastheorie auf die statistische Wahrscheinlichkeit aufgebaut, welche das Verhalten von Molekül*systemen* ausreichend zu erklären gestattet, ohne das Verhalten des einzelnen Moleküls genau zu bestimmen. Bloß der fiktive Geist von LAPLACE wäre imstande, langsame und rasch bewegliche Moleküle an der Grenze zweier verschieden warmer Gase zu trennen und dadurch das eine Gas, im Widerspruch zum Entropiesatz, auf Kosten des anderen zu erwärmen; ein solcher fiktiver Geist wäre wohl auch fähig, Impuls und Ort eines Elektrons gleichzeitig zu bestimmen und seine zukünftige Bewegung vorauszusagen. Durch die Quantentheorie ist die „Freiheit" der Elektronen stärker *beschränkt* worden, als es in der Dynamik der Atome jemals der Fall gewesen; jedes Elektron innerhalb der Atome kann sich nur auf ganz bestimmten stationären Bahnen aufhalten, der Übergang von der einen Bahn zur anderen erfolgt nicht kontinuierlich, sondern sprunghaft. Ein Elektron ist daher stärker „determiniert" als es die Atome der klassischen Mechanik waren und die — trotz Atomzertrümmerung — erstaunliche Stabilität der Atome spricht keinesfalls für die prinzipielle „Freiheit" der Atombestandteile. Es ist zwar richtig, daß die Wellentheorie der Materie unseren Substanzbegriff von Grund aus umgestaltet hat und daß auch der Erhaltungssatz auf Grund der Ergebnisse der Atomphysik anders formuliert werden muß — die Wechselwirkung der Elementarbestandteile aufeinander ist aber in der Atomphysik ebenso stark, wenn nicht noch stärker als die Wechselwirkung der Molekel der klassischen Physik. Die einzige Kraft, welche nach der letzteren auf alle Moleküle wirkt, ist die Schwerkraft; nach der allgemeinen Relativitätstheorie ist sogar das Licht der Gravitation unterworfen. Die *Durchführung* des lückenlosen Kausalprinzips ist durch die Komplizierung der physikalischen Elementarvorgänge zwar erschwert worden, sie ist aber im *Prinzip* ebenso möglich wie in der klassischen Physik.

Es folgt allerdings aus dem Wesen der Kausalität, daß sie um so fester ist und um so weniger Spielraum für die Freiheit der in Wechselwirkung stehenden Dinge zuläßt, je mehr Möglichkeiten für die Wechselwirkung bestehen. Das Kausalverhältnis zweier isolierter Molekel ist lockerer als das der Molekel einer Flüssigkeit oder eines lebenden Organismus. Es folgt weiter, daß, je mannigfacher die Verknüpfungen, um so seltener die *isolierten* Kausalzusammenhänge sind. Bereits einfache Kausalzusammenhänge, z. B. das Ertönen einer Glocke, hängen, wie wir gesehen haben, mit anderen Bedingungen zusammen, hier mit dem Vorhandensein von Luft. Bei chemischen Prozessen hängt jede Reaktion außer der eigentlichen „Ursache" auch noch von der Temperatur, der Reaktion, dem Druck, der Anwesenheit dritter Stoffe usw. ab. Es ist eigentlich ganz willkürlich, welche Bedingungen wir als „Ursache" bezeichnen — da Zucker die FEHLINGsche Lösung in der Kälte nicht — oder nur unendlich langsam — reduziert, kann auch die Wärme als „Ursache" der Zuckerprobe gelten. Wir können höchstens derjenigen Bedingung eine bevorzugte Stelle geben, die *unter allen Umständen* unentbehrlich für den Vorgang ist; oft genug wird die *zuletzt* wirksame Variante als „die Ursache" bezeichnet. Besonders wichtig ist die Verknüpfung und Wechselwirkung von Bedingungen bei Lebensprozessen; sind doch diese mit Recht als Anpassung an die wechselnden Lebens*bedingungen* aufgefaßt worden. Deshalb werden wir unter *physiologischen* Verhältnissen kaum jemals eine isolierte Ursache für Lebensprozesse feststellen können; solche werden entweder experimentell geschaffen oder sind der Ausdruck *pathologischer* Einwirkungen, wie Traumen, Vergiftungen, Infektionen. Der Konditionalismus bedeutet gewissermaßen das Gleichgewicht mehrerer „Ursachen"; er steht keinesfalls im Widerspruch zum Kausalprinzip, sondern kann als besonders deutliches Beispiel gegenseitiger Wechselwirkungen gelten.

Wir sehen also, daß auch die Erkenntnis der Kausalrelationen einen *intentionalen* Charakter hat; sie besteht aus dem Erfassen einer *tatsächlich* bestehenden Beziehung zwischen zwei Zuständen oder Vorgängen. „Wenn unter gleichen Umständen in der Natur", schreibt HELMHOLTZ, „die gleiche Wirkung eintritt, so wird auch der unter gleichen Umständen beobachtende Mensch die gleiche Folge von Eindrücken sich gesetzmäßig wiederholen sehen". Zwei Vorgänge können durch Zufall gelegentlich wiederholt nebeneinander oder nacheinander beobachtet werden, ohne daß sie irgendwie kausal verknüpft wären — z. B. der Vollmond und der Tod von Familienangehörigen. Der stets nach kausalen Verknüpfungen forschende menschliche Geist verfällt nur allzu leicht in den Fehler, in Ermangelung einer besseren Erklärung solche zufällige Koinzidenzen als kausale Verknüpfungen aufzufassen: das ist die Quelle vielen Aberglaubens, aber auch vieler wissenschaftlicher Irrtümer. Denken wir bloß an die Beurteilung therapeutischer Maßnahmen in der Medizin, an die Zurückführung zahlreicher Erkrankungen auf „Erkältung" usw. Der methodisch und kritisch arbeitende Wissenschaftler wird durch genaue Beobachtung, durch Kontrollversuche, durch experimentelle Variation der angenommenen „Ursache" die Sachlage zu klären versuchen: biologische Kausalzusammenhänge erfordern eine genaue Analyse aller Bedingungen, um die Rolle der einzelnen Komponenten festzustellen. Aus diesem Sachverhalt heraus ist es evident, daß die Kausalrelation kein bewußtseinsimmanentes „ordnendes Prinzip" der Vernunft sein kann, sondern ein Streben, *tatsächlich* bestehende Seinsrelationen zu erkennen, wobei dem Geist, wie bei jeder Erkenntnistätigkeit, unvermeidlich Irrtümer unterlaufen, die er im Verlauf der wissenschaftlichen Arbeit allmählich rektifizieren muß. Keine uns noch so „befriedigend" dünkende kausale Erklärung bleibt gültig, wenn sie mit den Tatsachen in Widerspruch gerät.

Auf einen letzten Umstand müssen wir noch hinweisen. Die kategorielle Natur der Kausalität hat zur Folge, daß der Mensch immer nach der Ursache fragt, er beruhigt sich nicht, solange auch nur *ein* „warum" ohne Antwort bleibt. Wie wir gesehen haben, entspricht dieser Denkform der restlose Determinismus der Naturvorgänge. Doch bedarf der Begriff der „Naturvorgänge" einer genaueren Präzisierung. Wir haben bereits den menschlichen Geist, den Willen der Einzelpersönlichkeit als — zumindest potentiell — undeterminiert erkannt; wenn wir früher alle „Vorgänge" der Natur als determiniert bezeichnet haben, so meinten wir damit die notwendige *Verknüpfung* alles Seienden. Das *Seiende selbst* ist jedoch kein *Vorgang*, und wenn wir mit Recht darnach fragen, warum etwas geschieht, so gehört die Frage, weshalb etwas *überhaupt existiert,* nicht in den Rahmen des naturwissenschaftlichen Determinismus. Wir sind berechtigt, darnach zu fragen, warum ein Elektron, ein Proton oder eine lebende Zelle sich so und nicht anders *verhält;* die Frage, *warum* es ein Elektron, ein Proton oder eine lebende Zelle *gibt,* gehört nicht zu den Problemen, welche die Naturwissenschaft lösen kann. Mit den letzten Elementen der Substanz bzw. des Lebens muß die Naturwissenschaft als mit einem Gegebenen rechnen, ebenso wie mit dem Raum und mit der Zeit. Auch das Schachspiel ist in allen Punkten durch konventionelle Regeln determiniert, wir „verstehen" jeden Zug — die Figuren sind jedoch dadurch nicht erklärt, sie werden einfach als gegeben hingenommen. Wir stoßen hier offenbar an eine prinzipielle Grenze kausaler Erklärungsmöglichkeit, an eine Grenze, hinter welcher die Frage der Existenz an sich, die Frage des Seins als solchem verborgen ist. Bis zu den letzten physikalischen Bestandteilen kann unsere Analyse vordringen — es ist durchaus nicht sicher, ob wir sie heute schon erreicht haben, ob nicht das Proton z. B. als zusammengesetzt und durch die Wechselwirkung seiner Bestandteile kausal erklärt wird; sicher scheint jedoch zu sein, daß unsere kausale Analyse nur bis zu diesen letzten Bestandteilen vordringen kann, diese selbst aber nicht mehr kausal zu erklären vermag. Die Frage, „warum gibt es Wirkendes" und „warum gibt es Seiendes", kann die Naturwissenschaft nicht beantworten; damit überschreitet das Kausalprinzip seine Kompetenzen. Wir haben damit gewissermaßen die untere Grenze des Determinismus erreicht, dessen obere Grenze der Wille und der Geist des Menschen ist.

2. Das Naturgesetz

Eine besondere Form des Determinismus ist das *Gesetz,* welches die *Richtung* des Naturgeschehens bestimmt. Da, wie wir sogleich sehen werden, die Ansichten über das Wesen und die Bedeutung der Naturgesetze sehr verschieden sind, halten wir es für angebracht, dieses in erster Reihe naturphilosophische Problem im Rahmen der Erkenntnislehre zu besprechen.

Die grundsätzliche Bedeutung der Naturgesetze für die Naturphilosophie geht schon aus der Definition von Kant hervor: „Natur ist das Dasein der Dinge, sofern es nach allgemeinen Gesetzen bestimmt ist." Auf diese Definition ist die Unterscheidung der Naturwissenschaften von den Kulturwissenschaften durch H. Rickert aufgebaut; es gilt in den Naturwissenschaften, „*alle* Objekte *allgemeinen* Begriffen, womöglich Gesetzesbegriffen, unterzuordnen". Selbst die Analyse eines einzelnen Falles führt in den Naturwissenschaften zu allgemeinen Begriffen, da wir nur das *Allgemeine* vorherzusagen und uns dadurch zurechtzufinden vermögen.

Auch der Positivismus, legte, wie wir bereits gesehen haben, großen Wert auf die Naturgesetze, in denen er die Quintessenz der Wissenschaft sieht. Diese sei keine sterile „accumulation des faits", sagt COMTE, die Tatsachen seien bloß Rohmaterial, erst das Gesetz, welches uns eine immer wiederholte Beobachtung erspart, läßt eine rationelle Voraussage zu. Nach E. MACH sind die Naturgesetze ihrem Ursprung nach Einschränkungen, die wir unter Leitung der Erfahrung unserer Erwartung vorschreiben. Nach C. PEARSON ist das Naturgesetz „a brief statement or *formula,* which in a few words resumes a wide range of facts". Durch Aufstellung von Naturgesetzen dienen wir der Denkökonomie. „Such laws simple *describe,* they never explain the routine of our perceptions." Also eine Art „mental shorthand" für die Beschreibung von Regelmäßigkeiten unserer Wahrnehmungen — der konsequenteste Gesetzesbegriff des Positivismus. Die HUMEsche Kausalitätsvorstellung kehrt auch im Gesetzbegriff wieder: nach A. C. BENJAMIN ist das Naturgesetz „a statement of a repeated association of events". Nach W. H. GEORGE ist das Gesetz „an order perceived by a human observer in his abstractions from his environment". Auch nach M. SCHLICK ist das Naturgesetz keine „reale Macht, sondern nur die Regel der Aufeinanderfolge". Gleichzeitig sind die Naturgesetze *Anweisungen* zur Bildung von Aussagen, wie z. B.: unter den Umständen x und y wird der Zeiger eines bestimmten Apparates auf einem bestimmten Skalenteil stehen. Naturgesetze seien daher bloß methodische Regeln, die daraus abgeleiteten Aussagen können nicht vollständig verifiziert werden, sie sind jedoch *falsifizierbar:* so würde der Satz „alle Schwäne sind weiß" durch den Nachweis von schwarzen Schwänen widerlegt. CL. BERNARD definiert das Gesetz als „rapport numérique de l'effet à sa cause"; er fügt hinzu „et c'est là le but auquel s'arrête la science". Ähnlich auch MEHLBERG: „Scientific laws should be defined as essentially quantified statements." Wissenschaftliche Gesetze haben vier Funktionen: 1. kognitiv (z. B. der Schmelzpunkt von Phosphor ist 40^0); 2. systematisierend, entsprechend dem Ökonomieprinzip; 3. Voraussage; 4. Erklärung. Nach F. BARRY nennen wir Naturgesetz eine Tatsache „if it describes some regularity of process"; für DUHEM ist das physikalische Gesetz eine symbolische Beziehung, deren Anwendung auf die konkrete Wirklichkeit die Kenntnis und Akzeptierung einer ganzen Gruppe von Theorien erfordert. Jedes physikalische Gesetz sei provisorisch und relativ, weil es angenähert und symbolisch ist. Auch nach H. HAHN sind Naturgesetze bloß Hypothesen, an denen wir nur so lange festhalten, als sie durch die Beobachtung bestätigt werden. Auch HEISENBERG (2) betont, daß „endgültige" mathematisch formulierbare Naturgesetze immer nur auf gewisse Erfahrungsgebiete gelten und auf neue Erfahrungen oft unanwendbar sind. Neuerdings (3) meint er, die Gleichung der Naturgesetze für die Materie sei ein Ausdruck für Symmetrieeigenschaften in der Theorie der Elementarteilchen; noch einen Schritt weiter geht DIRAC: „Es scheint ein Grundzug der Natur zu sein, daß physikalische Grundgesetze durch mathematische Theorien von großer Schönheit und Kraft beschrieben werden." C. V. NEWSOM hält die Naturgesetze bloß für „products of man's own imagination", ihr Geltungsanspruch besteht nach REICHENBACH lediglich in der Ermöglichung von Voraussagen; denselben Gedanken spricht J. DEWEY aus, Gesetze seien „formulae for the prediction of the probability of an observable occurrence". Schließen wir diese lange Reihe mit K. POPPER, der die Naturgesetze als *Verbote* aufgefaßt haben will, welche behaupten, daß etwas *nicht* geschehen kann; diese Verbote ermöglichen dem Naturforscher die Deduktion von Prognosen. Tatsächlich ist der Energiesatz auch als

Unmöglichkeit des perpetuum mobile, der Entropiesatz als Unmöglichkeit einer periodisch wirkenden arbeitsleistenden Kältemaschine formuliert worden.

Nach W. WESTPHAL hat das physikalische Gesetz die Form einer Funktion, es kann als Gleichung zwischen zwei oder mehreren Veränderlichen ausgesprochen werden. KRAFT definiert: „Ein Naturgesetz beruht darauf, daß die Beziehungen zwischen den Erfahrungstatsachen, in letzter Linie den Beobachtungen, *nur eine ganz bestimmte Annahme zulassen,* alle anderen ausschließen, weil sie mit ihnen nicht in Einklang gebracht werden können.“ Von biologischer Seite definiert M. VERWORN die Gesetzmäßigkeit als „die Tatsache, daß jeder Zustand oder Vorgang eindeutig bestimmt ist durch die Summe seiner sämtlichen Bedingungen“, womit Gesetzmäßigkeit als der Ausdruck eines konditionalistischen Determinismus aufgefaßt wird. Nach P. VOLKMANN ist das Naturgesetz der kürzeste, allumfassendste Ausdruck für etwas, was innerhalb eines größeren Erscheinungsgebietes unter allen Umständen geschehen muß. Gesetze besagen jedoch nach TH. HAERING zunächst nur immer, daß *wenn* etwas geschieht, es nach bestimmten Gesetzen geschieht.

Viele biologische Gesetze sind nach NERNST bloß *qualitativen* Charakters, daher, im Gegensatz zu den mathematisch ausdrückbaren physikalischen Gesetzen, eher als *Regeln* zu bezeichnen. Regeln sind nach ROUX der Ausdruck eines Häufigkeitsverhältnisses des empirischen Vorkommens. Die Regel ist daher eine Beschreibung, keine Erklärung. BRUNO BAUCH, der dieser Frage eine interessante Monographie widmete, hält das Naturgesetz für „eine durch Objektivität spezifisch differenzierte Form der Regel“, es besteht vom Subjekt schlechthin unabhängig und es kann von diesem nie erfunden oder geschaffen, sondern allein entdeckt werden. Das Naturgesetz ist, wie schon GALILEI betont hat, eine Form der Kausalbeziehung, kann daher im KANTschen Sinne auch als „ein allgemeiner, durch empirische Inhalte erfüllter Kategorienkomplex“ aufgefaßt werden. Ist eine realistische Deutung des Naturgesetzes schon bei BAUCH angedeutet, so wird sie bei E. MEYERSON offenkundig: „Les lois, contrairement à ce qu'affirme le positivisme, ne contiennent pas que des rapports: elles contiennent ou, du moins elles impliquent des supports, des suppositions sur l'être.“

Versuchen wir, uns zunächst über die verschiedenen Formen der gesetzmäßigen Beziehungen klar zu werden. Auf der niedrigsten Stufe steht die *empirische Regel,* wie z. B. die Regel, daß die Schneidezähne des gesunden Kindes am Ende des ersten Lebensjahres alle durchgebrochen sein müssen. Solche Regeln stellen nur empirisch gewonnene Tatsachen fest, ohne diese zu erklären; sie sind auch keiner mathematischen Formulierung fähig. Die nächste Stufe ist das *physikalische Gesetz* im engeren Sinn. Wir wollen es am Beispiel des WIEDEMANN-FRANZschen Gesetzes besprechen. Dieses Gesetz besagt, daß das Verhältnis der Wärmeleitfähigkeit zur elektrischen Leitfähigkeit bei allen Metallen bei gleicher Temperatur den gleichen Wert besitzt. Ihre mathematische Formel lautet:

$$\frac{\lambda}{\varkappa} = \frac{\pi}{3} \cdot \left(\frac{R}{\varepsilon}\right)^2 \cdot T,$$

wobei λ = Wärmeleitfähigkeit, $\varkappa$ = elektrische Leitfähigkeit, R = die BOLTZMANNsche Konstante ($1{,}38 \cdot 10^{-16}$ erg. Grad^{-1}), ε = das elektrische Elementarquantum (die Ladung eines Elektrons) und T = die absolute Temperatur bedeutet: obwohl sowohl die Wärme- wie die elektrischen Leitfähigkeiten der verschiedenen Metalle große Verschiedenheiten aufweisen, hat das Produkt von $\frac{1}{\varkappa} \cdot \lambda \cdot 10^4$ bei den Metallen bei 0^0 C den Wert von annähernd 0,016, womit das Gesetz bestätigt wird. Die Erklärung des Gesetzes liegt darin, daß beide Leitfähigkeiten der Metalle auf der Bewegung der Elektronen beruhen. Diese wird durch deren Anzahl und Beweglichkeit bestimmt. (Die BOLTZMANNsche Konstante ist ein Bestandteil des Gleichverteilungssatzes, welches die Energie jedes Freiheitsgrades der Elementarteile bestimmt.)

Aus diesem Beispiel ersehen wir, daß physikalische Gesetze das Verhalten von meßbaren Größen mathematisch formulieren: in dieser Formulierung ist aber auch ihre *Erklärung* inbegriffen, da alle Bedingungen definiert werden müssen, von welchen das Verhalten abhängt. Das physikalische Gesetz ist daher keineswegs nur Beschreibung, es ist gleichzeitig eine Wesenserkenntnis, indem sie aus den Bedingungen eines Vorganges (in unserem Beispiel die Elektronenbewegung) dessen folgendes Verhalten (in unserem Fall die beiden Leitfähigkeiten) quantitativ bestimmt. Die Leitfähigkeiten *müssen* sich so verhalten, wie es das Gesetz verlangt, nicht weil es der Mensch „vorschreibt", sondern weil es die Bedingungen nicht anders erlauben, weil der durch das Gesetz bestimmte Vorgang nur eine gesondert untersuchte Manifestation der Zustandsbedingungen der Metalle ist. Damit ist auch die Ansicht von MARCH widerlegt, wonach die Naturgesetze die beobachteten Vorgänge zwar erklären, sie selber aber unerklärbar sind.

Wir sehen also, daß auch das Wesen der Naturgesetze nur durch Zurückführung auf die reale ontologische Grundlage verstanden werden kann; die positivistische Auffassung, wonach das Gesetz nur die Beschreibung einer Aufeinanderfolge ist, eine „geistige Kurzschrift", um Ordnung in die Welt zu bringen, geht an dem wahren Wesen des Naturgesetzes vorbei. Gesetze können, wie BAUCH sagt, nicht erfunden, sondern nur *entdeckt* werden, sie bestehen auch unabhängig davon, ob wir sie entdecken oder „setzen". Die Entdeckung eines Gesetzes heißt die Bedingungen eines Vorganges genau feststellen, welche den Vorgang determinieren. Damit ist auch die Verknüpfung mit dem Kausalprinzip hergestellt; das letztere beruht, wie wir gesehen haben, auf der Tatsache der Wechselwirkung der Dinge aufeinander; das Naturgesetz bestimmt die *Richtung* und die *Größe* der infolge dieser Wechselwirkungen stattfindenden Vorgänge.

Auch die *empirische Regel* ist kausal bedingt; der Umstand, daß sie nicht mathematisch formuliert werden kann und den zugrunde liegenden Vorgang nicht erklärt, ist entweder darauf zurückzuführen, daß die Bedingungen nicht alle bekannt oder zu kompliziert sind, um sie einzeln zu bestimmen. So ist der Durchbruch des Milchgebisses als Teil der Gesamtentwicklung durchaus kausal bestimmt, doch kann es nicht genau angegeben werden, weshalb ein bestimmter Entwicklungsvorgang gerade zu einem gewissen Zeitpunkt stattfindet. Das periodische System der Elemente war ursprünglich auch nur eine empirisch gewonnene Regel des Verhaltens gewisser Elementegruppen; erst die Gruppierung der Elemente nach ihrer physikalischen Konstitution und die Kenntnis des daraus sich ergebenden physikalischen Verhaltens hat aus der empirischen Regel ein Naturgesetz werden lassen. Es ist nun nicht verwunderlich, daß im Bereich der Biologie infolge der Unübersichtlichkeit der Bedingungen die empirischen Regeln häufiger sind als die Gesetze; das bezieht sich jedoch *nicht* auf die physikalisch-chemischen Prozesse innerhalb der Organismen, welche denselben Gesetzen folgen wie die tote Natur: Die Gesetze des Stoff- und Energiewechsels haben den Charakter physikalischer Naturgesetze — es sei bloß daran erinnert, daß Robert Mayer den Energiesatz auf physiologische Beobachtungen gründete.

Mit einer anderen Art von Gesetzen haben wir bereits früher Bekanntschaft gemacht, die wir den Axiomen und Kategorien als „Systemgesetze" entgegengestellt haben. Von den Beispielen, die wir dort erwähnt haben, wollen wir hier das sogenannte „Gesetz der Einfachheit der Natur" näher besprechen. Dieses Gesetz wurde von Maupertuis im Jahre 1747 unter dem Namen „principe de la moindre quantité d'action" formuliert und später von Euler und Hamilton ausgebaut; es wird nach dem letztgenannten auch Hamiltonsches Prinzip genannt. Planck bezeichnet es als das umfassendste aller physikalischen Gesetze. Max Born hält das „ökonomische" Prinzip der Naturgesetze für einen anthropomorphen Begriff; nicht die Natur verfahre nach ökonomischen Prinzipien, sondern die Wissenschaft. Dagegen betont Bergmann, das Prinzip der kleinsten Wirkung habe keinen teleologischen Charakter, es setzt strengen Determinismus voraus. A. Einstein stellt fest, daß „in Nature is actualized the ideal of mathematical simplicity". Da die Mathematik eine *Denk*form, die Natur hingegen eine *Seins*form ist, würde das soviel bedeuten, als daß unser Denken auch hierin das Wesen des Seienden a priori erfaßt, wie es bei den Kategorien der Fall ist.

Eine solche weitgehende „prästabilierte Harmonie" geht jedoch viel zu weit, und es ist sehr fraglich, ob der in der klassischen Physik uns „verständlich" vorkommende Einfachheitsbegriff auch in der Quantenphysik angewandt werden kann, da ja der Begriff des Planckschen Wirkungsquantums selbst unseren Denkformen schon fremd ist. Das „Gesetz der Einfachheit" kann daher *nicht* eine a priori geltende Kategorie sein: es ist ein „Systemgesetz" der Physik, ein Prinzip, welches keineswegs evident ist, sondern empirisch gewonnen wurde und dessen Geltung durch die Gesamtheit der Ableitungen der Physik bewiesen werden muß. Dasselbe gilt, wie wir früher gezeigt haben, für den Energiesatz, für gewisse biologische Prinzipien, wie die Selbst- und Arterhaltung usw. Sie unterscheiden sich von den physikalischen Gesetzen dadurch, daß sie sich auf so weite und heterogene Gebiete erstrecken, daß ihre *vollständige* Bestätigung nach Art der physikalischen Gesetze prinzipiell unmöglich ist, von den Regeln, daß sie keine bloße Häufigkeit feststellen, sondern die letzte Erklärung der Vorgänge eines Wissenssystems darstellen. Man kann sie auch als weitgehend bestätigte Hypothesen auffassen, aus welchen zahlreiche Folgerungen deduktiv gewonnen worden sind, die ihrerseits die Richtigkeit des Satzes *postulieren.* Durch diese Funktion als Postulate sowie durch ihren umfassenden Charakter ist es zu ihrer Verwechslung mit den evidenten *Axiomen* gekommen; auf den Unterschied beider haben wir bereits früher hingewiesen. Es ist durchaus möglich, daß Systemgesetze im Laufe der Zeit, wenn nicht aufgehoben, so doch modifiziert werden müssen, wie es z. B. mit dem Satz der Erhaltung der Materie geschehen ist, der, wie wir heute wissen, nur dann gilt, wenn keine Verwandlung von Materie in Strahlung erfolgt.

Wenn die Systemgesetze, wie wir sehen, empirisch bestätigt werden müssen, so liegt darin auch der Beweis, daß auch sie keinesfalls bloße geistige Konstruktionen sind, welche sich der Mensch zur besseren Orientierung erschafft, sondern daß ihnen das reale Verhalten der Wirklichkeit zugrunde liegt. Sie bestimmen die *allgemeine* Richtung der Vorgänge in der Natur.

Vom Standpunkt der Erkenntnislehre ist noch die Frage zu klären, ob die Erkenntnis der Naturgesetze im allgemeinen durch eine besondere kategorielle Form des Denkens erfolgt. Wie wir soeben gesehen haben, konnten wir die Erkenntnis der Systemgesetze *nicht* als a priori geltende Kategorie auffassen.

Eine besondere Kategorie des „Gesetzesdenkens", wie es eine des kausalen Denkens gibt, können wir nicht anerkennen. Wir erfassen intuitiv die *kausalen* Verknüpfungen, nicht aber das Vorhandensein von *Gesetzen.* Das, was den Forscher zum Entdecken von Naturgesetzen treibt, ist lediglich der Trieb, ein wiederholt nachgewiesenes empirisches Verhalten *kausal* zu erklären — eine kausale Erklärung gleichbleibender quantitativer Verhältnisse ist eben das *Gesetz*. Sie wurden meist ursprünglich als Hypothese formuliert und sind erst nach vielseitiger Bestätigung als Gesetze erkannt worden; das, was den Geist zum Entdecken von Gesetzen treibt, ist kein direktes Erfassen wie beim Kausalverhältnis, sondern der transzendente Wissensdrang, der nach unendlicher Mühe die oft sehr komplizierten Gesetze der Naturvorgänge erforscht. Diese relative Denkfremdheit hat zur Folge, daß bei der Aufstellung von Naturgesetzen der Mensch seltener Irrtümern unterworfen ist als bei kausalen Verknüpfungen; Naturgesetze, die empirisch bestätigt worden sind, können verschieden gedeutet, sie können auch als Teilrelationen umfassender Prinzipien erkannt werden, *widerlegt* werden können sie jedoch *grundsätzlich nicht*. Das verleiht ihnen den großen Wert für die Wissenschaft; neben den Tatsachen sind sie das feste Fundament, auf welchem der Fortschritt der Wissenschaft beruht.

Wir haben im vorigen Kapitel den Determinismus als die notwendige Verknüpfung alles Seienden bezeichnet; die Naturgesetze sind ein wichtiger Faktor dieser Verknüpfung, indem sie die *Richtung* der Vorgänge bestimmen und die Vorgänge auch *quantitativ determinieren*. Das Gesetz ist niemals die *Ursache* eines Vorganges; Ursache der Gravitation ist das Graviationsfeld bzw. die Raumkrümmung, während das NEWTONsche Gesetz nur aussagt, daß die Schwerkraft der Größe der Massen proportional und ihrem Abstande umgekehrt proportional ist. Daß die Schwerkraft eine Ursache haben muß, ist eine uns a priori gegebene Erkenntnis: daß sie nach dem NEWTONschen Gesetz wirksam ist, ermöglicht zwar ihre genaue Bestimmung und Vorausberechnung, ist aber empirisch gewonnen und durchaus keine Denknotwendigkeit. Während aber die kausale *Erklärung* der Gravitation seit NEWTON manche Wandlung durchgemacht hat, ist das *Gesetz* von NEWTON niemals in Frage gestellt worden und steht so fest wie die Tatsache der Gravitation selber. Durch das Gesetz wird daher der Ablauf der Vorgänge im Gültigkeitsbereich des Determinismus genau bestimmt und dadurch gewinnt der Determinismus eine besonders strenge Bedeutung: „Nach ewigen, ehernen, großen Gesetzen müssen wir alle unsere Daseinskreise vollenden." Jedoch bestimmt das Gesetz, wie TH. HAERING sagte, nur den *Ablauf des Geschehens* und nicht seine *Ursache;* da das Seiende an sich keine uns naturwissenschaftlich erkennbare Ursache hat, wird durch das Naturgesetz der Geltungsbereich des Determinismus nicht erweitert, bloß der Determinismus *innerhalb* seines Bereiches *verschärft*. Darin liegt seine Bedeutung, damit sind aber auch seine Grenzen gezeichnet.

3. Teleologie und Ganzheit

Der philosophische Zweckbegriff ist von ARISTOTELES geschaffen worden; die gesamte Natur ist nach der aristotelischen Naturlehre eine große, zweckvoll geordnete Einheit. Die Materie ist das Zufällige, die Form das Zweckdienliche: Die Mauer ist zwar aus Stoff entstanden, ihr Zweck jedoch die Bergung von Gegenständen, wodurch auch ihre Form bestimmt ist. Innerhalb des Organischen dient das Niedere dem Höheren, die Pflanze den Tieren, die Tiere den Zwecken des Menschen.

Die zweite Etappe des philosophischen Zweckbegriffes wird bei LEIBNIZ erreicht. Nach ihm sei allgemein daran festzuhalten, daß sich alle Vorgänge auf doppelte Weise erklären lassen: mechanisch und durch Zweckursachen. Die beiden Erklärungsarten durchdringen sich überall, ohne daß sich jedoch ihre Gesetze jemals vermengen und stören: der Weg der mechanischen Erklärung ist schwierig, aber unmittelbar, der Weg der Zweckerklärung dagegen leichter und fruchtbarer.

Die dritte Etappe des Zweckbegriffes beginnt mit KANT. Die mechanischen Prinzipien reichen nach KANT zur Beschreibung der organischen Natur nicht aus; selbst ein NEWTON vermöchte nicht die Erzeugung auch nur eines Grashalmes aus rein mechanischen Gesetzen zu erklären. Dazu brauchen wir die *Zweckidee,* welche jedoch nicht in die Dinge selbst verlegt wird, sondern als *Prinzip der Beurteilung,* gewissermaßen als *Fiktion* aufgefaßt werden muß. Der Zweckbegriff sei zwar ein „Fremdling" in der Naturwissenschaft, allein ohne diesen sei die Natur nicht zu begreifen. Im Organismus ist alles Zweck und wechselseitig auch Mittel. Allerdings ist die Teleologie nur ein Leitfaden der Beurteilung, ein heuristischer Grundsatz für die empirische Forschung, während die kausal-mechanische Methode echte Erklärung gibt; deshalb soll die letztere so weit vordringen, als sie nur vermag; allein, es sei unmöglich, zu beweisen, daß eine Natureinrichtung ganz und gar keinen Zweck habe. Die einzige Gefahr bestünde nur darin, wenn wir in der Teleologie kein *regulatives* Prinzip unserer *Vernunft,* sondern ein *konstitutives* Prinzip der *Natur* sehen wollten.

Wir sehen in der Aufeinanderfolge dieser Ansichten den Weg, den die Philosophie von der ontologischen Begründung des Zweckbegriffes bis zu dessen idealistischer Deutung zurückgelegt hat. Wir wenden uns nunmehr neueren Auffassungen zu.

Nach WUNDT ist das Zweckprinzip nichts weiter als ein Schluß von den Wirkungen auf die Ursachen; die Teleologie ist also bloß die Umkehrung der Kausalität. Lautet ein kausaler Satz, z. B. der

Mensch atmet durch die Lunge (ohne Lunge kein Atmen, Lunge als notwendige Bedingung des Atmens), so lautet derselbe Satz in teleologischer Form: die Lunge dient der Atmung (Zweck der Lunge ist die Atmung). Wir sehen also, daß derselbe Tatbestand sowohl kausal wie teleologisch ausgedrückt werden kann; die kausale Fassung sagt lediglich aus, daß einem Organ eine bestimmte Funktion zugeordnet bzw. daß diese Funktion an ein bestimmtes Organ gebunden ist — so etwa, wie wir sagen: der Blitz findet zwischen zwei Wolken statt. Während es aber ein Unsinn wäre, zu behaupten, der *Zweck* der Wolke sei der Blitz, besagt der Satz: Zweck der Lunge ist die Atmung, daß die Lunge eine bestimmte *Aufgabe* zu erfüllen hat, daß sie für den Organismus eine bestimmte *Bedeutung* besitzt, für die Lunge ist das Atmen eine *Erfüllung,* während der Blitz zwischen den Wolken lediglich *stattfindet.*

Die Frage: wozu? ist nach K. Lorenz eine Besonderheit der Biologie, da es im anorganischen Geschehen eine systemerhaltende Zweckmäßigkeit nicht gibt; im Biologischen sei die teleologische Fragestellung die *Voraussetzung* der kausalen. Erst wenn wir wissen, daß die Lunge zum Atmen dient, können wir die unentbehrliche kausale Analyse beginnen, welche die Frage zu beantworten hat, *wie* es die Lunge zustande bringt, zu atmen. Auch M. Hartmann (1) hält die Zweckbetrachtung für ein wertvolles heuristisches Prinzip, obwohl die Teleologie eine „überholte anthropomorphe Denkweise" sei, die möglichst zu vermeiden ist. Es gibt nur kausale Erkenntnis: „Die Aufzeigung einer Zweckmäßigkeit, eines Ganzheitscharakters zeigt überall nur ein Problem an, gibt aber noch keine Problemlösung. Die Zweckmäßigkeit erklärt nicht, sie bedarf der Erklärung." Auch Meyerson läßt die teleologische Betrachtung vitaler Vorgänge nur als vorläufigen Notbehelf zu.

Sehen wir nun, wie die Zweckmäßigkeit in konkreten Fällen definiert wird. Nach W. Zimmermann sind zweckmäßige Einrichtungen solche, die die Lebensfähigkeit des betreffenden Organismus oder seiner Art innerhalb seiner natürlichen Umgebung erhalten oder steigern. Nach F. G. Donnan sind auch im Gebiet der Lebenserscheinungen die physikalischen Gesetze gültig, doch haben sie dort eine bestimmte *Zielsetzung,* welche ihnen im anorganischen Bereich abgeht. Wir wollen das an einem Beispiel illustrieren. Es kommen auch in der toten Natur Oxydationen vor — viele Metalle rosten an der Luft usw. —, die Oxydationen in den Organismen finden jedoch nicht nur statt, weil die Bedingungen dazu erfüllt sind, sondern *um* Wärme zu erzeugen, ohne welche das Leben unmöglich wäre. Gäbe es kein Leben, so gäbe es auch keine biologische Oxydation — und gäbe es keine Oxydation, so gäbe es kein Leben —, wenigstens in der von uns gemeinten Form nicht. Das Verhältnis beider ist aber *nicht* der einfache Konditionalismus: das Vorhandensein biologischer Oxydationen, etwa ein noch so vollendetes Atmungsmodell, wäre noch kein „Leben". Die Oxydation ist wohl eine der vielen Bedingungen des Lebens — dieses ist aber *mehr* als die Summe der Bedingungen, es ist ein *über* die Bedingungen geordnetes Prinzip: gibt es Leben, so gibt es auch Oxydation, jedoch gilt das Gegenteil *nicht*. Die Verbrennung ist als Bedingung des Lebens diesem *untergeordnet*, seinen Bedürfnissen angepaßt; es verläuft zwar durchaus nach den Gesetzen der Physik und der Chemie, ist aber ausgerichtet nach den Bedürfnissen des Lebens, es verläuft gerichtet, zweckmäßig.

Wenn daher P. Jensen die Forderung erhebt, man solle sich bei der Beurteilung des physischen Lebensgeschehens von allen „unklaren teleologischen Beimischungen" vollkommen freihalten, da solche eine rein sachliche Behandlung mit dem Ziele der „einfachsten vollständigen Beschreibung" beeinträchtigen, so muß dem entgegengehalten werden, daß gerade die *sachliche* Behandlung der Lebensprozesse die Eliminierung des Zweckbegriffes nicht zuläßt; es mag sein, daß die „Beschreibung" dadurch weniger einfach wird, dafür werden aber die Lebensvorgänge mit Hilfe des Zweckmäßigkeitsbegriffes *verständlicher*. Wir müssen daher Bavink beipflichten, wenn er der organischen Zweckmäßigkeit eine *objektive*, über das Vorgestellte hinausgehende Bedeutung beilegt und sie für ebenso *real* hält wie den Ursachenbegriff; beide sind keine bloßen Denkbegriffe, sondern Formen der Wirklichkeit. Ebenso hält Stumpf die Zweckmäßigkeit für rationell und empirisch begründet; sie ist im Gegensatz zur Ansicht von Kant kein bloß subjektives regulatives Prinzip, sondern eine objektive Eigenschaft der lebenden Natur, eines ihrer *konstitutiven* Prinzipe. Auch A. Wenzl hält die Zweckmäßigkeit für eine unleugbare Tatsache, doch sei stets zu prüfen, ob die als zweckmäßig erscheinenden Vorgänge tatsächlich einem Ziele untergeordnet oder nur zufällig sind; manche Paradefälle vitaler Teleologie sind, wie E. v. Aster bemerkte, oft genug ein Triumph der mechanischen Erklärung geworden. Insbesondere warnt aber Wenzl mit Recht davor, die Welt als *durchwegs* zweckmäßig, als gewissermaßen teleologisch determiniert aufzufassen: Dagegen sprechen die vielen „Fehllösungen" der Natur, die ungeheure Keimverschwendung, das ökologisch bedingte Verhältnis von Raub- und Beutetier und das damit verbundene Leid und Sterben. Moderne, im Grunde genommen positivistisch eingestellte Denker verhalten sich dem Zweckbegriff gegenüber auch nicht mehr ablehnend. So schreibt Mainx: „It is not to be denied that the teleological mode of expression makes biological topics very clear and is therefore almost indispensable.“ An anderer Stelle heißt es: „The employment of the concept of purposeness in biology is perfectly correct.“ Ähnlich bei NAGEL: „The use of teleological explanation in the study of directively organized systems is as congruent with the spirit of modern science as is the use of non-teleological ones.“ Das Fazit zieht SULLIVAN: „Scientists animated by the purpose of proving that they are purposeless constitute an interesting subject for study.“

Eine überragende Bedeutung kommt der teleologischen Betrachtungsweise in den *Geisteswissenschaften zu.* „Die soziale Geschichte ist eine Geschichte von Zwecken“, hat R. STAMMLER festgestellt. „Sooft ein Historiker nach einem Weshalb in Vorkommnissen der sozialen Geschichte fragt, ist es — bei scharfer Prüfung — nicht etwa ein Warum, sondern ein Wozu ... Es bleibt jede Feststellung, die es *nur* mit Kausalität zu tun hat, für das soziale Leben bloß vorbereitend und in sich unvollständig.“ Die Wichtigkeit teleologischer Prinzipien in den Geisteswissenschaften ist eine selbstverständliche Folge des Umstandes, daß diese es durchwegs mit Lebensäußerungen zu tun haben: erfolgt das zweckmäßige Verhalten des *Tieres* durch den *Instinkt,* so wird die Zweckmäßigkeit das *bewußte* Motiv der Handlung des *Menschen.* Und da der Mensch die *Tatsache* der Zweckmäßigkeit als Motiv seiner Handlungen kennt, wird er oft verführt, auch dort nach Zwecken zu forschen, wo es nur kausale Verknüpfungen gibt, vor allem in der leblosen Natur.

Allerdings sind in dieser Hinsicht die Grenzen zwischen lebloser Welt und Biologie durch die *Ganzheitsbetrachtung* etwas verwischt worden. Diese geht ursprünglich auf die bereits früher erwähnte Wahrnehmungslehre von EHRENFELS zurück, welche von der Gestaltpsychologie weiter ausgebaut worden ist; auf soziologischem Gebiet lehrte zuerst E. DURKHEIM, daß die Gesellschaft nicht bloß eine Summe von Individuen sei, das durch die Verbindung der Individuen gebildete System stelle *eine spezifische Realität* dar, die einen eigenen Charakter habe. Die Mentalität der Gruppen sei nicht die der einzelnen, sie habe ihre eigenen Gesetze. Zuletzt erfolgte die Auffassung des Organismus als Ganzheit (*Holismus* von HALDANE und A. MEYER), womit zweifellos ein fruchtbares Prinzip für die Biologie gefunden worden ist, welches auch zu einer neuen Rechtfertigung des Zweckmäßigkeitsbegriffes geführt hat.

Die Ontologie des Organischen beruht nach A. MÜLLER auf dem Unterschied zwischen einem Ganzen und einer Summe. Die letztere, z. B. eine Bibliothek, hat *Teile,* das Ganze, z. B. ein Organismus, hat *Glieder.* Ein Ganzes ist ohne Zerstörung nicht zerlegbar bzw. aus den künstlich isolierten Gliedern nicht zusammensetzbar. Die Glieder sind dem Ganzen untergeordnet, sie haben spezifische Aufgaben. Die Ganzheitsbezeichnung umspannt auch verschiedene zeitliche Zustände. Die Teleologie ist Ganzheits-Bezogenheit: sie bestimmt die Bedeutung für das Ganze des Organismus. Nach K. LORENZ kann die Analyse des Lebendigen immer nur von der *Ganzheit* zum *Element* gehen und nicht umgekehrt; allerdings steht M. HARTMANN (2) auf dem entgegengesetzten Standpunkt: die Ganzheit könne nur durch vorhergehende Zergliederung erforscht werden. Der Widerspruch ist nur ein scheinbarer: ohne Analyse ist jede Forschung unmöglich, doch hat die biologische Forschung stets im Auge zu behalten, welche *Bedeutung* ein Vorgang, eine Funktion, ein Organ für die *Ganzheit* des Organismus besitzt. Es handelt sich lediglich um eine neue Formulierung des Zweckmäßigkeitsbegriffes, der allerdings bereits *vor* der Ganzheitsbetrachtung oft genug — vielleicht *zu oft* — Anwendung gefunden hat.

Wir wollen uns noch etwas eingehender mit dem Begriff der biologischen Ganzheit befassen. J. S. HALDANE (1) behauptet: „We are dealing with an indivisible whole when we are dealing with a life." Diese Auffassung hat nach dem verdienstvollen Erforscher der Atmungsprozesse eine wichtige praktische Konsequenz: „If we systematise physiology by describing or studying only one thing at a time, we are just missing what we set out to study, which is essentially a whole." Gerade die Atmungsvorgänge wären, wie HALDANE gezeigt hat, gänzlich unverständlich, wenn wir uns ihren Sinn für den *ganzen* Organismus, die ständige Aufrechterhaltung bestimmter lebenswichtiger physikalisch-chemischer Bedingungen nicht stets vor Augen hielten. Leben ist sonach ein koordiniertes *Ganzes;* lebende Systeme besitzen nach WOLTERECK die Fähigkeit, ihre Ganzheit aus sich heraus aufzubauen und zu erhalten, nach Schädigung wieder herzustellen. In einer anderen Arbeit weist HALDANE (2) auf den (bereits von BETHE und DRIESCH betonten) Ganzheitscharakter des Zentralnervensystems hin: lokalisierte Hirnschädigungen außerhalb der sensiblen Region haben keine isolierten Ausfallerscheinungen zur Folge, sondern eine allgemeine Schwächung der Hirnfunktionen. Auch periphere Nerven können sich gegenseitig vertreten; nach DRIESCH (1) ist dieser Umstand eine Folge des auch im Zentralnervensystem gültigen „harmonisch-äquipotentiellen Prinzips", wonach jeder Teil jeden anderen ersetzen könne; dieses Prinzip der Regulation sei mit der Lebenskraft, der Entelechie, identisch. Obwohl DRIESCH (2) die Ganzheit als „Einheit des Organischen" anerkennt, hält er sie für den Vitalismus für unwesentlich; der Holismus läuft nach ihm in einen „teleologischen Maschinenmechanismus" aus. HALDANE und A. MEYER lehnen ihrerseits den Vitalismus aus prinzipiellen Gründen ab. Nach KÖTSCHAU und MEYER ist die biologische Kausalität *Ganzheits*kausalität; so sind z. B. die formbildenden Funktionen in jedem Stadium der Embryogenese durch das jeweils bereits vorhandene Ganze restlos determiniert. Nach BERTALANFFY bewirken auch die einzelnen Gene *nicht* die Entwicklung *isolierter* Organe: „Der *ganze* Organismus des fertigen Tieres wird vom *ganzen* Anlagenkomplex der Keimzelle hervorgebracht." (Diese Ansicht des verdienstreichen Forschers wurde durch die moderne Genetik widerlegt: nicht nur die einzelnen Organe, selbst die Fähigkeit zur Bildung der einzelnen Fermente ist an spezifische Gene gebunden, deren Ausfall nicht kompensiert werden kann.) Die Vorgänge im lebenden Organismus sind in einer zu seiner Erhaltung beitragenden Weise geordnet, wobei die Zweckmäßigkeit bloß ein Spezialfall des auf die Herstellung eines Gleichgewichtszustandes gerichteten Geschehens ist.

Dagegen fehlt es auch nicht an mehr oder weniger kritischen Stimmen zur Ganzheitsbetrachtung des Lebens — so meint MAINX, das Konzept der „Gestalt" als Ganzheit sei nur in der Sinnesphysiologie und experimentellen Physiologie anwendbar. Lebewesen sind „offene Systeme" wobei „a system is a structure in which all processes are connected functionally in a more or less complicated way". Auch LOCKER zieht den Begriff „System" dem Begriff „Ganzheit" vor, da ersterer die Bildung von verifizierbaren Modellvorstellungen gestattet. Auch nach ROTHSCHUH ist die Ganzheit ein oft verschwommener Begriff. Der Organismus sei ein Gefüge von geordneten Kausalprozessen, wobei unter „Gefüge" zusammenpassende Glieder verstanden werden, wodurch eine „sinnvolle Leistung" entsteht. Auch nach FEUERBORN ist die Ganzheit eines lebenden Systems nichts weiter als die spezifische Ordnung der spezifischen Teile des Systems. Das Leben wird nicht durch die „übergeordnete Ganzheit" erhalten, sondern durch das komplizierte Ineinandergreifen und Zusammenwirken von Steuerungen und Regelungen. — Ob wir nun das Wort „Ganzheit" oder „System" gebrauchen, über die *Ordnung* im Ablauf der Lebensprozesse herrscht Übereinstimmung. Physiologie und Medizin beruhen auf der Erkenntnis, daß der morphologische Bau und das biochemische Milieu des Organismus trotz des intensivsten Stoffwechsels unverändert bleiben („Homoeostase"), wofür zum Teil recht komplizierte Regulationen sorgen.

Die Ganzheitsbetrachtung erklärt daher die Zweckmäßigkeit im Bereiche des Lebens damit, daß alle organischen Prozesse *gerichtet* verlaufen mit dem Ziel der Entwicklung bzw. Erhaltung der *Ganzheit* des Organismus. Für die meisten physikalisch-chemischen Vorgänge, die sich innerhalb der Organismen abspielen, wären verschiedene Richtungen möglich; die Eiweißkörper könnten z. B. ohne vorherigen Abbau resorbiert, der Zucker bereits im Darm verbrannt werden usw. Daß diese Prozesse so und nicht anders verlaufen, ist die Folge ihrer Einordnung in das Ganze des Lebensprozesses. Man könnte wohl einwenden, alle diese Vorgänge ließen sich auch auf der Grundlage eines Konditionalismus erklären, und es ist gewiß richtig, daß eine solche Analyse für viele, vielleicht die meisten Fälle ausreichen würde, um die Einzelphänomene zu erklären. Bei der ungeheuren Fülle der physikalischen, chemischen und morphologischen Prozesse, die sich in den Organismen abspielen, würde allerdings ein unübersichtliches Gewirr von Bedingungen bestehen, welches nicht erklären würde, wieso das System entstanden ist und wie es sich zu erhalten vermag. Dadurch, daß wir den Organismus als Selbstzweck erkennen, dessen Einzelfunktionen auf die Erhaltung der Ganzheit ausgerichtet sind, wird uns der ganze Vorgang verständlich — nicht im Sinne einer subjektiven Denkform, sondern im ontologischen Sinn.

In Anbetracht der unbestreitbaren Vorteile der Ganzheitsbetrachtung für die Biologie und Psychologie wurde versucht, Ganzheiten auch in der *unbelebten Natur* nachzuweisen, um auf diese Weise die

Finalität zu einem universellen Prinzip zu erweitern. Auf solche „physische Gestalten" hat zunächst W. Koehler die Aufmerksamkeit gelenkt: eine geringe Menge einer Flüssigkeit von genügender Oberflächenspannung strebt auf die Kugelgestalt zu, die Nadel des Kompasses kehrt stets in die magnetische Nord-Süd-Richtung zurück usw. Ernster als diese auch rein kausal zu erklärenden Phänomene sind jene Ansichten zu nehmen, welche eine *Stufenhierarchie* auch in der anorganischen Natur annehmen und im Rahmen der einzelnen „Organisationsstufen" ganzheitliche Tendenzen vermuten. Am deutlichsten hat sich C. D. Broad ausgesprochen: „In no case could the behaviour of a whole composed of certain constituents be predicted *merely* from a knowledge of the properties of these constituents, taken separately." Die Eigenschaft keiner chemischen Verbindung läßt sich aus den Eigenschaften und der Verknüpfung der sie konstituierenden Atome voraussagen. Eine chemische Verbindung ist daher „mehr" als ihre Teile, ebenso wie das Lebewesen mehr ist als die Summe seiner Stoffe und Zellen. Oft wird in der angelsächsischen Literatur der Satz von Whitehead zitiert, ein Elektron innerhalb eines lebendigen Körpers sei von einem Elektron außerhalb des Körpers verschieden; wir können noch weitergehen: sicherlich ist ein Elektron in einem homöopolaren Molekül, dessen Atome eine gemeinsame Elektronenhülle haben, bereits verschieden von einem Elektron innerhalb der Ultrastrahlung. Es läßt sich nicht leugnen, daß gewisse „organistische" Kräfte, wie Haldane betont, bereits bei der Molekülbildung wirksam sind; daher nähert sich die moderne Physik der „holistischen" Biologie — ein Gedanke, der P. Jordan sowie Kötschau und Meyer zur Behauptung verleitet, die ganze Physik werde sich einst in eine holistische Biologie eingliedern. A. Mittasch meint endlich, daß auf jeder Stufe der Stoffhierarchie neue Spielregeln gelten: gemeinsam ist jedoch auf jeder Stufe das Prinzip, daß die auf jeder Entwicklungsstufe konstituierte „Ganzheit" mehr und ganz anders ist als die Summe der Teile, z. B. das ganze Atom mehr als die Protonen, Neutronen und Elektronen, das Molekül mehr als die es konstituierenden Atome, die Zelle mehr als die Moleküle, aus welchen sie letzten Endes besteht, und das Tier mehr als die Zellen, die es bilden.

Diese metaphysische Konzeption ist gewiß ein packender Gedanke zur Vereinheitlichung der Ontologie und würde auch mit der bereits früher erwähnten Lehre von der „emergent evolution" leicht zu vereinbaren sein. Allein, es darf nicht übersehen werden, daß sich die „Ganzheit" im *biologischen* Sinne von den anorganischen Gebilden, welchen ebenfalls eine „Ganzheit" zugesprochen wird, grundsätzlich unterscheidet. Wir können die Bestandteile eines

Atoms oder eines Moleküls voneinander trennen und wieder vereinigen; gewiß kostet es Energie, das zu tun, aber es gelingt doch — und die einzelnen Bestandteile können nachher wieder Atom und Molekül werden. Wenn wir jedoch einen Zellkern von dem Protoplasma trennen, geht dieses zugrunde, während der lebend bleibende Kern neues Protoplasma bildet — was wieder in der anorganischen Natur nicht vorkommt; ein Molekül, von dem gewisse Bestandteile abgespalten worden sind, ergänzt diese niemals von sich aus. Wenn es daher auch reale Kräfte sind, welche die Atome und Moleküle zusammenhalten — Kräfte sind in der Physik der Ausdruck für Kausalbeziehungen, für Wechselwirkungen zwischen Dingen oder Vorgängen —, so reicht die *Kausal*beziehung völlig aus, um sie zu verstehen, für die Annahme von eigenzieligen Ganzheiten, also für eine zielgerichtete Zweckmäßigkeit in der anorganischen Natur fehlen alle Anhaltspunkte. Das oberste Systemgesetz der Biologie ist, wie wir gesehen haben, die Tendenz der Selbst- und Arterhaltung, oder wie wir auch sagen können, die Erhaltung der funktionellen Ganzheit des Organismus. Alle Lebensvorgänge sind auf dieses Ziel gerichtet, daher zweckmäßig. Welches wäre das entsprechende Ziel in der anorganischen Natur? Wir sehen unter bestimmten Bedingungen Moleküle spontan entstehen und sich verändern, wir vermuten, daß Materie unter bestimmten Umständen — so im Sonneninnern — in Strahlung verwandelt wird, von einer in der Natur *bestehenden Tendenz* zur Atom- oder Molekülbildung sehen wir nirgends eine Spur. Die einzige Tendenz, welche wir in der leblosen Natur kennen, ist die Tendenz zur idealen Unordnung, zur Zunahme der Entropie — auf diese Tendenz läßt sich nur schwer eine Zweckmäßigkeit gründen.

Für die Erkenntnislehre folgt daraus, daß der Zweckmäßigkeitsbegriff innerhalb des Organischen seine volle Berechtigung besitzt, dagegen seine Übertragung auf die leblose Welt, auch in Form von supponierten „Ganzheiten", als Anthropomorphismus abzulehnen ist. Solche Übertragungen waren übrigens auch *vor* der Ganzheitsbetrachtung nicht gerade selten und sie sind insofern berechtigt, als die anorganische Natur unsere Umwelt bildet, von welcher unser Wohl und Wehe abhängt, daher sie nach *unseren* Zwecken beurteilt werden kann. Eine Wolke, die warm scheinende Sonne werden meist nicht „kausal" beurteilt, sondern mit Rücksicht auf menschliche Ziele als Förderer oder Gefahr für die Ernte, für die Gesundheit, für einen Ausflug. Diese Sinnbeziehung für Dinge und Vorgänge der anorganischen Umwelt ist eine direkte Folge der biologischen Bedingtheit unseres Denkens, welches selbst dem Prinzip der Selbsterhaltung untergeordnet ist. Es ist daher die Denkform, welche überall nach dem *Zweck,* nach dem *Wozu* fragt, *a priori* dem Menschen gegeben; sie ist im Bereich des Organischen ontologisch begründet, sie ist auch eine *Seinsform* des Lebendigen. Ihre Anwendung ist jedoch streng auf den Bereich zu beschränken, für welchen sie eine *reale* Geltung besitzt und selbst im Bereich des Lebens ist durchaus nicht alles zweckmäßig. Die Tatsache der Dysteleologien muß uns an sich schon vorsichtig machen: die schwierigen Anpassungsbedingungen des Lebens einerseits, die erbmäßig fixierten Gegebenheiten anderseits haben manchen Vorgang zur Folge gehabt, der keinesfalls als „einfach zweckmäßig" bezeichnet werden kann. Denken wir z. B. daran, daß die gewiß überaus vorteilhaften Immunitätsprozesse auch die ebenso lästigen Überempfindlichkeitsreaktionen zur Folge haben und dergleichen mehr. Es sei ferner daran erinnert, daß die Kenntnis des *Zweckes* noch nicht die Kenntnis des *Weges* bedeutet; der „Mechanismus" biologischer Vorgänge kann letzten Endes doch nur *kausal,* mit Hilfe der Methoden der Physik und der Chemie erschlossen werden, wenn auch die Kenntnis der *Richtung* dieser Vorgänge, welche uns das Zweckprinzip verschafft, die Aufgabe wesentlich erleichtert. Wir können den Zweckbegriff nach dem bisher Gesagten als a priori gegebene Kategorie unseres Denkens ansehen, mit wesentlich beschränkterer Geltung als die Kausalität. So wie wir auch bei der Kausalität nur die *Form* der Verknüpfung kennen, den Inhalt jedoch empirisch feststellen müssen (wobei uns leicht Irrtümer unterlaufen können), ist auch das Vorhandensein einer supponierten Zweckmäßigkeit in jedem Fall genau zu prüfen. Als Kriterium dient die Feststellung, ob die Variation eines Zustandes oder Vorganges mit der Erhaltung der normalen funktionellen Ganzheit des Organismus zu vereinbaren ist; nur wenn eine Änderung des in Frage stehenden Prozesses nicht ohne Beeinträchtigung des physiologischen Gesamtzustandes möglich ist, darf der Prozeß als zweckmäßig bezeichnet werden. So erweist sich der Abbau der Eiweißkörper im Darm bis zu den Aminosäuren als zweckmäßig, da die Resorption körperfremden Eiweißes entweder die Bildung von Antikörpern nach sich ziehen würde, was eine fortwährend starke Belastung der Immunitätsprozesse und gegebenenfalls unliebsame Reaktionen zur Folge hätte, oder aber es müßte der Organismus auf die Bildung von Eiweißantikörpern überhaupt verzichten, womit er sich eines wichtigen Schutzmittels berauben würde. Viele Vorgänge können allerdings verschieden gedeutet werden und es ist nur allzu leicht verständlich, daß die unvermeidlichen Irrtümer in teleologischen Interpretationen dazu geführt haben, den Zweckbegriff zu diskriminieren und allein die kausalkonditionale Erklärung als wissenschaftlich einwandfrei anzuerkennen. Es genügt aber, auf die

Tatsache der Immunitätsprozesse hinzuweisen, um die Unvermeidlichkeit teleologischer Gesichtspunkte in der Biologie zu beweisen. Eine besonders wichtige und von keiner Seite bestrittene Rolle spielt der Zweckbegriff in den Handlungen des Menschen und in den Vorgängen innerhalb der menschlichen Gesellschaft; mit diesen wollen wir uns nunmehr beschäftigen.

Literaturverzeichnis

Aster, E. v.: Naturphilosophie, 1932.
Ayer, A. J.: The foundations of empirical knowledge, 1940.
Barry, F.: The scientific habit of thought, 1927.
Bauch, B.: Das Naturgesetz, 1924.
Bavink, B.: Ergebnisse und Probleme der Naturwissenschaften, 4. Aufl., 1930.
Benjamin, A. C.: An introduction to the philosophy of science, 1937.
Bergmann, H.: Der Kampf um das Kausalgesetz, 1929.
Bernard, Cl.: Introduction à l'étude de la médecine expérimentale, 1865.
Bertalanffy, L. v.: Das Gefüge des Lebens, 1937.
Bois-Reymond, E. du: Grenzen des Naturerkennens, 6. Aufl., 1884.
Born, M., in: Nature, 143.
Brentano, F.: Versuch über die Erkenntnis, 1925.
Bridgman, P. W.: Die Logik der heutigen Physik, 1932.
Broad, C. D.: The mind and its place in Nature, 3. imp., 1937.
Carnap, R.: Der logische Aufbau der Welt, 1928.
Comte, A.: Discours sur l'esprit positif, 1909.
Dewey, J.: The quest for certainty, 1929.
Dingler, H.: Die Methode der Physik, 1938.
Dirac, P. A. M., in: Umschau, 64, 1964.
Donnan, F. G., in: Angewandte Chemie, 1939.
Driesch, H. (1): Die Maschine und der Organismus, 1935.
Driesch, H. (2): Acta biother. I.
Duhem, P.: Ziel und Struktur der physikalischen Theorie, 1908.
Durkheim, E.: Die Methode der Soziologie, 4. Aufl., 1908.
Eddington, A. (1): New pathways of science, 1935.
Eddington, A. (2): The nature of the physical world, 1929.
Einstein, A. (1), in: Philosophy of science, I, 1934.
Einstein, A. (2): Mein Weltbild, 1934.
Exner, F.: Vorlesungen über die physikalische Grundlage der Naturwissenschaften 1922.
Feuerborn, J.: Symposion Salzburg, 1964.
Frank, Ph. (1): Das Kausalgesetz und seine Grenzen, 1932.
Frank, Ph. (2), in: Internat. Encyclop. of Unif. Sci., II, 1955.
Frischeisen-Köhler, M.: Wissenschaft und Wirklichkeit, 1912.
George, W. H.: The scientist in action, 1936.
Geyser, J.: Das Gesetz der Ursache, 1933.
Haering, Th.: Naturphilosophie der Gegenwart, 1933.
Hahn, H.: Logik, Mathematik und Naturerkennen, 1933.
Haldane, J. S. (1): Philosophical basis of biology, 1931.
Haldane, J. S. (2), in: Philosophy of science, I, 1934.

HARTMANN, E. v.: Kritische Grundlegung des transzendentalen Realismus, 3. Aufl., 1885.

HARTMANN, M. (1): Allgemeine Biologie, 2. Aufl., 1933.

HARTMANN, M. (2): Sitzungsber. preuss. Akad. Phys. Kl. 20.

HEISENBERG, W. (1): Wandlungen in den Grundlagen der Naturwissenschaft, 1935.

HEISENBERG, W. (2): Das Naturbild der heutigen Physik, 1955.

HEISENBERG, W. (3): Physik und Philosophie, 1959.

HELMHOLTZ, H. v.: Natur und Naturwissenschaft (Verlag Langen).

HEYDE, J. E.: Entwertung der Kausalität? 1957.

HUME, D.: Untersuchungen über den menschlichen Verstand (Verlag Kröner).

JEANS, J.: Die neuen Grundlagen der Naturerkenntnis (New background of science), 1934.

JENSEN, P., in: Erkenntnis IV, 1934.

JORDAN, P. (1): Die Physik des 20. Jahrhunderts, 1936.

JORDAN, P. (2), in: Erkenntnis IV, 1934.

JUHOS, B.: Die Erkenntnis und ihre Leistung, 1950.

KANT, I.: Prolegomena (Phil. Bibl., VI. Aufl.).

KÖTSCHAU, K., und A. MEYER: Theoretische Grundlagen zum Aufbau einer biologischen Medizin, 1936.

KREMER, R.: La théorie de la connaissance chez les néo-réalistes anglais, 1928.

LOCKER, A.: Symposion Salzburg, 1964.

LORENZ, K., in: Naturwissenschaften, 1942.

MAINX, J., in: Int. Encycl. Unif. Sci., II, 1955.

MARCH, A.: Das neue Denken der modernen Physik, 1957.

MAY, E.: Die Bedeutung der modernen Physik für die Theorie der Erkenntnis, 1937.

MEHLBERG, H.: The reach of science, 1958.

MESSER, A. (1): Psychologie, V. Aufl., 1934.

MESSER, A. (2): Einführung in die Erkenntnistheorie, 3. Aufl., 1927.

MEYERSON, E.: De l'explication dans les sciences, 1927.

MISES, R. v., in: Erkenntnis, I, 1930.

MITTASCH, H. (1), in: Angewandte Chemie, 1936.

MITTASCH, H. (2), in: Naturwissenschaften, 1938.

MÜLLER, A.: Einleitung in die Philosophie, 2. Aufl., 1931.

NAGEL, E.: The structure of science, 1961.

NEWSON, C., in: Science, 94, 1941.

PEARSON, K.: The Grammar of Science, 2. Ed., 1900.

PLANCK, M. (1): Wege zur physikalischen Erkenntnis, 1933.

PLANCK, M. (2): Die Physik im Kampf um die Weltanschauung, 1935.

POPPER, K.: Logik der Forschung, 1935.

REICHENBACH, H.: Atom und Kosmos, 1930.

RICKERT, H.: Kulturwissenschaft und Naturwissenschaft, 3. Aufl., 1915.

ROTHSCHUH, K. E.: Symposion Salzburg, 1964.

ROUX, W.: Meine entwicklungsgeschichtliche Methodik, Abderhaldens Hdb. biol. Arbeitsmeth., V, 1923.

RUSSELL, B.: Mensch und Welt (An outline of philosophy), 1930.

SCHLICK, M.: Allgemeine Erkenntnislehre, 2. Aufl., 1925.

SCHOPENHAUER, A.: Die Welt als Wille und Verstellung (Verlag Kröner).

STAMMLER, R.: Die Gesetzmäßigkeit in Rechtsordnung und Volkswirtschaft, 1902.

STUMPF, C.: Erkenntnislehre, 1939.
SULLIVAN, J. V. N.: Limitations of science, 1933.
VERWORN, M.: Allgemeine Physiologie, 5. Aufl., 1909.
VOLKMANN, P.: Erkenntnistheoretische Grundzüge der Naturwissenschaft, 2. Aufl., 1910.
WENZL, A. (1): Philosophie als Weg, 1939.
WENZL, A. (2): Die philosophischen Grenzfragen der modernen Naturwissenschaft, 1956.
WEYL, H.: Philosophie der Mathematik und Naturwissenschaft, 1929.
WOLTERECK, R.: Grundzüge einer allgemeinen Biologie, 1932.
WUNDT, W.: Naturwissenschaft und Psychologie, 1903.
ZIMMERMANN, W.: Vererbung erworbener Eigenschaften und Auslese, 1938.

VII. Blick auf die Geisteswissenschaften

Wir haben uns bisher mit der Erkenntnislehre hauptsächlich vom Standpunkt der Naturwissenschaften aus befaßt; es bleibt noch die Aufgabe übrig, die besonderen Aspekte der geisteswissenschaftlichen Erkenntnis zu besprechen. Nicht als ob im Bereich dieser Wissenschaften eine besondere Art von Logik gelten würde: wie M. SCHLICK festgestellt hat, haben die Geisteswissenschaften keine eigenen prinzipiellen Grundbegriffe und wo sie Gesetze suchen, bedienen sie sich derselben Methoden, die in den Naturwissenschaften üblich sind. Auch sie können, wie M. WEBER lehrte, nur Gesetzmäßigkeiten der Struktur oder des Geschehens studieren; ihr einziges Geschäft sei erklärende oder verstehende Kausalerkenntnis. Wenn die logischen Grundlagen und der allgemeine methodische Aufbau auch keine Besonderheiten aufweisen, so ergeben sich doch aus dem *Stoffe* dieser Wissenschaften, welche ausschließlich *menschliche* Leistungen zum Inhalt haben, wichtige Probleme erkenntnistheoretischer Art, welche wir zu erörtern haben.

Zunächst ist festzustellen, wo die Grenzen geisteswissenschaftlicher Betrachtung liegen; schon hiebei ergeben sich Schwierigkeiten. Ist jede Wissenschaft, die sich mit menschlichen Leistungen befaßt, als Geisteswissenschaft zu betrachten? Diese Frage bejahen, heißt die Verwurzelung des Menschen in der Natur völlig in Abrede stellen, was selbst der radikalste Spiritualismus nicht zu tun wagt. Der Mensch ist körperlich ganz und psychisch bis zu einem gewissen Grad den Gesetzen der Biologie unterworfen; seine Sinneswahrnehmungen und die daran anknüpfenden elementaren psychischen Funktionen sind durchaus naturverbunden, von den entsprechenden tierischen Leistungen nicht prinzipiell verschieden. Auch die Vergesellschaftung ist *im Prinzip* durchaus ein Naturphänomen, wie es die Insektenstaaten und die primitiven Formen der Vergesellschaftung der

Säugetiere beweisen. Insofern im Rahmen der menschlichen Gesellschaft statistische Regelmäßigkeiten zu beobachten sind und vitale Bedürfnisse befriedigt werden müssen, können wir die sich darauf beziehenden Beobachtungen und Forschungen bis zu einem gewissen Grade zur Biologie, also zu den Naturwissenschaften rechnen. Tatsächlich wäre es nicht zu begründen, die Frage des Farbensinnes oder des durchschnittlichen Lebensalters oder etwa des durchschnittlichen Fleischgenusses einer Bevölkerung als „geisteswissenschaftliches" Problem zu betrachten. Die naturwissenschaftliche Betrachtungsweise hat ihre Grenzen dort, wo der menschliche Geist die Schranken des Biologischen überschreitet; bei dem transzendenten Wissensdrang und bei der Ersetzung der Instinkte durch bewußte Handlungen auf Grund des freien Willens: fände dieser Vorgang nicht statt, so gäbe es keine Geschichte mit ihrer unberechenbaren Folge von Fortschritt und Rückfall, von friedlicher Zusammenarbeit und blutigen Konflikten.

Daraus ergibt sich die Erkenntnis, daß die Grenze zwischen Natur- und Geisteswissenschaften quer durch die Psychologie und Soziologie geht; daher verwenden diese Wissenszweige teils naturwissenschaftliche, teils geisteswissenschaftliche Methoden. Was die *Psychologie* betrifft, so wurde diese Trennung in eine naturwissenschaftlich orientierte, kausal*erklärende* und eine geisteswissenschaftliche, beschreibende, sinnvoll *verstehende* Psychologie von DILTHEY, NATORP und E. SPRANGER gefordert. So berechtigt diese Zweiteilung auch ist, sie ist nicht ohne Schwierigkeiten durchführbar. Während die Wahrnehmungslehre der naturwissenschaftlich-experimentellen Methodik durchwegs zugänglich ist und auch andere grundlegende geistige Fähigkeiten, wie die Aufmerksamkeit und das Gedächtnis, mit Hilfe experimenteller Beobachtung erforscht werden konnten, erwachsen der Untersuchung der Denk- und Willensprozesse auf experimentellem Wege bereits große Schwierigkeiten. Das psychologische Experiment ist letzten Endes auf *Selbstbeobachtung* angewiesen, für welche das Experiment lediglich günstige einheitliche Bedingungen schafft, welche einen Vergleich mit den Erlebnissen anderer Versuchspersonen möglich machen. Wie TH. ELSENHANS bemerkt hat, ist der Anteil des Experiments an dem Ergebnis der Untersuchung umso geringer und derjenige der Selbstbeobachtung umso größer, je verwickelter die seelischen Vorgänge sind. Auf die prinzipiellen Schwierigkeiten der Selbstbeobachtung haben wir bereits hingewiesen.

Es läßt sich daher nur ein Teil der Psychologie mit naturwissenschaftlichen Methoden bearbeiten. In diesem Bereich ist es, im Gegensatz zu der von FECHNER inaugurierten psycho*physischen* Richtung, eher die *biologische* Betrachtungsweise (welche auch der Gestalttheorie näherliegt), die nach K. BÜHLER in der Psychologie mit Aussicht auf Erfolg angewandt werden kann. Wie in der Biologie, so führt auch eine einheitliche Theorie der Psychologie zu *teleologischer* Betrachtung, wie z. B. die Individualpsychologie von A. ADLER, welche davon ausgeht, daß jeder Mensch seinen geheimen Lebensplan besitzt, den er durchzusetzen bestrebt ist. Wenn daher TH. BOVET die Behauptung aufstellt, daß Psychologie keine Naturwissenschaft sein könne, so stimmen seine Argumente nur in bezug auf eine Zurückführung der Psychologie auf *physikalische* Begriffe, nicht aber auf *biologische* Grundlagen, die ebenfalls oft nicht meßbar, dagegen aber häufig *sinnhaft* sind. Aber auch bei Anerkennung des Zweckbegriffes kann es nicht gelingen, die Psychologie *völlig* in den Naturwissenschaften aufgehen zu lassen, wie es H. RICKERT gefordert hat: die Psychologie könne allgemeine Begriffe und Gesetze nur *innerhalb der biologischen Grenzen* finden. Da die geistige Persönlichkeit des Menschen sowohl in intellektueller Hinsicht wie auch infolge seiner Willensfreiheit aus dem Biologischen hinausragt, können psychologische Typeneinteilungen (welche bezeichnenderweise kaum ohne körperliche [KRETSCHMER] oder wahrnehmungspsychologische [JAENSCH] Merkmale auskommen können) niemals die Sicherheit oder auch nur Wahrscheinlichkeit naturwissenschaftlicher Gesetze oder Klassifikationen erlangen. Wir können stets mit Sicherheit feststellen, zu welcher Gattung der Arthropoden ein Insekt gehört, wir können mit einer gewissen Wahrscheinlichkeit voraussagen, wie sich ein bestimmtes Versuchstier in einem künstlichen Labyrinth benehmen wird — wir werden dagegen bei sehr vielen Menschen stets im Zweifel darüber bleiben, ob sie zyklothym oder introvertiert, eidetisch oder theoretisch veranlagt sind. Einigermaßen verläßliche Urteile über die geistige Gesamtpersönlichkeit eines Menschen ermöglichen die psychologischen Testverfahren. Es ist aber das Charakteristische am menschlichen Geist, daß seine Entfaltung von der körperlichen Entwicklung und selbst von der Funktion der Sinnesorgane weitgehend unabhängig ist — es kann ebenso ein Athlet eine kranke Seele haben, wie ein Blinder klug sein. Die niedrigen psychischen Funktionen finden ihren Platz in der Biologie: der menschliche *Geist* läßt sich wissenschaftlich nicht auf Biologisches — geschweige denn Physikalisches — reduzieren. Er stellt eine eigene Stufe des Seienden dar, kontingent von der biologischen Schicht, wie es zuerst BOUTROUX klar erkannte und später N. HARTMANN wieder eingehend auseinandergesetzt hat.

Eine vielfach gangbare Methode zum psychologischen Verständnis menschlicher Leistungen ist die *Einfühlung;* sie setzt genaue

Kenntnis der Lebensbedingungen einerseits, eine besondere Einfühlungsgabe anderseits voraus. Nach E. SPRANGER hat das *Sichhineinversetzen* in einen fremden Menschen vier Faktoren zur Voraussetzung: die Kenntnis des Milieus, des Schicksals, des Charakters und der geistigen Entwicklung: gute Hilfe leistet dabei die Idee von der Existenz bestimmter Persönlichkeits*typen.* Gewiß wird man durch Erfahrung und Studium die Einfühlungsfähigkeit erweitern, doch gilt hier die Regel, daß man nur den Geist begreift, dem man gleicht: Der fiktive „homo oeconomicus" der klassischen Nationalökonomie wird die Persönlichkeit TOLSTOIS ebensowenig begreifen, wie ein Machtmensch von der Art Napoleons niemals Christus zu begreifen vermag. Glücklicherweise wird es unter den Geisteswissenschaftlern stets solche geben, die einen ausgeglichenen Charakter mit der besonderen Gabe vereinen, sich auch in Persönlichkeiten extremster Prägung intuitiv einzufühlen. Bei diesem Vorgang handelt es sich jedoch um einen Erkenntnisweg, der von dem der Naturwissenschaften grundsätzlich verschieden ist; bewußt-sinnvolle und unbewußt-irrationelle Motive vermengen sich zu einem seelischen Ganzen, aus dem die Handlung und Leistung zwar kausal, jedoch als Resultante von durchaus *kontingenten* Motiven folgt. Güte, Liebe, Hingabe und Aufopferung sind an sich kausal nicht „erklärbar" — sie sind als Motive von Handlungen intuitiv *erfühlbar.* Wir können mit F. SCHMIDT sagen, „im geistigen Geschehen sind die Gesetze ohne Ursachen immer die Ursachen ohne Gesetze". Während in den Naturwissenschaften unter völlig gleichen Bedingungen stets dieselben Wirkungen eintreten, werden verschiedene Menschen unter identischen Bedingungen keineswegs immer gleich denken, fühlen und handeln, wenn auch ihr Verhalten aus den jeweils verschiedenen Motiven als Resultante seelischer Gegebenheiten in der Mehrzahl der Fälle „verstanden" werden kann. Die Psychologie der höheren geistigen Funktionen wird sich stets aufs „Verstehen" beschränken müssen, ohne im naturwissenschaftlichen Sinne „erklären" zu können.

Ähnlich wie in der Psychologie geht ein methodischer Bruch auch durch die *soziologischen Wissenschaften.* Die Tatsache der Vergesellschaftung, die aus der Arbeitsteilung sich ergebenden wirtschaftlichen Probleme, die statistisch erfaßbaren Regelmäßigkeiten der Bevölkerungsbewegung sind durchaus kausaler, naturwissenschaftlicher Behandlung fähig und die *Sinnhaftigkeit* sozialen Geschehens ist ein Verknüpfungspunkt mehr mit der Biologie. „Das Kernstück der Erkenntnis sozialer Tatsachen ist die Sinndeutung fremdmenschlichen Handelns", schreibt F. KAUFMANN. Wenn daher nach MAX WEBER die Zusammenhänge und Regelmäßigkeiten menschlichen Verhaltens verständlich deutbar sind und das Höchstmaß an „Evidenz" die zweckrationale Deutung besitzt, so sind damit die Grundlagen der biologischen Betrachtung gegeben. Freilich führt diese Betrachtung nur zur Erklärung gewisser Tendenzen im gesellschaftlichen Leben. „Die Gesetze, als welche man manche Lehrsätze der verstehenden Soziologie zu bezeichnen gewohnt ist, sind durch Beobachtung erhärtete typische *Chancen* eines bei Vorliegen gewisser Tatbestände zu *gewärtigenden* Ablaufes von sozialem Handeln, welche aus typischen Motiven und typisch gemeintem Sinn der Handelnden *verständlich* sind." Eindeutig sind daher nur solche Gesetze, welchen *rein zweckrationale Motive* zugrunde liegen — da aber das durchaus nicht für alle menschlichen Handlungen zutrifft, vermag die Soziologie niemals den *ganzen* Bereich der menschlichen Geschichte durch Gesetze zu erfassen und zu erklären. Einen ähnlichen Standpunkt nimmt ADOLF WEBER in der Volkswirtschaftslehre ein: wirtschaftliche „Gesetze" können sich infolge zahlreicher Störungen nichtwirtschaftlicher Natur nur als „Tendenzen" auswirken. Wenn dagegen O. NEURATH vom Standpunkt einer positivistischen „Einheitswissenschaft" aus eine „rein empirische" und metaphysikfreie Soziologie fordert, welche sich nur behavioristischer Wendungen bedienen darf und „Einfühlen, Verstehen und ähnliches" ablenkt, so verkennt er die Folgen der grundsätzlichen Indeterminiertheit des menschlichen Geistes, der durchaus nicht immer ökonomischen Gesetzen folgt. Sehr klar hat die Grenze soziologischer Gesetzmäßigkeiten auch TH. L. HAERING bestimmt: Statistische Gesetze setzen voraus, daß der vernünftige Mensch, der einem bestimmten Zweck dient, auch bestimmte Mittel will. Solche Gesetze gelten nur unter der Voraussetzung, daß zwischen den physiologischen und den psychischen Faktoren ein notwendiger Kausalzusammenhang besteht; eine einheitliche Teleologie scheitert am freien Willen des Menschen, der durchaus nicht immer das „Vernünftige" anstrebt. Auch in Amerika haben sich Stimmen gegen den Empirismus und Positivismus in der Soziologie erhoben. So schreibt CH. A. ELLWOOD: „The attempt to introduce into the social sciences the spirit and the methods of the physical sciences is a mistake." Dementsprechend wird auch die Rolle der Statistik nicht allzu hoch eingeschätzt: „It is very rarely possible to discover in social statistics correlations which are universal, such as science in the strict sense demands." Auch nach F. ZNANIECKI ergibt die Statistik nur Hypothesen, die nichts anderes sind als „superficial generalizations of commonsense practical reflection"; schöpferische Gedanken und wirkliche Fortschritte seien mit statistischen Methoden nicht zu erzielen.

Daß es im ökonomischen Bereich der Soziologie Gesetzmäßigkeiten und kausale Zusammenhänge gibt und daß die Statistik diese Regelmäßigkeiten auch quantitativ zu erfassen imstande ist, das läßt sich wohl kaum bestreiten; es ist z. B. durchaus verständlich, daß die Nahrungsbedürfnisse der Menschen im Rahmen der Gesellschaft befriedigt werden müssen: wieweit und auf welchem Weg das geschieht, kann bis zu einem gewissen Grade quantitativ festgestellt werden. Es wäre aber durchwegs falsch, mit Hilfe dieser Methoden *alle* Fragen der Soziologie und Geschichtsphilosophie lösen zu wollen. Genauso wie der Einzelmensch in seinen Handlungen durchaus nicht allein von wirtschaftlichen Motiven geleitet wird, ist auch das Leben der Gesellschaft — deren Mentalität, wie E. DURKHEIM betont hat, eine spezifische Realität mit eigenen Gesetzen darstellt — nicht allein aus ökonomischen Motiven heraus erklärbar. Neben der ökonomisch orientierten Gesellschaftslehre, welche sozusagen die biologische Grundlage der menschlichen Gesellschaftslehre darstellt, wird es daher auch eine *geisteswissenschaftlich* orientierte Soziologie geben müssen, welche die sozialen Phänomene nicht kausal zu erklären, sondern aus den verschiedenen Faktoren des sozialen Geschehens heraus vor allem unter Berücksichtigung der Massenpsychologie zu *verstehen* bestrebt sein wird. Daß die Übertragung der naturwissenschaftlichen Betrachtungsweise auf soziologischem Gebiet zuletzt versagen mußte, beweist u. a. der Zusammenbruch der von SPENCER, LILIENFELS u. a. inaugurierten biologischen Methode, die, wie SEIDLER betont, nur zu dürftigen Analogien geführt hat. Die Aufgabe einer geisteswissenschaftlich orientierten Soziologie hat die Geschichtsphilosophie zu lösen versucht; es unterliegt jedoch keinem Zweifel, daß die „verstehende Soziologie“ erst am Anfang ihrer Entwicklung steht und daß dieser Wissenszweig, welcher die Ergebnisse der verstehenden Psychologie, der Massenpsychologie, der Geschichtswissenschaft und der „exakten“ Soziologie zu einer höheren Synthese vereinen muß, über viele, heute rätselvoll erscheinende Vorgänge der Geschichte Klarheit bringen wird.

Die „verstehende“ Psychologie ist für alle Geisteswissenschaften von grundlegender Bedeutung — menschliche Handlungen sind unverständlich, sofern die verursachenden seelischen Motive nicht aufgedeckt werden. Sie wird von K. LAMPRECHT als Grundwissenschaft der Geisteswissenschaften betrachtet, die Geschichtswissenschaft sei „Wissenschaft von den seelischen Veränderungen menschlicher Gemeinschaften“, deren höchstentwickelte Form die kulturhistorische Methode darstellt: Kultur ist der jeweils eine Zeit beherrschende seelische Gesamtzustand. Dieses Prinzip ist bestimmt richtig, doch gibt es keine Kriterien für die Richtigkeit der Einfühlung, und die

Gefahr, eigene psychische Motive fremden Persönlichkeiten zu unterlegen, ist niemals mit Sicherheit zu bannen. Daher die prinzipiellen Bedenken (H. RICKERT, SEIDEL) gegen den Psychologismus in der Geschichtsschreibung. Aber auch andere Gründe sprechen gegen die Präponderanz psychologischer Betrachtungsweise. Nach F. SCHMIDT vermögen die Geisteswissenschaften psychologische Erkenntnisse nur in begrenztem Umfange zu verwerten — „weil es für sie zuerst und zuletzt um die *Inhalte* handelt, die an eine bestimmte Stelle der geistigen Raumzeit gebunden sind". Obwohl es im Prinzip richtig ist, daß die Leistungen des menschlichen Geistes nach ihrem objektiven Wert beurteilt werden sollen, muß doch zunächst bedacht werden, daß eine Geschichtsschreibung, welche die Handlungen des Menschen nicht verstehen, sondern nur werten wollte, uns nur wenig befriedigen würde. Gewiß kann man Geschichte auch nach dem Leitsatz von RANKE schreiben, indem man sich darauf beschränkt, darzustellen, „wie es eigentlich gewesen ist". Doch wollen wir, wie F. SAWICKI sehr richtig betont hat, auch wissen, „wie alles so gekommen ist", und die historische Erklärung wird auf die Psychologie nicht verzichten können. Es handelt sich dabei um die einfühlende, verstehende Psychologie, welche, wie wir gesehen haben, keine Gesetze im Sinne der absoluten Determination kennt; SAWICKI sagt daher mit Recht, daß dieses Verfahren im günstigen Fall zeigen kann, daß „ein bestimmter Gang der Entwicklung mit Wahrscheinlichkeit zu erwarten war". Während die naturwissenschaftliche Kausalität erklärt, warum etwas so kommen *mußte,* besagt die historische lediglich, warum es tatsächlich so gekommen *ist.* Auch der „radikale Historismus" im Sinne von SIMMEL, der jeden geschichtlichen Vorgang nach den Bedingungen und den Stufen seines zeitlichen Zustandekommens analysiert, vermag zu keinen *notwendigen* Folgerungen zu kommen, da der freie Wille des Menschen stets einen Strich durch die Rechnung ziehen kann. Nach Auffassung der Badischen Schule (WINDELBAND, RICKERT) ist die Grundlage der Geisteswissenschaften nicht die Psychologie, sondern die *historische Methode;* ihre Aufgabe ist, im Gegensatz zu den verallgemeinernden Naturwissenschaften, „die Wirklichkeit in ihrer *Individualität* darzustellen". Ganz ohne Psychologie kommt die Geisteswissenschaft allerdings selbst nach RICKERT nicht aus, da sie das Seelenleben *nacherleben* will, worunter kaum etwas anderes als die Deutung auf Grund der einfühlenden Psychologie gemeint werden kann.

Die notwendige Betonung psychologischer und massenpsychologischer Faktoren in der Geschichtsphilosophie bedeutet keineswegs die Unterschätzung der technischen, wirtschaftlichen und sozialen Faktoren, welche den Untergrund der Geschichte bilden. Auf ihnen beruht, wenigstens in großen Zügen, die notwendige *Richtung* der historischen Entwicklung, welche sich trotz aller Schwierigkeiten letzten Endes immer durchsetzt: die Gesellschaft wird in jene Richtung umgestaltet, welche der Entfaltung ihrer Produktivkräfte am nützlichsten ist. Diese Richtung ist aber historisch nur in großen Umrissen erkennbar und auch da gibt es Ausnahmen, da nicht selten blühende Kulturen von primitiven Völkern zerstört worden sind. Die „vordergründige" Geschichte kann die Psychologie zwar nicht entbehren, es wäre aber ein grundsätzlicher Fehler, die ökonomischen und sozialen Grundlagen des geschichtlichen Werdens zu vernachlässigen; nur allzuoft „wird man geschoben, wenn man schieben meint", und das freie Handeln auch der führenden Persönlichkeiten ist meist auf enge Grenzen beschränkt.

Das Kriterium der *Allgemeinheit der Begriffe* ist nur wenig geeignet zur Unterscheidung von Natur- und Geisteswissenschaften: Rickert selbst bezeichnet z. B. die Phylogenie als „Mischform" beider, obwohl an der Entwicklung des Tierreiches der menschliche Geist bestimmt keinen Anteil hatte. Die Auflösung alles geistigen Schaffens in Geschichte, der sogenannte *Historismus,* führt ferner nur allzu leicht zu demselben Resultat wie der Psychologismus; es wird nicht der Inhalt, der Wert, die Geltung einer Leistung gewürdigt, sondern diese aus ihrer Entstehungsgeschichte einfach hergeleitet; der Psychologismus erklärt z. B. ein Bauwerk allein aus der seelischen Verfassung des Baukünstlers, der Historismus auf Grund der Aufeinanderfolge der einzelnen Bauphasen, während die eigentliche Würdigung und Beurteilung des Bauwerkes als solches dabei zu kurz kommt. Es hat sich also gezeigt, daß die Schilderung und Beurteilung der Vorgänge und der Leistungen, welche den Aufgabenkreis der Geisteswissenschaften bilden, mit den Kategorien der Naturwissenschaften allein unvollständig ist; die kausale Erklärung reicht allein noch nicht aus, um das Wesentliche an menschlichen Handlungen zu erfassen. Die Zweckbetrachtung führt dem Verstehen schon näher, doch hat sich auch hierbei ergeben, daß der *biologische* Zweck nur einen Teil der menschlichen Handlungen erklärt; wie wir gesehen haben, ist der menschliche Geist nicht an die Gesetze der Biologie gebunden. Die Zwecke, welche der Mensch *ohne Rücksicht auf ihre biologische Bedeutung* verfolgt, nennen wir *Werte;* erst mit ihrer Hilfe ist es möglich, die Handlungen und Leistungen der Menschen zu verstehen und zu würdigen.

Der Wert*begriff* ist in seiner heute üblichen Bedeutung zuerst wohl von Lotze formuliert worden; er verstand darunter von der Wirklichkeit wesensverschiedene Geltungen, welche wir intuitiv-emotional durch geistiges Fühlen erkennen und damit den *Sinn* der Wirklichkeit erfassen. Ein weiterer Ausbau der Wertphilosophie erfolgte durch die Badische Schule: nach RICKERT ist die Kultur stets wertbezogen, daher liefert der Begriff der Kultur das Prinzip zur Auswahl des Wesentlichen in der Geschichte.

Nach der Auffassung der Badischen Schule sind die Werte historisch bedingt und die Wissenschaft hat ihre jeweilige Geltung einfach zur Kenntnis zu nehmen: der Wert*relativismus* geht noch einen Schritt weiter und leugnet das Vorhandensein ewiger Werte; alle Werte sind nur relativ (H. LEISEGANG), eine „Umwertung" der Werte ist daher durchaus möglich (NIETZSCHE).

Gegenüber dieser Auffassung, die nach TROELTSCH zur „Anarchie der Werte" führen muß, steht die phänomenologische Schule auf dem Standpunkt des Ansichseins der Werte, welche durch intentionales Fühlen erfaßt werden. Nach M. SCHELER sind es ideale Gegenstände, welche nicht durch den Verstand, sondern durch einen Gefühlsakt erfaßt werden; N. HARTMANN hält sie für ein „ideales Seinsollen", für ontologisch gegebene Prinzipien, die ewig gelten, lediglich ihr Bewußtsein ist Schwankungen unterworfen. Gegenüber dem Emotionalismus von SCHELER betont HONECKER, daß Werte *intellektuell* erkannt werden und das Gefühl dabei einen bloß begleitenden Anteil hat. Nach KRAFT gibt es keine *absoluten,* sondern nur *hypothetische* Werte, doch haben Werturteile auch einen sachlichen Gehalt, sie sind „Aufforderungen zur Stellungnahme". Nach MOORE sind Werte undefinierbar: „gut" ist nicht identisch mit „bringt Vergnügen", Hilfsbereitschaft ist ebenso „gut" wie ein Nachmittagsschläfchen. Aus demselben Grunde ist „Güte" ein hypostasiertes Nichts, welches nur in Zusammenhang mit der ganzen Aussage einen Sinn gewinnt. (Die „Güte" einer Krankenpflegerin, die „Güte" eines Rostbratens.) Kein Wunder, daß ein großer Teil der modernen Ethiker, vor allem in England, linguistische Fragen erörtern.

Ein Teil dessen, was als „gut" bezeichnet wird, ist zweifellos teleologisch deutbar und bezeichnet einen nützlichen Sachverhalt mit positiver Gefühlsbetonung (eine gute Position, ein guter Ofen usw.). Anderseits sprechen wir auch von der Güte eines Menschen, einer Handlung, einer Entscheidung und von guten Gesetzen. Ein Teil dieser Wertungen, die keine „Aufforderungen zur Stellungnahme", sondern eben *schon Stellungnahmen* sind, hat mit der Nützlichkeit nichts zu tun (so besonders die Liebe und die Barmherzigkeit), sie bezeichnen *außerbiologische* Werte, die vor allem für die Ethik von Bedeutung sind.

Die Werte sind *notwendige Formen unseres Denkens.* Sobald es sich um menschliche Handlungen handelt, *können* wir gar nicht anders als wertbezogen denken — das Gute an einer Tat, das Gerechte an einer Entscheidung ist eine a priori gegebene Denkform. Es ist daher, nach dem, was wir früher gesagt haben, durchaus berechtigt, die Werte als *Kategorien der Geisteswissenschaften* zu bezeichnen. Am nächsten ist ihre Verwandtschaft naturgemäß zu der teleologischen Kategorie; so wie die letztere für die Biologie, so sind die Werte für den menschlichen Geist spezifisch, während im anorganischen Bereich nur die Kausalität gültig ist. Man kann, analog der Stufenfolge des Seienden, auch von einer *Stufenfolge der Kategorien* sprechen, wobei die Kategorien einer Schichte auch für die höherliegenden Schichten ihre Gültigkeit bewahren; die für die letzteren spezifischen Kategorien sind in den niederen Schichten dagegen nicht anwendbar. So wie die Teleologie im Anorganischen nicht gilt, wäre es auch falsch, die höheren Kategorien auf das animalische Geschehen anzuwenden: die Handlung eines Tieres ist weder gut noch böse, sie ist *instinktiv.* Nur die Handlung eines Menschen mit freiem Willen und normalen geistigen Fähigkeiten kann — und muß — gewertet werden; gänzlich unsinnig wäre es, die Wertkategorie auf das Geschehen in der unbelebten Natur anzuwenden — Sturm, Erdbeben und Mondfinsternis finden einfach statt, sie sind kausal bedingt, aber zwecklos und jenseits von Gut und Böse. Lediglich als Lebensbedingungen können sie für den Menschen von Bedeutung sein: — falls der Mensch eine Landschaft als schön empfindet, so ist das Schöne nicht irgendeine Eigenschaft der Landschaft, sondern eine Folge der Naturverbundenheit des Menschen, welche durch verschiedene Landschaften in verschiedener Stärke angesprochen wird.

Die Geisteswissenschaften besitzen in den Werten einen weitaus reicheren und komplizierteren Kategorienapparat als die Naturwissenschaften; das ist in Anbetracht der höheren Differenziertheit des menschlichen Geistes auch weiter nicht verwunderlich. Daß in bezug auf die Anwendung der Werte auf konkrete Fälle oft Unsicherheit und Irrtümer vorkommen, ist ebenfalls verständlich: bei der Anwendung der Kausalität ist es auch nicht anders. Daß es kein allgemeines Kriterium dafür gibt, was das Gute, das Schöne und das Gerechte *an sich ist,* erschwert allerdings ihre Anwendung; daher der Psychologismus und Relativismus, welche die Werte gänzlich in das Subjekt verlegen, sowie der Emotionalismus, nach welchem die Werte nicht durch Erkenntnis gewonnen werden können, sondern nur durch das Gefühl bestimmt werden (WHITE). Es gibt unter allen Umständen die Werte des Guten und Schönen, auch wenn wir sie in verschiedenen Zeiten abweichend interpretieren. Und *erkannt* werden sie *nicht* nur emotional, da wir einerseits Größe und Ehrlichkeit auch an unseren Feinden anerkennen, anderseits unsere eigenen Fehler und Sünden ebenfalls zu erkennen vermögen — was jedenfalls *gegen* unsere Gefühle ist. Die Erkenntnis der Werte erfolgt allerdings mehr intuitiv, was schon auf Grund der Natur der seelischen Prozesse, welche unsere Handlungen lenken, nicht anders zu erwarten ist: die Motive menschlicher Taten kann, wie wir gesehen haben, bloß die verstehende, „einfühlende" Psychologie aufdecken. Bis zu einem gewissen Grad ist es möglich — und jedenfalls erstrebenswert —, die Wertungen bewußt, logisch zu begründen: die klare Darlegung der Gründe für unsere Wertungen, die Angabe der Beurteilungskriterien (F. KAUFMANN) ist das sicherste Mittel, um die *Objektivität* geisteswissenschaftlicher Erkenntnis zu gewährleisten. Wenn wir die Motive und Leistungen eines Staatsmannes wahrheitsgetreu darstellen, die Nebenumstände und Folgen seiner Handlungen in Erwägung ziehen und im Besitz all dieser Faktoren erklären, warum und inwiefern wir ihn für bedeutend, gut und gerecht halten, so wird unsere Wertung, wenn auch *nicht allgemeingültig*, so doch *objektiv* sein, und es wird die künftige Geschichtsschreibung aus den mitgeteilten Daten stets in der Lage sein, eine neue Wertung vorzunehmen.

Daß die Realisierung der Werte — nicht diese selbst — im Laufe der Zeit Schwankungen unterliegt, ist eine unleugbare Tatsache; darin liegt zweifellos ein Gefahrenmoment für die *Objektivität der Wissenschaft*. Der Positivismus zieht daraus die Konsequenz, daß die Wissenschaft jedes Werten vermeiden soll; es ist z. B. auch die Frage nach der Gerechtigkeit nach KELSEN in der Wissenschaft nicht berechtigt. Diese Forderung ist in den Geisteswissenschaften völlig undurchführbar: keine „Beschreibung" eines Kunstwerkes kann die Wertkategorie der Schönheit entbehren, keine geschichtliche Schilderung kann von einer Handlung berichten, ohne zu versuchen, diese zu „verstehen" und damit auch zugleich zu werten. Mit Recht sagt daher ELLWOOD: „It is impossible to have knowledge of facts without judgement of value becoming more or less attached to those facts." Da aber dieser Umstand mit der Objektivität unvereinbar ist, schließt J. MAYER: „Absolute objectivity has virtually become a meaningless concept." Die weltanschauliche Gebundenheit der Geisteswissenschaften ist u. a. von ROTHACKER, MANNHEIM und SCHELER behauptet worden; auch E. SPRANGER betont: „Die Geisteswissenschaften sind gebunden an den geistigen Gehalt und die Gestalt der besonderen historischen Zeitlage, aus der sie erwachsen"; daher müsse die Geschichte immer wieder umgeschrieben werden. Alles geisteswissenschaftliche Verstehen sei ferner gebunden an die geistigen Werte und die Reife der Forscherpersönlichkeit: „Alles Verstehen kommt bewußt oder unbewußt aus einer weltanschaulichen Grundhaltung heraus und nur vermöge dieser Herkunft kann es Basis werden für letzte Wertsetzungen." („Weltanschauliches Apriori" nach SIMMEL.) Im persönlichen Gewissensbestand walte kein unbedingt sicherer Maßstab der Allgemeingültigkeit. Der aus dieser Sachlage folgende Relativismus könne auf drei Wegen bis zu einem gewissen Grade überwunden werden: 1. Durch die Idee der Wahrheit; 2. durch die Selbstkritik der Grundlagen der Wissenschaft, und 3. durch eine dialektische Zurückführung abweichender logischer Systeme auf eine höhere Einheit. „Keine bestehende Wissenschaft ist voraussetzungslos" — Hauptaufgabe der Wissenschaft sei jedoch: Besinnung zu sein.

Die unvermeidliche Subjektivität und Zeitgebundenheit der Geisteswissenschaften ist, wie wir gesehen haben, die Folge der

Schwankungen der Wertbedeutung; es handelt sich dabei keinesfalls um gefühlsmäßige Voreingenommenheit, denn eine solche wäre mit dem Begriff der Wissenschaft unvereinbar. Eine geschichtliche Schilderung, welche aus gefühlsmäßiger Voreingenommenheit Tatsachen verschweigt oder verfälscht, unbewiesene Behauptungen kritiklos akzeptiert usw., ist Propaganda, aber keine Geschichtswissenschaft. In diesem Sinne *muß* jede Wissenschaft objektiv sein und alle Gefühlsmomente peinlich vermeiden — trotzdem bleibt in der Bewertung ein zeitgebundener Faktor bestehen, welcher die *absolute* Objektivität verhindert. Die Geisteswissenschaften können daher infolge der Schwankungen der Wertdeutung nur eine *relative* Objektivität erreichen — deshalb muß nach SPRANGER, wie eben gesagt, die Geschichte stets umgeschrieben werden. Je klarer die *Begründung* der Wertung herausgearbeitet wurde, um so leichter und genauer wird die Umschreibung — besser gesagt: Umwertung vonstatten gehen. Stets sollte in den Geisteswissenschaften die Wahrheitsdefinition von F. KAUFMANN im Auge behalten werden: objektiv sind die Urteile, welche gegenüber Variationen der Person des Urteilenden sowie Ort und Zeit der Urteilsfällung invariant sind. Wenn dagegen eingewandt wird, daß eine „zu weitgehende" Objektivität im Sinne des Satzes „tout comprendre c'est tout pardonner" zu einer Wertanarchie führen würde, so ist dem entgegenzuhalten, daß das Verstehen unter allen Umständen die Aufgabe der Wissenschaft bildet und eine Wertung nur dann richtig ist, wenn der zu wertende Gegenstand völlig und von allen Seiten erkannt ist. Wenn wir etwa ein moralisches Werturteil ohne Kenntnis aller Umstände fällen, so laufen wir Gefahr, ungerecht zu urteilen und kommen damit selber in Widerspruch zum Werte der Gerechtigkeit. Wenn die Wertungen auch ein integrierender Bestandteil der Geisteswissenschaften sind, so ist ihr Ziel einzig und allein die *Erkenntnis;* unser Wissensdrang erweist sich auch hierbei als „transzendent", indem er uns dazu treibt, die Leistungen des menschlichen Geistes ohne Rücksicht auf unsere biologischen Vor- oder Nachteile zu erforschen. Einzig und allein unter dieser Voraussetzung sind die Geisteswissenschaften „Wissenschaften" im Sinne unserer metaphysischen Grundlegung.

Die Frage der Wertung führt automatisch zum *Problem der Ethik;* wie weit kann eine *normative* Ethik Wissenschaft sein? Nach SCHLICK hat eine Norm-Setzung keine wissenschaftliche Berechtigung, die Ethik beschreibt lediglich die zeitlich und räumlich geltenden sittlichen Normen. Nach NOWELL-SMITH ist die Ethik infolge einer falschen Logik in eine Sackgasse geraten: „While in the sciences opinions are checked by reference to facts, in ethics the *opinions themselves* are the only facts available." Es gibt keine wissenschaftliche Methode, um ein Verhalten ethisch zu prüfen. Die angelsächsische Literatur steht nahezu einmütig auf dem Standpunkt, daß ethische Normen wissenschaftlich nicht begründbar sind, da man aus dem „ist" nicht auf das „soll" schließen kann *(naturalistic fallacy)*. Dieser Standpunkt führt unweigerlich zum Positivismus und Wertrelativismus. Der Ausweg besteht nach NORTHROP im Zurückgreifen der ethischen Norm auf unser wissenschaftliches und philosophisches Weltbild. Auch CARR bezweifelt die Richtigkeit der Auffassung, wonach Werte nicht auf Tatsachen zurückführbar sind. Diese Ansicht sei nur eine Halbwahrheit, wenn es auch richtig ist, daß die gesellschaftlichen Verhältnisse die Werte ändern.

Die Tatsache, daß es sittliche Normen gibt, ist wohl nicht zu bezweifeln; die Norm: Du sollst nicht töten, ist einerseits durch das sittliche Bewußtsein, anderseits durch das darauf beruhende Rechtssystem so tief verankert, daß die Nichtbefolgung dieser Norm in Friedenszeiten als statistisch unbedeutsame Ausnahme gelten kann. Dabei handelt es sich nicht um die erzwungene Befolgung willkürlich gesetzter Rechtsvorschriften, wie es der Positivismus meint, sondern die Rechtsvorschriften folgen aus dem sittlichen Bewußtsein. Die Ethik als *normative* Wissenschaft für unmöglich zu halten, wie es die „naturalistic fallacy" fordert, ist ebenso unsinnig, wie etwa die Berechtigung der *Technik* zu leugnen, die ja ebenfalls vom physikalisch-chemischen „Sein" auf das technische „Soll" zu schließen hat; sie gibt Anweisungen, wie gewisse Naturgesetze zum Zweck der Produktion angewandt werden sollen: aus dem „Sein" des Wasserfalles wird das „Soll" des Kraftwerkes. Ebenso beruht auch die *klinische Medizin* auf dem „Sein" der Physiologie und Pathologie; aus der Kenntnis der normalen Funktion wird die zur Beseitigung der Abweichung erforderliche Therapie abgeleitet. Die spektakulären Erfolge vorbeugender Maßnahmen beweisen, daß auch hier von „Sein" auf das „Soll" geschlossen werden konnte. Die moderne Landwirtschaft beruht auf den Erkenntnissen der Pflanzenphysiologie; gewiß ist bereits früher Landwirtschaft betrieben worden, jedoch mit weit geringerem Ertrag. Der Vorschlag, die Normen der Technik, der Landwirtschaft und der Heilkunde *willkürlich*, ohne Berücksichtigung ihrer „naturalistischen Grundlagen" festzusetzen, würde von allen Beteiligten als grotesk empfunden werden. Gewiß können die Normen der Ethik nicht auf das „Sein" der *Naturwissenschaften* zurückgeführt werden; sie haben zwei andere Quellen: einerseits die philosophische Anthropologie, anderseits die jeweiligen Bedürfnisse der Gesellschaft. Die *anthropologischen Grundlagen* der Ethik sind wiederholt im sogenannten „Naturrecht" dargestellt worden. Sie bestehen im Recht zum Leben und zur geregelten Freiheit, im Recht auf Selbst- und Arterhaltung durch gesellschaftlich nützliche Arbeit sowie im Recht auf maximale Entfaltung aller Fähigkeiten. Jede Erfüllung dieser Rechte wird als sittlich „gut", jede Beschränkung als „schlecht" empfunden. Die zweite Grundlage der Ethik beruht auf der *Soziologie;* sie regelt das Verhältnis der Menschen zueinander auf Grundlage der Gerechtigkeit und Billigkeit. Sie begründet keine *Rechte,* sondern legt den Menschen *Pflichten* auf: die Teilnahme an den öffentlichen Lasten und am notwendigen gesellschaftlichen Arbeitsprozeß. Sie gehören zu den wandelbaren Normen der Ethik, sie werden jedoch nur dann als gerecht empfunden, wenn sie auf den tatsächlichen Bedürfnissen der Gesellschaft beruhen, gewisse Gruppen nicht auf Kosten anderer überfordern und die Lasten gerecht verteilen. Die Ethik kann und soll auf Grund der jeweils bestehenden Verhältnisse ihre Normen aufstellen oder modifizieren. Freilich hat es bisher keine Gesellschaftsordnung gegeben, deren Normen durchwegs und hundertprozentig gerecht waren; das ist kein Argument gegen die Gültigkeit der ethischen Normen, wie ja Not und unbefriedigte Bedürfnisse nicht auf das Versagen der Technik schließen lassen. Die gesetzlichen Vorschriften, das „positive" Recht muß ständig am Maßstab der ethischen Normen geprüft werden; mit der Ethik in Widerspruch stehende Gesetze können zwar erzwungen werden, sie werden aber als ebenso unmoralisch empfunden, als gesetzlose Willkür. Um einen Ausspruch von Justice Holmes zu variieren, sind „gute" Gesetze nichts weiter als Voraussagen für die Entscheidung rechtschaffener, unabhängiger Richter. Es genügt aber keinesfalls, daß die Gesetzgebung nicht in Widerspruch zu den ethischen Normen gerät: sie muß sie nach Möglichkeit auch *verwirklichen,* wenn auch die Vollendung in unerreichbarer Ferne liegt.

Was wir über ethische Normen gesagt haben, bezieht sich durchwegs auf den *vergesellschafteten* Menschen; alle ethischen Normen gehören zur *Sozialethik.* Die moralischen Forderungen an Robinson Crusoe sind völlig anderer Art: Wir würden es z. B. für „schlecht" halten, wenn er Pflanzen zwecklos ausreißt oder Tiere tötet, ohne vom Hunger dazu gezwungen zu sein. Eine Begründung für dieses Werturteil können wir nicht geben; es beruht wohl auf dem Respekt vor jeder Art von Leben, auf der Liebe zu jeder Kreatur, die freilich *nicht nur* in der Robinson-Situation gilt; Liebe, Hilfsbereitschaft, Aufopferung, Barmherzigkeit sind „gute" Verhaltungsweisen, sie sind jedoch weder auf anthropologische, noch auf soziologische Grundlagen zurückzuführen. Sie verdienen unsere Bewunderung und es unterliegt wohl keinem Zweifel, daß sie der Gesellschaft letzten Endes nützlich sind: es sind aber Tugenden, die von der Gesellschaft nicht *gefordert* werden können, schon aus dem Grunde nicht, weil Aufopferung und Märtyrertum den biologischen Grundlagen der Anthropologie, der Selbst- und Arterhaltung widersprechen. Mangel an Liebe und Hilfsbereitschaft verstoßen gegen keine Gesetze und es muß noch kein Bösewicht sein, der sein Leben nicht für eine gute Sache einsetzen will. Wir kommen letzten Endes zur Konstituierung einer durchaus *„naturalistisch“* basierten Ethik, deren Normen mit dem geltenden Recht in Einklang stehen sollen und einer „höheren“ Ethik, deren Postulate über die biologische Sphäre des Menschen hinausweisen. Die erste ist mit der „morality of duty“ von FULLER identisch und bildet die Grundlage der Rechtsphilosophie, während die zweite als „morality of aspiration“ in der Rechtsbildung keinen Niederschlag findet.

Zum Schluß müssen wir auf das *Gemeinsame* der Natur- und Geisteswissenschaften hinweisen, sofern es sich um die allgemeinsten erkenntnistheoretischen Prinzipien handelt. Wir sind vom Standpunkt der Naturwissenschaften aus zu der Schlußfolgerung gelangt, daß die Aufgabe der Erkenntnis darin besteht, das *Wesen* der Dinge zu erkennen, was in Anbetracht der Beschränktheit unserer Erkenntniswerkzeuge zwar ein unerreichbares Ziel bleiben wird, das es uns aber dennoch ermöglicht, über die „Erscheinung“ hinaus in Richtung der „Dinge an sich“ vorzustoßen. Auf dieses letzte Prinzip lassen sich auch zwanglos die Geisteswissenschaften zurückführen: wir haben z. B. eine Geschichtswissenschaft, deren Ziel darin besteht, das objektive Geschehen zu erkennen. Die empirischen Daten, die Geschichtsquellen in ihrer notorischen Unvollkommenheit ergeben einzeln gewiß nur ein sehr unsicheres, gelegentlich auch ein falsches Bild dessen, was tatsächlich geschehen ist; der Historiker wird jedoch nichts unterlassen, um durch kritische Prüfung der Quellen, durch ihre Ergänzung und Schlüsse aus dem Zusammenhang sowie mit Hilfe von Analogien von der „Erscheinung“ eines geschichtlichen Vorganges auf die zugrunde liegende Wirklichkeit vorzustoßen. Der erkenntnistheoretische Gegensatz: Realismus — Idealismus ist gerade an diesem Beispiel klar zu durchschauen. Gewiß ist die historische Erkenntnis etwas durchaus Geistiges; ebenso gewiß ist aber, daß ihr ein nur allzureales *Geschehen* zugrunde liegt. Die historische Wahrheit kann der Geist nicht erschaffen, sondern nur — und zwar mit Hilfe der Erfahrung — *erfassen.* Auch begnügt sich kein Historiker mit der bloßen Rekonstruktion auf Grund der Quellenkritik; immer wieder sucht er zu erforschen, wie es zu einem historischen Ereignis gekommen ist. Daß der Positivismus auch in den Geisteswissenschaften versagen mußte, haben wir am Zusammenbruch des Rechtpositivismus eindeutig erleben können: der Verzicht auf eine materiale Rechtfertigung hat selbst in praktisch-normativer Hinsicht die Rechtsordnung nicht in befriedigender Weise zu erklären vermocht, insbesondere nicht erklären können, worin die „Billigkeit" besteht, mit welcher der Richter die unvermeidlichen Lücken des positiven Rechts ausfüllt. Allerdings stehen der letzten Erklärung historischer Vorgänge nahezu unüberwindliche Schwierigkeiten im Wege, welche durch die große Rolle des freien menschlichen Willens im geschichtlichen Geschehen entstanden sind: nur selten wird es der verstehenden Psychologie möglich sein, alle seelischen Motive klarzustellen, welche zu einem historisch bedeutsamen Entschluß geführt haben. Der Historiker wird daher, wenn er die geschichtlichen Ereignisse erklären will, häufig Hypothesen verwenden müssen, deren spätere exakte Verifizierung sehr unwahrscheinlich ist; trotzdem wird er sich vielleicht seltener irren als der Forscher in den Naturwissenschaften, da das Verständnis der menschlichen Seele uns näher liegt als das Verständnis abstrakter physikalischer Vorgänge. Während die Schwierigkeit dort in der Unvollkommenheit unserer Sinnesorgane und in der Unfähigkeit des Menschen liegt, Unanschauliches zu begreifen, ist es hier die Unübersichtlichkeit der selbst dem Handelnden nicht immer völlig bewußten seelischen Motive, welche einer Wesenserkenntnis im Wege steht. Und dennoch sehen wir, daß die Geisteswissenschaften bestrebt sind, alle Kulturäußerungen einer immer tieferen seelischen Erforschung zuzuführen und auf das Wesen der untersuchten Vorgänge vorzudringen. Wenn auch ihre Methoden und Kategorien andere sind als die der Naturwissenschaften, so beruhen sie ebenso wie diese auf dem transzendenten Wissensdrang des Menschen, der sich die Erkenntnis des Wesens des Seienden zur unendlichen Aufgabe gestellt hat.

Literaturverzeichnis

Boutroux, E.: De la contingence des lois de la nature, 6. Aufl., 1908.
Bovet, Th.: Einführung in die philosophischen Grundprobleme der Medizin, 1934.
Bühler, K.: Die Krise der Psychologie, 2. Aufl., 1929.
Carr, E. H.: What is History? 1964.
Durkheim, E.: Die Methode der Soziologie, 4. Aufl., 1908.
Ellwood, Ch. A.: Methods in sociology, 1933.
Elsenhans, Th.: Lehrbuch der Psychologie, 1912.
Fuller, L.: The Morality of the Law, 1964.
Haering, Th. L.: Hauptprobleme der Geschichtsphilosophie, 1925.
Kaufmann, F.: Methodenlehre der Sozialwissenschaften, 1936.
Kelsen, H.: Die philosophischen Grundlagen der Naturrechtslehre und des Rechtspositivismus, 1928.

Kraft, V.: Der Wiener Kreis, 1950.
Lamprecht, K.: Die kulturhistorische Methode, 1900.
Mayer, J., in: Philosophy of Science, I, 1934.
Neurath, O.: Empirische Soziologie, 1931.
Northrop, F. S. C.: The Logic of the Sciences and the Humanities, 1947.
Nowell-Smith, P. H.: Ethics, 1954.
Rickert, H.: Kulturwissenschaft und Naturwissenschaft, 3. Aufl., 1915.
Sawicki, F.: Geschichtsphilosophie, 2. Aufl., 1922.
Schlick, M., in: Erkenntnis, IV, 1934.
Schmidt, F.: Kleine Logik der Geisteswissenschaften, 1938.
Seidler, E.: Die sozialwissenschaftliche Erkenntnis, 1930.
Simmel, G.: Vom Wesen des historischen Verstehens, 1918.
Spranger, E.: Der Sinn der Voraussetzungslosigkeit in den Geisteswissenschaften, 1929.
Weber, A.: Leitfaden der allgemeinen Volkswirtschaftslehre, 1934.
Weber, M.: Gesammelte Aufsätze zur Wissenschaftslehre, 1922.
White, M.: Toward Reunion in Philosophy, 1963.
Znaniecki, F.: The method of sociology, 1934.

Namenverzeichnis

GPSR Compliance

The European Union's (EU) General Product Safety Regulation (GPSR) is a set of rules that requires consumer products to be safe and our obligations to ensure this.

If you have any concerns about our products, you can contact us on ProductSafety@springernature.com

In case Publisher is established outside the EU, the EU authorized representative is:

Springer Nature Customer Service Center GmbH
Europaplatz 3
69115 Heidelberg, Germany

Batch number: 10815974

Printed by Printforce, the Netherlands